新时代新理念职业教育教材·铁道交通类
动车组检修技术专业系列教材
行业紧缺人才、关键岗位从业人员培训教材

# 动车组电机与电器

## （修订本）

主　编　李　笑

副主编　曲志恒

主　审　高静涛

北京交通大学出版社

·北京·

## 内 容 简 介

《动车组电机与电器》较系统地介绍了 CRH 系列动车组的牵引电动机、低压电器及高压电器的基本理论及应用。全书分为 7 个项目。项目 1 为直流电机基础，介绍了直流电机的工作原理、基本结构及磁场。项目 2 为直流牵引电动机的工作特性，介绍了直流电动机的工作特性及启动、反转、调速和制动的方法。项目 3 为三相异步牵引电动机，介绍了三相异步牵引电动机的基本结构、工作原理及其工作特性，并以 $CRH_2$ 型车为例介绍了三相异步牵引电动机的应用。项目 4 为电器基本理论，介绍了灭弧的方法及触头和传动装置的类型和工作原理。项目 5 为动车组低压电器，介绍了动车组中用到的接触器及继电器的结构和工作原理。项目 6 为动车组高压电器，介绍了动车组主电路中使用的电器设备结构及工作原理。项目 7 为动车组高低压转换电器，介绍了动车组变压器的结构及工作原理。

本书适合作为高职院校动车组相关专业的教材，也可供相关工程技术人员参考。

## 图书在版编目（CIP）数据

动车组电机与电器/ 李笑主编. —北京：北京交通大学出版社，2016.9（2022.8 重印）
ISBN 978 – 7 – 5121 – 2916 – 0

I. ①动⋯　II. ①李⋯　III. ①动车 – 电机 ②动车 – 电器　IV. ①U266

中国版本图书馆 CIP 数据核字（2016）第 229528 号

**动车组电机与电器**

DONGCHEZU DIANJI YU DIANQI

策划编辑：刘 辉　　责任编辑：刘 辉　　助理编辑：李荣娜　　特邀编辑：李晓敏

出版发行：北京交通大学出版社　　　电话：010 – 51686414　　http：//www. bjtup. com. cn

地　　址：北京市海淀区高梁桥斜街 44 号　　邮编：100044

印 刷 者：北京鑫海金澳胶印有限公司

经　　销：全国新华书店

开　　本：185 mm × 260 mm　　　印张：12.5　　　字数：312 千字

版　　次：2022 年 8 月第 1 版第 1 次修订　　2022 年 8 月第 4 次印刷

书　　号：ISBN 978 – 7 – 5121 – 2916 – 0 / U · 244

定　　价：30.00 元

本书如有质量问题，请向北京交通大学出版社质监组反映。对您的意见和批评，我们表示欢迎和感谢。

投诉电话：010 – 51686043，51686008；传真：010 – 62225406；E-mail：press@ bjtu. edu. cn。

# 前　言

我国铁路向现代化技术迈进的标志之一——动车组被广泛运用到各铁路干线。动车组的牵引电机及相关电器作为动车组的核心设备，与列车安全运行息息相关。目前，铁路行业需要大量的动车组设计、制造、运用、维修等方面的高级技术人才和技能人才，为此国内一些高校设置了动车组相关专业。本书针对高等职业技术院校动车组检修技术专业学生编写。

"动车组电机与电器"是动车组检修技术专业的一门核心课程，为适应动车组检修技术专业高技能型人才培养的要求，我们在编写过程中，搜集了大量铁路相关技术文件、书籍及图片，尽量做到图文并茂，较少涉及复杂的理论分析、公式推导，便于读者学习理解。本书主要介绍了动车组的牵引电机、低压电器及高压电器的理论知识，同时又注意反映我国当前动车组运用与检修现状。本书以 $CRH_2$ 型动车组应用到的各种电机、电器为对象进行介绍。

本书由天津铁道职业技术学院李笑担任主编，兰州铁路局兰州车站曲志恒担任副主编，北京铁路局车辆处高静涛主审。其中项目 1、项目 3 和项目 5 由天津铁道职业技术学院李笑编写。项目 2 的任务 2.1 由天津铁道职业技术学院李遐编写，项目 2 的任务 2.2 由天津铁道职业技术学院梁玲坤编写，项目 2 的任务 2.3 由兰州铁路局兰州车站曲志恒编写。项目 4 由天津铁道职业技术学院张磊编写。项目 6 的任务 6.1、任务 6.2 由天津铁道职业技术学院梁炜昭编写，项目 6 的任务 6.3 由天津铁道职业技术学院罗利锦编写，项目 6 的任务 6.4、任务 6.5、任务 6.6 由天津铁道职业技术学院甄东生编写。项目 7 由天津铁道职业技术学院李飞编写。

鉴于编者水平有限，书中不足之处在所难免，欢迎广大读者批评指正。

编　者
2022 年 8 月

# 目　　录

# 项目1 直流电机基础

## 项目描述

直流电机具有可逆性，既可以作直流电动机使用，也可以作直流发电机使用。机车在牵引状态时，牵引电机将电能转换成机械能，通过轮对驱动机车运行，此时电机处于电动机状态；机车在电气制动状态时，牵引电机将机械能转化为电能，产生电制动力，此时电机处于发电机状态。

【本项目任务】

任务 1.1　直流电机的工作原理

任务 1.2　直流电机的基本结构

任务 1.3　直流电机的磁场

## 教学目标

### 1. 知识目标

（1）了解直流电机的工作原理；

（2）熟悉直流电机的结构和各部件作用；

（3）掌握直流电机的励磁方式，了解电枢反应在直流电机工作中的影响。

### 2. 能力目标

通过对直流电机的拆装，完成以下任务：

（1）独立安装直流电机零部件，并说出各部件的名称；

（2）通过对直流电机的拆装，描述直流电机的工作过程；

（3）发现并解决直流电机在工作过程中出现的故障。

### 3. 素质目标

（1）培养学生利用网络自学的能力；

（2）在项目完成过程中培养学生严谨认真的态度、企业经济效率意识、创新和挑战意识；

（3）能客观、公正地进行学习自我评价及对小组成员的评价。

# 任务 1.1 直流电机的工作原理

## 1.1.1 直流电机的用途及特点

直流电机具有良好的启动和调速性能，常应用于对启动和调速有较高要求的场合，如宾馆高速电梯、龙门刨床、电力机车、内燃机车、城市电车、地铁列车、电动自行车、造纸和印刷机械、船舶机械、大型精密机床和大型起重机等生产机械中，图 1-1 所示是其应用的几种实例。

图 1-1 直流电机应用

## 1.1.2 直流电动机的工作原理

目前，在交-直流电力传动装置中，广泛采用直流串励电动机作为驱动机车车辆的牵引电动机，它的工作原理与一般直流串励电动机相同。在电传动内燃机车上，牵引电动机从牵引发电机输入电能，产生电磁转矩，通过齿轮驱动机车动轮旋转，把电能转变为机械能。

直流电动机工作原理如图 1-2 所示。图中，N 和 S 是一对固定的磁极，可以是电磁铁，也可以是永久磁铁。把电刷 A、B 接到直流电源上，电刷 A 接正极，电刷 B 接负极。此时电枢线圈中将有电流流过，电流方向为 $a-b-c-d-a$。在磁场作用下，N 极下导体 $ab$ 受力方向从右向左，S 极下导体 $cd$ 受力方向从左向右。该电磁力形成逆时针方向的电磁转矩。当电磁转矩大于阻力转矩时，电动机转子逆时针方向旋转。

当电枢旋转到图 1-3 所示位置时，原 N 极下导体 $ab$ 转到 S 极下，受力方向从左向右，原 S 极下导体 $cd$ 转到 N 极下，受力方向从右向左。该电磁力形成逆时针方向的电磁转矩。线圈在该电磁力形成的电磁转矩作用下继续逆时针方向旋转。

实际的直流电动机，电枢圆周上均匀地嵌放许多线圈，相应地换向器由许多换向片组成，使电枢线圈所产生的总的电磁转矩足够大且比较均匀，电动机的转速也就比较均匀。

在直流电动机中，电刷两端虽然加的是直流电源，但在电刷和换向器的作用下，线圈内部却变成了交流电，从而产生了单方向的电磁转矩，驱动电动机持续旋转。同时，旋转的线圈中也将产生感应电动势，其方向与线圈中电流方向相反，也称作反电动势。直流电动机若要维持继续旋转，外加电压就必须高于反电动势，只有这样才能不断克服反电动势而流入电流，将电能转换成机械能。

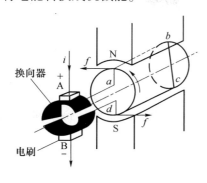

图 1 - 2   直流电动机工作原理图 1

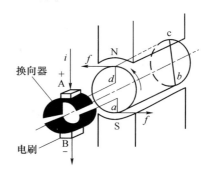

图 1 - 3   直流电动机工作原理图 2

## 1.1.3   直流发电机的工作原理

### 1. 直流发电机的工作原理

直流发电机的物理模型如图 1 - 4 所示。其中 N、S 为定子磁极，abcd 是固定在可旋转导磁圆柱体上的线圈，线圈连同导磁圆柱体称为电机的转子或电枢。线圈的首末端 a、d 连接到两个相互绝缘并可随线圈一同旋转的换向片上。转子线圈与外电路的连接是通过放置在换向片上固定不动的电刷进行的。

直流发电机是将机械能转变成电能的旋转机械。

当原动机驱动电机转子逆时针旋转时，线圈 abcd 将产生感应电动势。

如图 1 - 4 所示，导体 ab 在 N 极下，a 点高电位，b 点低电位；导体 cd 在 S 极下，c 点高电位，d 点低电位；电刷 A 极性为正，电刷 B 极性为负。

当原动机驱动电机转子逆时针旋转 180°后，导体 ab 在 S 极下，a 点低电位，b 点高电位；导体 cd 在 N 极下，c 点低电位，d 点高电位；电刷 A 极性仍为正，电刷 B 极性仍为负。可见，与电刷 A 接触的导体总是位于 N 极下，与电刷 B 接触的导体总是位于 S 极下。

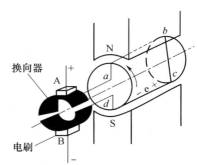

图 1 - 4   直流发电机的物理模型

### 2. 电机可逆原理

从上述基本电磁情况来看，一台直流电机原则上既可以作为发电机运行，也可以作为电动机运行，只是其输入、输出的条件不同而已。例如，用原动机拖动直流电机的电枢，将机械能从电机轴上输入，而电刷上若不加直流电压，则从电刷端可以引出直流电动势作为直流电源，输出电能，电机将机械能转换成电能，称为发电机；若在电刷上加直流电压，将电能输入电枢，则从电机轴上输出机械能，拖动生产机械，将电能转换成机械能，称为电动机。这种同一台电机，既能用作发电机又能用作电动机运行的原理，在电机学理论中称为电机的可逆原理。

# 任务 1.2　直流电机的基本结构

## 1.2.1　直流电机的基本结构

　　直流电机主要由静止的定子和旋转的转子两大部分组成，在定子和转子之间有一定大小的间隙（称气隙）。定子部分包括机座、主磁极、换向极、电刷装置等，转子部分包括电枢、换向器等部件。其结构如图 1-5 所示。

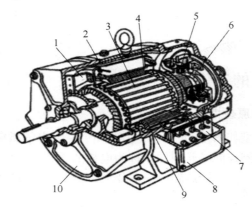

图 1-5　直流电机结构图

1—风扇；2—机座；3—电枢；4—主磁极；5—电刷装置；
6—换向器；7—接线板；8—出线盒；9—换向极；10—端盖

### 1. 定子

直流电机定子的作用是产生磁场、提供磁路和作为电机的机械支撑，它由机座、主磁极、换向极、电刷装置、端盖及轴承等部件组成。以下介绍主要部件。

图 1-6　机座

　　1）机座

　　机座起到机械支撑和导磁磁路两个作用，机座如图 1-6 所示。它既是安装电机所有零件的外壳，又是联系各磁极的导磁铁轭（简称磁轭，指本身不产生磁场，在磁路中只起磁力线传输作用的软磁材料）。机座通常为铸钢件，也有采用钢板焊接而成的。对于换向要求较高的电机，可采用叠片结构的机座。

　　2）主磁极

　　主磁极（简称主极）如图 1-7 所示，由主极铁芯和主极线圈两部分组成。主极铁芯一般用 1~1.5 mm 厚的薄钢板冲片叠压后再用螺钉紧成一个整体。小型电机的主极线圈用绝缘铜线（或铝线）绕制而成，大中型电机主极线圈用扁铜线绕制，并进行绝缘处理，然后套在主极铁芯外面。整个主磁极用螺钉固定在机座内壁。

　　主磁极的主要作用是建立主磁场。绝大多数直流电机的主磁极不是用永久磁铁而是由励磁绕组通以直流电流来建立磁场的。主磁极由主极铁芯和套装在铁芯上的励磁绕组构成。主极铁芯靠近转子一端的扩大的部分称为极靴，它的作用是使气隙磁阻减小，改善主极磁场分

4

布，并使励磁绕组容易固定。

　　3）换向极

　　换向极又称为附加极，如图 1-8 所示。它的主要作用是改善换向，安装在两相邻主磁极之间，由换向极铁芯和套在铁芯上的换向极绕组构成。换向极铁芯大多用整块钢加工而成。但在整流电源供电的功率较大的电机中，为了更好地改善电机换向，换向极铁芯也采用叠片结构。换向极线圈与主极线圈一样，也是用圆铜线或扁铜线绕制而成，经绝缘处理后套在换向极铁芯上，最后用螺钉将换向极固定在机座内壁。

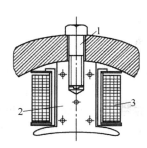

图 1-7　主磁极

1—固定主极的螺钉；2—主极铁芯；3—励磁绕组

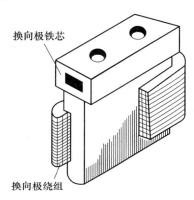

图 1-8　换向极

　　4）电刷装置

　　电刷装置是电枢电路的引出（或引入）装置，它由电刷、刷握、刷杆等部分组成，如图 1-9 所示。它的作用是通过电刷和换向器表面的滑动接触，把转动的电枢绕组与外电路相连。电刷一般用石墨粉压制而成。电刷放在刷握内，用弹簧压板压住，刷握固定在座圈上，成为一个整体部件。

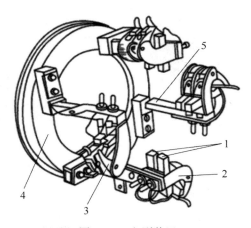

图 1-9　电刷装置

1—电刷；2—刷握；3—弹簧压板；4—座圈；5—刷杆

## 2. 转子

　　转子又称电枢，是电机的转动部分，其作用是感应电动势和产生电磁转矩，从而实现能量的转换。它主要由转轴、电枢铁芯、电枢绕组和换向器等组成，直流电机转子如图 1-10 所示。

1）转轴

转轴的作用是用来传递转矩的，所以要求转轴有一定的机械强度和刚度，一般是用合金钢锻压而成。

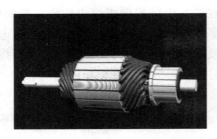

图 1 - 10　直流电机转子

2）电枢铁芯

电枢铁芯是电机磁路的一部分，也是承受电磁力作用的部件。它的作用是通过磁通和嵌放电枢绕组。当电枢在磁场中旋转时，在电枢铁芯中将产生涡流和磁滞损耗，为了减小这些损耗的影响，电枢铁芯通常用 0.35 ~ 0.5 mm 厚的电工钢冲片叠压而成，电枢铁芯固定在转子支架或转轴上。电枢铁芯如图 1 - 11 所示，沿铁芯外圈均匀分布有槽，在槽内嵌放电枢绕组。

3）电枢绕组

电枢绕组由一定数目的电枢线圈按一定的规律连接组成，是直流电机的电路部分，也是产生感应电动势、电磁转矩进行机电能量转换的部分。线圈用绝缘的圆形或矩形截面的导线绕成，分上下两层嵌放在电枢铁芯槽内，上下层及线圈与电枢铁芯之间都要妥善地绝缘，并用槽楔压紧，如图 1 - 12 所示。为了防止离心力将绕组甩出槽外，槽口处需要用槽楔将绕组压紧。电枢绕组端头则按一定规律嵌放在换向器铜片的片槽内，并用锡焊或氩弧焊焊接。

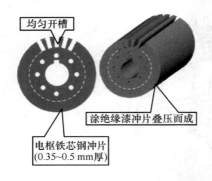

图 1 - 11　电枢铁芯

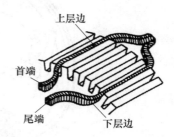

图 1 - 12　电枢绕组

4）换向器

在直流电机中，换向器起逆变作用，即在直流电动机中，它将外加的直流电流逆变成绕组内的交流电流；在直流发电机中，它将绕组内的交流电动势整流成电刷两端的直流电动势。因此换向器是直流电机的关键部件之一。如图 1 - 13 所示，换向器由许多换向片排成一个圆筒，其间用云母片绝缘，两端再用 V 形云母环和 V 形钢环夹紧而构成。

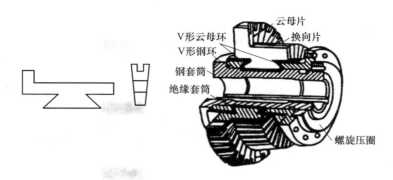

图 1-13 换向器

**3. 气隙**

在主极极靴和电枢间的间隙称为气隙。它的作用是保证电机的安全运行，同时又是磁路的重要组成部分。小型电机气隙为 1~3 mm；大型电机气隙可达 10~12 mm。

## 1.2.2 直流电机的铭牌及额定值

电机的铭牌上标明了电机的型号及额定数据，这里简要介绍图 1-14 所示的电机的型号、规格、性能，以供用户选择和使用时参考。

额定值是制造厂对各种电气设备在指定工作条件下运行时所规定的一些量值。在额定状态下运行时，可以保证各电气设备长期可靠地工作，并具有优良的性能。额定值也是制造厂和用户进行产品设计或试验的依据。额定值通常标在各电气设备的铭牌上，故又叫铭牌值。

| 直流牵引电动机 | |
|---|---|
| 电机型号 ZD105 | 额定功率 530kW |
| 额定电压 680V | 额定电流 835A |
| 额定转速 955r/min | 绝缘等级 H/H |
| 电机编号 □□□□□ | 出厂日期 □□□□年□月 |
| 中国南车集团戚墅堰机车车辆厂修 | |

| 直流电动机 | | | | |
|---|---|---|---|---|
| 型号 | | 励磁方式 | | |
| 容量 | kW | 励磁电压 | | V |
| 电压 | V | 定额 | | |
| 电流 | A | 绝缘等级 | | |
| 转速 | r/min | 质量 | | kg |
| 技术条件 | | 出厂日期 | | |
| 出厂编号 | | 励磁电流 | | A |
| ×××电机厂 | | | | |

图 1-14 直流电动机铭牌

**1. 额定功率 $P_N$**

额定功率 $P_N$ 是指电机在铭牌规定的额定状态下运行时，电机的输出功率，以"W"为量纲单位。若大于 1 kW 或 1 MW 时，则用 kW 或 MW 表示。

对于直流发电机，$P_N$ 是指发电机带额定负载时，电刷输出的功率，它等于额定电压和额定电流的乘积，即

$$P_N = U_N I_N$$

对于直流电动机，$P_N$ 是指电动机带额定负载时，转轴上输出的机械功率，故公式中还应有额定效率 $\eta_N$ 存在，即

$$P_N = U_N I_N \eta_N$$

**2. 额定电压 $U_N$**

额定电压 $U_N$ 是指额定状态下电枢出线端的电压，以"V"为单位。

**3. 额定电流 $I_N$**

额定电流 $I_N$ 是指电机在额定电压、额定功率时的电枢电流值，以"A"为单位。

**4. 额定转速 $n_N$**

额定转速 $n_N$ 是指额定状态下运行时转子的转速，以"r/min"为单位。

**5. 额定励磁电流 $I_f$**

额定励磁电流 $I_f$ 是指电机在额定状态时的励磁电流值。

此外，还有工作方式、励磁方式、额定励磁电压、额定温升、额定效率等。额定值是选用或使用电机的主要依据，人们一般希望电机按额定值运行。但实际上，电机运行时的各种数据可能与额定值不同，它们由负载的大小来确定。若电机的电流正好等于额定值，称为满载运行；若电机的电流超过额定值，称为过载运行；若电机的电流比额定值小得多，称为轻载运行。长期过载运行将使得电机过热，降低电机寿命，甚至造成损坏；长期轻载运行又使得电机的容量不能得到充分利用。这两种情况都将降低电机的效率，都是不经济的。故在选择电机时，应根据负载情况尽可能使电机运行在额定值附近。

# 任务 1.3 直流电机的磁场

## 1.3.1 直流电机的励磁方式

直流电机的性能与它的励磁方式有密切的关系，励磁方式是指对主磁极励磁绕组的供电方式。不同励磁方式的直流电机，其特性有很大的差异，因此励磁方式是选择直流电机的重要依据。按照励磁绕组和电枢绕组连接方式的不同，可分为他励、并励、串励和复励等励磁方式，如图 1 – 15 所示。

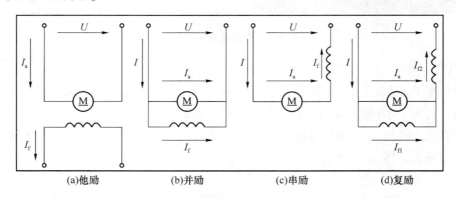

(a)他励　　　　(b)并励　　　　(c)串励　　　　(d)复励

图 1 – 15　直流电机的励磁方式

**1. 他励电机**

励磁绕组和电枢绕组无关，励磁绕组由独立的直流电源供电，如图 1 - 15（a）所示。励磁电流 $I_f$ 的大小只取决于励磁电源的电压和励磁回路的电阻，而与电机电枢电流 $I_a$ 的大小及负载无关。用永久磁铁作主磁极的电机可当作他励电机。

**2. 并励电机**

励磁绕组和电枢绕组并联，如图 1 - 15（b）所示。励磁绕组与电枢绕组由同一电源供电，励磁电流 $I_f$ 一般为额定电流的 5%，要产生足够大的磁通，需要有较多的匝数，所以并励绕组匝数多，导线较细，主要用作发电机。

**3. 串励电机**

励磁绕组与电枢绕组串联，如图 1 - 15（c）所示。励磁绕组与电枢绕组由同一电源供电，且励磁电流 $I_f$ 和电枢电流 $I_a$ 相同，所以励磁电流较大，励磁绕组的匝数很少，导线较粗。

**4. 复励电机**

复励绕组既有并励绕组又有串励绕组。若串励绕组和并励绕组所产生的磁势方向相同，称为积复励；若串励绕组和并励绕组所产生的磁势方向相反，称为差复励。

直流电机各类绕组接线后，其引出线的端头要加以标记，根据 IEC 国际标准规定，直流电机各绕组线端符号见表 1 - 1。

表 1 - 1　直流电机各绕组线端符号表

| 绕组名称 | 电枢绕组 | 换向极绕组 | 补偿绕组 | 串励绕组 | 并励绕组 | 他励绕组 |
|---|---|---|---|---|---|---|
| 线端名称 | $A_1 A_2$ | $B_1 B_2$ | $C_1 C_2$ | $D_1 D_2$ | $E_1 E_2$ | $F_1 F_2$ |

## 1.3.2　空载时直流电机的磁场

空载就是指电机作为发电机，电源输出端不接任何电负载；作为电动机，机械输出端不接任何机械负载。

直流电机空载时，电枢电流为零，只有励磁绕组中存在电流。因此，空载时电机的气隙磁场完全由励磁绕组的电流所产生。

**1. 空载时的主磁场**

直流电机工作中，主极产生主磁场，电枢电流产生电枢磁场。这两个磁场在气隙中相互影响、相互叠加，合成了气隙磁场。图 1 - 16 所示是一台四极直流电机空载时的磁场示意图。

（1）主磁通：经过主磁极、气隙、电枢铁芯及机座构成磁回路。它同时与励磁绕组及电枢绕组交链，能在电枢绕组中产生感应电动势和电磁转矩，称为主磁通。

（2）漏磁通：仅交链励磁绕组本身，不进入电枢铁芯，不和电枢绕组相交链，不能在电枢绕组中产生感应电动势及电磁转矩，称为漏磁通。

（3）主磁通路径：磁力线由 N 极出来，经气隙、电枢齿部、电枢铁芯的铁轭、电枢齿部、气隙进入 S 极，再经定子铁轭回到 N 极。

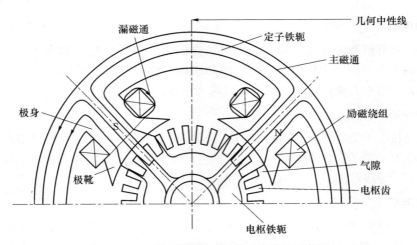

图 1-16　四极直流电机空载时的磁场示意图

（4）漏磁通路径：磁力线不进入电枢铁芯，直接经过气隙、相邻磁极或定子铁轭形成闭合回路。

直流电机中，主磁通是主要的，它能在电枢绕组中产生感应电动势或电磁转矩，而漏磁通没有这个作用，它只是增加主磁极磁路的饱和程度。在数量上，漏磁通比主磁通小得多，是主磁通的 15%～20%。

空载时，励磁磁动势主要消耗在气隙上。当忽略铁磁材料的磁阻时，主磁极下气隙磁通密度的分布就取决于气隙的大小和形状。磁极中心及附近的气隙小且均匀，磁通密度较大且基本为常数，靠近极尖处，气隙逐渐变大，磁通密度减小；极尖以外，气隙明显增大，磁通密度显著减少，在磁极之间的几何中性线处，气隙磁通密度为零。

若不考虑电枢表面齿和槽的影响，在一个极距范围内，气隙磁通密度分布图如图 1-17 所示。

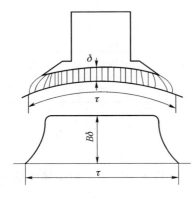

图 1-17　气隙磁通密度分布图
$\delta$—有效气隙长度；$\tau$—极距；$B$—磁通密度

**2. 电机的磁化曲线**

电机的磁化曲线是指电机主磁通 $\Phi_0$ 与励磁磁动势 $F_f$ 的关系曲线 $\Phi_0=f(F_f)$。

电机运行时，要求每一个磁极下应具有一定的磁通量，这就要求有一定的励磁磁动势 $F_f=I_fN_f$，而在实际电机中，励磁磁动势与励磁电流成正比，故磁化曲线又可表示 $\Phi_0=f(F_f)$。而电机中主磁通 $\Phi_0$ 所经过的路径大部分由铁磁材料构成，当铁磁材料磁化时具有饱和现象，磁导率不为常数，磁阻是非线性的，如图 1-18 所示。

当磁通较小时，铁磁部分没有饱和，磁压降很小，整个磁路的磁动势几乎全部消耗在气隙上，而气隙的磁导率是一个常数，因此曲线近似为一直线；当

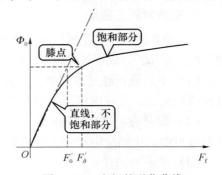

图 1-18　电机的磁化曲线

磁通增大时，曲线逐渐弯曲，磁通很大时，呈饱和特性。为了经济、合理地利用材料，一般直流电机额定运行时，额定磁通设定在图 1 – 18 中的膝点，即在磁化曲线开始进入饱和区的位置。

## 1.3.3　负载时直流电机的磁场

直流电机带上负载后，电枢绕组中有电流流过，它将产生一个电枢磁场。电枢电流产生的磁动势称为电枢磁动势。电枢磁动势的出现使电机的磁场发生变化。

电枢磁场沿电枢表面的分布情况，与电枢电流的分布情况有关。在直流电机中，电枢电流的分界线是电刷，在电刷轴线两侧对称分布，所以电枢磁场的分布情况与电刷的位置有关。

### 1. 电刷在几何中心线上

电刷的正常位置应在主极轴线下的换向片上，这时与电刷相连接的电枢元件位于几何中心线上或者附近。此时，电枢电流的方向以电刷为分界线，相邻两电刷间的电枢圆周上的导体电流方向都相同，而每一电刷两侧的导体电流方向相反。因此，只要电刷不动，无论电枢是静止还是旋转，电枢表面电流分布总是不变的，所以电枢电流产生的电枢磁场在空间上总是静止的。例如，图 1 – 19 所示为两极电机的电枢电流方向和电枢磁场分布情况。

电枢磁通的方向与电枢导体电流方向间符合右手螺旋定则，这时电枢可以看成是一个电磁铁，它的 N 极和 S 极位于电刷轴线上，因此电枢磁场的轴线与电刷轴线重合。它与主极磁场轴线在空间垂直，称之为交轴电枢磁场。

如果认为直流电机电枢上有无穷多整距元件分布，则电枢磁动势 $F_{ax}$ 在气隙圆周方向空间呈三角波分布，如图 1 – 20 所示。

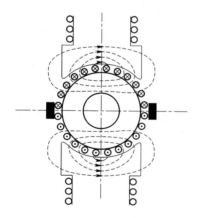

图 1 – 19　两极电机的电枢电流方向
　　　　　和电枢磁场分布情况

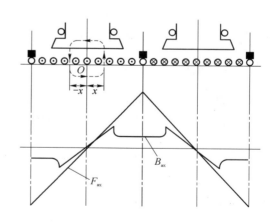

图 1 – 20　电枢磁动势和气隙磁通密度分布

由于主磁极下气隙长度基本不变，而在两个主磁极之间气隙长度增加得很快，使得电枢磁动势产生的气隙磁通密度 $B_{ax}$ 为对称的马鞍形，如图 1 – 20 所示。

综上所述，当电刷在几何中心线上时，电枢磁场有以下特点：

① 在空间静止不动；

② 电枢磁场轴线与主极磁场轴线垂直，为交轴电枢磁场；
③ 气隙磁通密度 $B_{ax}$ 在空间呈马鞍形分布。

**2. 电刷偏离几何中心线**

电刷从几何中心线偏移 $\beta$ 角，电枢磁动势轴线也随之移动 $\beta$ 角，如图 1 – 21（a）所示，此时电枢磁场轴线和主极磁场中心线不再是垂直关系。为了方便研究，将电枢磁动势分为两部分：一部分由 $2b_{\beta}$ 范围外的电枢导体电流形成，如图 1 – 21（b）所示，这部分磁动势与主极磁动势的轴线在空间垂直，称为交轴电枢磁动势 $F_{aq}$；另一部分由 $2b_{\beta}$ 范围内的电枢导体电流形成，如图 1 – 21（c）所示，这部分磁动势与主极磁动势的轴线重合，称为直轴电枢磁动势 $F_{ad}$。

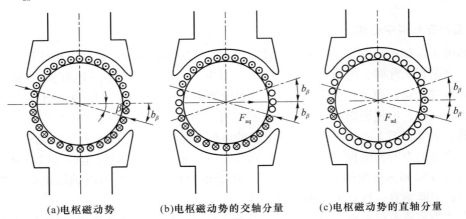

(a)电枢磁动势      (b)电枢磁动势的交轴分量      (c)电枢磁动势的直轴分量

图 1 – 21　电刷不在几何中心线上时的电枢磁场

由上述分析可知，电枢磁动势和电刷位置的关系是：电刷在几何中心线上时，只有交轴电枢磁动势；电刷不在几何中心线上时，既有交轴电枢磁动势又有直轴电枢磁动势。

# 1.3.4　电枢反应

直流电机负载后，电枢绕组有电流通过，该电流建立的磁场简称为电枢磁场，电枢磁场对主磁场的影响就称为电枢反应。此时电机的气隙磁场由主磁场和电枢磁场两个磁场共同决定，电枢磁场的出现将会使气隙磁场发生畸变，即电枢反应。

交轴电枢磁场对主磁场的影响称为交轴电枢反应；直轴电枢磁场对主磁场的影响称为直轴电枢反应。

**1. 交轴电枢反应**

一般情况下，电刷总是位于几何中心线上，电枢磁动势全部为交轴电枢磁动势，只有交轴电枢反应，此时电机的磁场由主极磁动势建立的磁场和电枢磁动势建立的磁场叠加而成。

图 1 – 22 中，$B_{ax}$ 为电枢磁场磁通密度分布曲线，$B_{0x}$ 为主磁场的磁通密度分布曲线，$B_{\delta x}$ 为两条曲线逐点叠加后得到负载气隙磁场的磁通密度分布曲线。

由图 1 – 22 可知，电刷在几何中心线时电枢反应的特点如下。

1）使气隙磁场发生畸变

空载时电机的物理中性线与几何中性线重合。负载后由于电枢反应的影响，每一个磁极

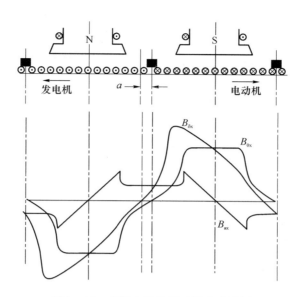

图 1-22 直流电机负载时的合成磁场

下，一半磁场被增强，一半磁场被削弱，物理中性线偏离几何中性线 $\alpha$ 角，磁通密度的曲线与空载时不同。

2) 对主磁场起去磁作用

磁路不饱和时，主磁场被削弱的数量等于加强的数量，因此每极的磁通量与空载时相同。电机正常运行于磁化曲线的膝部，主磁极增磁部分因磁通密度增加使饱和度提高，铁芯磁阻增大，增加的磁通较少，因此负载时每极磁通略为减少。电刷在几何中心线时的电枢反应为交轴去磁性质。

**2. 直轴电枢反应**

电刷不在几何中心线时，电枢磁动势中包含有交轴和直轴电枢磁动势两个分量，将同时出现交轴电枢反应和直轴电枢反应。直轴电枢磁动势 $F_{ad}$ 与主极磁动势的轴线重合，若 $F_{ad}$ 与主极磁动势方向相同，起增磁作用，增磁作用将引起电机换向恶化。若 $F_{ad}$ 与主极磁动势方向相反，起去磁作用，去磁作用使电机每极磁通量下降，导致电枢磁动势显著降低。

电刷不在几何中心线时的电枢反应可用表 1-2 说明。

表 1-2 电刷偏离几何中心线电枢反应

|  | 电刷顺转向偏移 | 电刷逆转向偏移 |
|---|---|---|
| 发电机 | 交轴和直轴去磁 | 交轴和直轴助磁 |
| 电动机 | 交轴和直轴助磁 | 交轴和直轴去磁 |

## 1.3.5　直流电机的电枢电动势和电磁转矩

**1. 直流电机的电枢电动势**

电枢旋转时，主磁场在电枢绕组中感应的电动势简称为电枢电动势。电枢电动势 $E_a$ 等于每一支路串联导体电动势之和，即

$$E_a = \frac{N}{2a}e_{av} = \frac{N}{2a}B_{av}lv \tag{1-1}$$

式中，$N$——电枢导体总数；

$2a$——并联支路数；

$N/2a$——一个支路内串联的导体数；

$e_{av}$——一个导体内平均电势，$e_{av} = B_{av}lv$；

$B_{av}$——气隙平均磁通密度，$B_{av} = \frac{2p\Phi}{\pi D_a l}$；

$l$——导体的有效长度；

$v$——圆周线速度，$v = \pi D_a \frac{n}{60}$。

因此，支路电动势即电机的感应电动势为：

$$E_a = \frac{2p\Phi}{\pi D_a l}l\frac{\pi D_a}{60}n\frac{N}{2a} = \frac{pN}{60a}\Phi n = C_e \Phi n \tag{1-2}$$

式中，$\Phi$——每极磁通量，Wb；

$n$——电机转速，r/min；

$p$——磁极对数；

$D_a$——电枢绕组的直径；

$C_e$——电机电动势常数，$C_e = \frac{pN}{60a}$。

由式（1-2）可知，直流电机的电枢电动势与每极的磁通量和转速的乘积成正比。

**2. 直流电机的电磁转矩**

电枢绕组通过电流时，在磁场中将受到电磁力的作用，电磁力在电枢轴上产生的转矩称为电磁转矩。电磁转矩的大小，可根据电磁力定律求得。

电枢绕组的支路电流为 $i_a$ 时，作用在任一根导体上的平均电磁力 $f_{av}$ 为：

$$f_{av} = B_{av}li_a \tag{1-3}$$

任一根导体产生的电磁转矩为： $T_{av} = f_{av}\frac{D_a}{2}$

由于每极下导体的电流方向相同，故同一极下各导体产生的电磁转矩方向相同，相邻极下的磁场和导体电流方向同时相反，转矩方向保持不变，因此，电磁转矩 $T$ 应为电枢表面所有导体产生的 $f_{av}$ 之和。

$$T = f_{av}\frac{D_a}{2}N = B_{av}li_a\frac{D_a}{2}N$$

$$= \frac{2p\Phi}{\pi D_a l}\cdot l\cdot i_a\cdot\frac{D_a}{2}\cdot N$$

$$= \frac{pN}{2\pi a}\Phi\cdot I_a = C_T\Phi I_a \tag{1-4}$$

式中，$I_a$——电枢电流，A，$I_a = 2ai_a$；

$l_a$——电枢绕组的有效长度；

$C_T$——电机转矩常数，$C_T = \frac{pN}{2\pi a}$。

由式（1-4）可得，电磁转矩与电枢电流和每极磁通量的乘积成正比。该电磁转矩对电动机而言是驱动转矩，对发电机而言是制动转矩。

## 📋 任务单

| 任务名称 | 直流牵引电机的基础知识 | | | | | |
|---|---|---|---|---|---|---|
| 任务描述 | 找到方法去改变直流发电机输出电压的方向及直流电动机的转向；识别直流电机的各组成部分并能描述其作用；找出直流牵引电机中存在的故障并能叙述电枢反应对电机的影响 | | | | | |
| 任务分析 | 直流牵引电机是电机学的基础部分，也是机车牵引传动系统的重要组成部分。直流电机的工作原理、组成部分及直流电机的磁场是认识直流牵引电机的关键，也为直流牵引电机性能的学习打基础 | | | | | |
| 学习任务 | 【子任务1】用什么方法可以改变直流发电机输出电压的方向？用什么方法可改变直流电动机的转向？<br><br>【子任务2】直流电机有哪些主要部件？它们各起到什么作用？<br><br>【子任务3】为了得到最大直流电动势，电刷必须与几何中心线处的元件相连，为什么？为得到最大电磁转矩，电刷又应位于何处？<br><br>【子任务4】拆装练习并判断牵引电机可能出现的故障。按规定步骤拆装直流牵引电机。 | | | | | |
| 劳动组合 | 各组长布置拆装直流牵引电机的人员，进行拆装，并讨论直流牵引电机可能出现的故障有哪些。各组长评判小组成员学习情况，并做出小组评价。 | | | | | |
| 学习小结 | | | | | | |
| 自我评价 | 项目 | A—优 | B—良 | C—中 | D—及格 | E—不及格 | 综合 |
| | 安全纪律（15%） | | | | | | |
| | 学习态度（15%） | | | | | | |
| | 专业知识（30%） | | | | | | |
| | 专业技能（30%） | | | | | | |
| | 团队合作（10%） | | | | | | |
| 教师评价 | 简要评价 | | | | | | |
| | 教师签名 | | | | | | |

# 学习引导文

## 1. 直流电机中的换向

### 1）换向过程的基本概念

换向是指直流电机的电枢绕组每个元件从一条支路经过电刷进入另一条支路，该元件电流从一个方向变换为另一个方向。元件从开始换向到换向终了所经历的时间，称为换向周期 $T_k$。换向周期通常只有几毫秒。直流电机在运行中，电枢绕组每个元件在经过电刷时都要经历换向过程，该元件称为换向元件。换向问题很复杂，换向不良会在电刷与换向片之间产生火花。当火花大到一定程度，可能损坏电刷和换向器表面，使电机不能正常工作。产生火花的原因很多，除了电磁原因外，还有机械原因、化学原因。

### 2）换向元件中的电动势

换向元件在换向过程中产生的电动势分为两类：电抗电动势和电枢反应电动势。

（1）电抗电动势。

换向元件（线圈）在换向过程中电流改变，因此必有自感作用；同时进行换向的元件不止一个，换向元件与换向元件之间又有互感作用。因此，换向元件中电流变化时，必然出现由自感与互感作用所引起的感应电动势（自感电动势和互感电动势），这个电动势称为电抗电动势。根据楞次定律，自感电动势、互感电动势总是阻碍电流变化的，也就是阻碍换向的。

（2）电枢反应电动势。

虽然换向元件位于几何中性线处，主磁场的磁通密度等于零，但是电枢磁场的磁通密度不等于零。因此换向元件必然切割电枢磁场，而在其中产生一种旋转电动势，称为电枢反应电动势。

说明：电抗电动势和电枢反应电动势都在换向元件内产生阻碍换向的附加电流，在换向过程中，由于电流突变，线圈内储存的磁场能以火花形式释放出来。

### 3）改善换向的方法

从产生火花的电磁原因出发，减少换向元件的电抗电动势和电枢反应电动势，限制换向元件中的附加电流，就可以有效地改善换向。改善换向常用的方法有以下4种。

（1）安装换向极。

安装换向极是目前改善换向最有效的方法。一般容量为 1 kW 以上的直流电机都装有换向极。换向极安装在主磁极之间，换向极极性确定的原则是：换向极绕组产生的磁动势的方向是电枢反应磁动势的相反方向，大小比电枢反应磁动势略大。

（2）调整电刷位置。

在小容量无换向极的直流电机中，将电刷从电枢几何中性线移开一个适当角度，用主磁场来代替换向极磁场，也可改善换向。移动电刷的方向规定为：当电机运行于电动机状态时，电刷应逆着电枢旋转方向移动；而运行于发电机状态时，电刷则应顺着电枢旋转方向移动。若方向不正确将使电机换向更加恶化。

（3）增加换向回路电阻。

电刷与换向器之间的接触电阻是换向回路中最重要的电阻，不同牌号的电刷具有不同的接触电阻，选择合适的电刷能改善换向。

（4）装设防止环火的补偿绕组。

所谓环火，是指电机正、负电刷之间出现电弧，电弧被拉长，直接从一种极性的电刷跨过换向器表面到达相邻的另一极性的电刷，使整个换向器表面布满环形电弧。

出现环火，可在很短时间内损坏电机。为避免环火现象，采用补偿绕组是有效方法之一。补偿绕组嵌放在主极极靴上专门冲制的槽内。其电流方向与对应极下电枢绕组的电流方向相反，显然它产生的磁动势与电枢反应磁动势方向相反，从而补偿了电枢反应的影响。

**2. $DF_{4B}$ 型内燃机车牵引电机故障原因分析及防止措施**

$DF_{4B}$ 型内燃机车牵引电动机作为内燃机车实现电能转化为机械能的最重要的机车部件，它的状态的好坏直接影响到机车的安全运行。由于直流电机具有换向设备（换向器、电刷装置等），从而增加了其检修保养的环节。特别是电刷，作为活动的磨损部件，需要定期检查其活动间隙及磨损量，否则将引起换向不良，烧损换向器、主极、附加极、电枢等，造成电机大修，后果相当严重。因此，直流电机的运用、保养及检修就显得更重要了。

随着铁路运输事业的迅猛发展，提速重载成为铁路跨越式发展的主旋律。牵引电动机接地、环火、断线、电枢匝间短路、轴承破损、小齿轮断裂或脱落等故障明显上升，直接影响机车的运用安全。ZQDR－410 型牵引电机作为 $DF_{4B}$ 型内燃机车的主要电气设备之一，其质量好坏对整个机车的安全走行起着至关重要的作用。直流电机与交流电机相比，具有故障率高的特点，运用保养质量的高低可以直接决定直流电机的使用寿命。总之，直流电机在运用中出现故障情况时，采取正确的运用、保养及检修措施是减少和防止直流电机故障的有效途径。现以哈尔滨机务段 ZQDR－410 型牵引电机的故障情况为例，来分析该型牵引电机的故障原因及在运用、保养及检修中应采取的措施。

1）从电机本身的结构性能分析环火的原因

（1）电刷原始火花在较高的电位特性下会发展成环火，当最大片间电压瞬间大大超过允许值时，电位火花会发展为环火。电机落修原因见表 1－3。由表 1－3 可知，因环火造成电机落修的比例为 23.1%，比例较大。

表 1－3　电机落修原因

| 落修原因 | 2004 年 1—10 月份 | 2005 年 1—10 月份 | 合计 | 百分比/% |
|---|---|---|---|---|
| 环火 | 16 | 9 | 25 | 23.1 |
| 主极绕组接地 | 19 | 8 | 27 | 25.0 |
| 换向极绕组接地 | 10 | 6 | 16 | 14.8 |
| 电枢绕组接地 | 2 | 1 | 3 | 2.8 |
| 断线 | 21 | 6 | 27 | 25.0 |
| 轴承故障 | 3 | 3 | 6 | 5.6 |
| 主动齿轮 | 2 | 2 | 4 | 3.7 |
| 合计 | 73 | 35 | 108 | |

表1-4  厂修电机火花试验数据

| 项目 | 火花1级 | (1+1/4)级 | (1+1/2)级 | 火花超限 | 环火故障 | 合计 |
|------|---------|-----------|-----------|----------|----------|------|
| 台数 | 983 | 19 | 24 | 4 | 10 | 1 040 |
| 比例/% | 94.5 | 1.82 | 2.30 | 0.38 | 0.96 | 100 |

表1-4列出了戚墅堰机车车辆厂厂修电机火花试验数据，可以看出，大修出厂的部分电机本身换向就不是很好。这样机车投入运用之后，由于运用条件恶劣，很容易出现换向器发黑，碳刷接触不良，过热灼烧刷握使之变形等现象，从而加重换向火花，最终造成环火。机车在长时间运用后，电机换向器的保养好坏，将直接影响电机的质量。因此运用中应及时检查电机，发现碳刷不良烧损，或刷握不良时应及时更换整修。这就要求乘务员在交接班时及机车进库整备时认真检查，定期抽检碳刷、刷盒，将"事故苗子"消灭在萌芽状态。

（2）电枢匝间短路。

绕组与升高片、均压线与换向片开焊虚接，造成片间电压过高，引起牵引电机环火。

针对此故障，要求小修、辅修对牵引电机进行TY绝缘介电强度检测，中修及落修电机除进行TY绝缘介质强度检测外必须进行TA匝间耐压检测，通过检测发现并及时处理从而消灭隐患。

例如，2004年10月15日DF$_{4B}$7323机车牵引38 007次，总重5 574吨，共56辆，长66.6 m，运行在对青山—里木店间上坡道时司机发现机车接地、过流同时动作，于23:35停于K35+200 m处，停车后检查工况转换开关发现第二电机触头粘连，第二电机环火。司机于23:35停车后立即通知对青山及里木店车站请求救援，将第二电机甩掉后试验其他电机电流正常。0:20，DF$_{4B}$6488机车里木店方向来救援挂头，区间于0:26开车，里木店车站于0:43停车。

检查情况：机车第2动轮踏面擦伤110 mm左右，动轮不能转动；解体齿轮箱后检查发现牵引齿轮脆裂为两部分，齿轮备帽裂损为两部分，并且有碾伤，防缓锁片变形，齿轮裂口处有毛细裂纹；牵引电动机转子轴有压伤，颜色正常，无拉伤及碾片；牵引电动机解体后发现整流子换向片同极间烧损4片，并且出现凸片现象；牵引电动机定子内部在齿侧有严重扫膛现象；转子在齿侧的无纬带全部崩没，同侧的电枢绕组全部崩开；动轮从动齿轮有碾伤；分析监控，乘务员在机车卸载后，连续3次加载。

原因分析：电机电枢绕组内部有薄弱点，电枢齿侧无纬带机械强度存在薄弱点，运行大电流时匝间短路，电枢绕组崩开，瞬间大电流通过时使电枢轴过热后，造成牵引齿轮及备帽受到应力而崩裂，崩裂的牵引齿轮下半部脱落在齿轮箱内，上半部分仍在转子轴上，备帽崩裂的一部分落在牵引齿轮与从动齿轮间卡死，造成机车动轮不能转动。乘务员在未准确发现问题点的情况下，反复加载3次，使故障情况不断扩大。

采取措施：牵引电动机备品组装时加强检测手段，检测时用木锤击打其检测部位，检测过程由质检员、验收员进行监控，技术室再次对此项进行专项写实。

2）从外界因素分析环火的原因

（1）轮对空转造成瞬时过电压。

轮对空转在长大坡道较多的线路上出现概率较大，主要原因是机车功率不足加之线路原因。在哈尔滨机务段所担当的区段中，象哈—棋盘线上从周家到平房、东富到吉舒等都是长大坡道，在这些区段上途停或进站停车再启动时，启动后电流都在4 000 A左右，并且长时间低速大电流运行，很容易造成电机空转，电机环火、放炮的概率也多。

乘务员操纵失误也能造成轮对空转。例如，2005 年 11 月 6 日，哈机 DF$_{4B}$1081 机车担当哈—三间 28005 次货物列车牵引任务，哈南开 10:16，里木店 13:07 待避，13:37 开车，由于出站即 11‰ 上坡道，乘务员提手柄过快，又没有及时采取撒砂措施，造成 1 位轮对空转不止，出现主电路过流故障，检查发现 1 位牵引电机发生严重环火。

采取措施：合理配备机型，在运用中乘务员应正确操纵，提前撒砂，防止空转，重载长大坡道起车时不可提转数过快，尽可能减少产生此类故障。

（2）操作过电压。

① 过渡点不准确造成牵引电机环火。

2004 年统计，56 台机车出现自动过渡故障。这些机车出现自动过渡故障后，要求乘务员必须手动过渡，由于乘务员操作不准确，过渡点选择时机不到位，会造成牵引电机的过电压，从而引发环火。现在由于机车检修质量已大大提高，机车功率、过渡装置均采用自动调节，过渡较平缓，此类故障已很少发生。

采取措施：在小修、辅修作业过程中，严把质量关，过渡装置在试验台上严格按工艺要求校定数值，使机车过渡时电流、电压在最理想的数据状态下；教育乘务员运用中避免升降转数过快，防止负荷变化造成电流、电压突变引发环火；碎修、临修中提票自动过渡故障时必须及时组织检修，小修、辅修时对自动过渡装置进行试验，尽量使乘务员减少使用手动过渡的机会。

② 逆电造成牵引电机环火。

"主电路逆电"就是机车在牵引工况时牵引电动机发电。这种情况与机车在电阻制动工况时牵引电动机发电不同，制动工况中牵引电动机所发出的电（热）能被消耗在具有冷却功能的制动电阻上，且该电流的大小能够被控制在安全、允许的范围内。而发生逆电时牵引电动机所发出的电（热）能却被"消耗"在主电路中的电机、电器上，且逆电电流无法被控制在安全、允许的范围内。一旦发生逆电故障，将烧损主电路中的主发电机、牵引电动机、主整流器、转换开关及电器，容易引发火灾，经济损失极大，后果十分严重。

例如，2004 年 1 月 20 日，DF$_{4B}$7387 机车回段入库，地勤人员检查机车发现 1~6D 全部环火，分析监控记录发现乘务员在调车作业时将换向手柄打至与运行方向相反的位置，造成机车逆电，牵引电机全部发生严重环火。

发生逆电的条件：机车有速度；方向手柄与机车运行方向不一致；主电路处在闭合状态。

逆电发生的原因：由于错误的操纵，当机车有速度、牵引电动机主极有剩磁或主极绕组励磁方向不正确、主接触器闭合三个条件偶合时，使牵引电动机在非电阻制动工况而符合发电机发电条件，发电后由于主接触器的闭合，使外电路形成闭合回路。由于该电路中没有负载，电流值失控，处于短路情况，巨大的电流值瞬间产生极大的热量，将会烧损主电路内所有发电机、电动机及其回路中其他电器。

针对逆电的发生所采取的预防措施如下。

● 逆电是机车五大病害之一，必须对此高度重视，教育乘务员严格标准化作业，运行中严禁变换换向手柄位置，机车未停稳之前严禁换向。

● 机车没有停稳前，绝对禁止将方向手柄打到反向，更不准反向加负荷。作为补机或重联机车时，无论柴油机在启动或停机状态，方向手柄都应与运行方向一致。运行中严禁做与运行方向有关的电器动作试验。

● 上坡道停车再开时，注意制动机的使用，避免在向后溜的情况下提手柄开车。

防止接地的发生，避免电器动作失控而形成逆电。

③ 整流子拉伤引起电机环火。

DF$_{4B}$型内燃机车 ZQDR-410 型牵引电机接连出现压指弹簧折损脱落划伤换向器，经过机车检查和调查分析发现，部分牵引电机刷握压指弹簧下方是全开放式，当压指弹簧出现故障折断或脱落时，压指弹簧就会落在电机换向器表面，造成换向器被划伤。整流子拉伤以后表面粗糙度达不到技术要求，不仅会使碳刷和换向器异常磨损，还会因接触不良形成火花，造成环火。1991—1997 年，在哈尔滨机务段共有 17 台电机整流子拉伤，占总故障电机台数的 13.5%。经检查发现这些电机多数是由于压指弹簧断裂后掉入刷盒内整流子的上面，电机旋转后而拉伤整流子的。因此，根据原铁道部原机务局"七项专业会议文件"汇编的精神，将原有电机自 2004 年起进行了加装改造，哈尔滨机务段重新下发了 ZQDR-410 型牵引电机防止压指弹簧划伤换向器预防措施，为避免压指弹簧折损脱落拉伤换向器，机务段要求对所有 ZQDR-410 型牵引电机压指弹簧槽下方全开放式的刷握加装橡胶防护胶皮。

安装范围：ZQDR-410 型牵引电机安装有双刷杆无芯杆压指弹簧并且压指弹簧槽下方为全开放式的刷握，四个位置的刷握均加装橡胶防护胶皮。即在电机顶部刷盒的压指弹簧下面加装一托盒，这样，即使压指弹簧断裂，也会被托盒接住而不至于掉入换向器上部而拉伤整流子。

安装位置：刷握底部压指弹簧下方。

哈尔滨机务段在对牵引电机加装改造以后，大大减少了整流子的拉伤。从经济效益上看，每个托盒的材料费及加工安装费总共也不过几元钱，而每台电机整流子拉伤后，仅车旋整流子的加工费就两千多元，且电机落修，机车扣修费用更大。据不完全统计，自 2004 年加装改造后至 2005 年 10 月至少防止拉伤整流子 59 次（有 59 次压指弹簧断而未拉伤整流子），由此为机务段节省大修费用达十几万元。

④ 牵引电动机进油造成电机环火。

内燃机车牵引电动机进油是运用过程中的惯性故障。轻者影响电机绝缘，重者使电机途中环火接地。一旦电机进油，扣车返修，几经清扫处理，耗费大量人力、物力。电机进油后，整流子表面的油污会使碳刷接触不良，从而造成环火。从哈尔滨机务段发生的 32 起电机进油故障看，大多是由电机通风道进入的。牵引电动机的通风采用强迫外通风，风道进风口设在车上电气室和冷却室内。在电气室，由于启动变速箱经常出现渗漏油现象，渗出的油不及时清除，就可能顺底板渗到第 1、2、3 电机通风道内而进入电机，其中 DF$_{4B}$型 1888、1161 两台机车在运用不足一个月时就因为启动变速箱漏油而导致电机进油。另外，DF$_4$型机车进油主要发生在 4-6D 牵引电动机，且以 4D 电机最严重。据某一年统计结果，哈尔滨机务段 96 台 DF$_4$型机车，共发生 36 台次机车牵引电动机进油，特别是 2005 年 9 月至 10 月，DF$_4$型 7384 号机车因静液压系统管路漏油造成 4-6D 牵引电动机进油，连续三次扣车临修。其次，1-3D 牵引电动机在一年内也出现过 5 台次，以 1D 电机为重。原因多是由于静液压系统管路漏油被通风机吸入电机内造成的，另外少数是由于乘务员将油桶放在冷却间通风道进风口附近，不小心歪倒，流出的油被吸入电机内造成的。通过调查分析发现，牵引电动机进油和其本身依赖集中通风的通风机吸口的环境、位置有关。浸入电机内的油是从通风机吸口侧进入的。DF$_4$型机车 1 – 3D 牵引电动机的进油是从前台车通风机入口漏入的。因风道低于地板，布置其后的前变速箱油封等处的油漏到地板后，经通风机传动轴下地板凹槽，汇集于通风机吸口背部。当此处地板和通风机座面有缝隙时，在停机或低速态时，位差及机油重力作用，使漏油进入通风机通道。高速时，风力又将机油吹经牵引电动机风道、帆布罩而达电机内部。这种情况多见于前台车通风机背部安装座处，动态时看到通风机出来的风吹着机油流动现象，转速越高，油也流得越快。

针对以上两方面的原因，采取了如下措施。

① 针对静液压系统和启动齿轮箱漏油易进入牵引电动机的情况，在小修、辅修和临修时发现有漏油部位，都进行重点整修，及时找出原因，消灭跑冒滴漏。对已进油电机，先着手堵死进油源，再发动 1 ~ 2 h，利用通风机风力，让电机通风道内剩油被吹出，然后彻底清扫处理电机。平时教育乘务员，冷却室内的油壶要尽量远离通风机妥善放置，地板上的油及时擦净。对新制造的 DF$_4$型机车，落实事前控制的后台车通风机防油设施工作。

② 运转车间针对曾经因乘务员在冷却间放置油桶而导致电机进油的情况，一方面下达书面通知，另一方面由各队队长在待乘点及段内乘务员学习会上传达"严禁在冷却间存放油桶，并要经常保持通风网及附近清洁"。采取措施后，电机进油的故障大大减少了，至今再未发生一件因为牵引电动机进油而造成电机环火的故障。

③ 在 DF$_4$型机车后台车通风机吸口地板处，铺设一块约长 1 200 mm，宽 500 mm，厚50 mm 的海绵，将主机油管至后台车通风机间地板基本铺满，用重物压住，在通风机进风口、网罩、蜗壳体壁间浇上一层 801 胶水，这样无论从上方管路或者地板外部漏过来的机油，都由海绵吸进。另外，由于通风机进风口、网罩、蜗壳体壁间 801 胶水的二次封油作用，使漏油无法进入通风机内。1 – 3D 牵引电动机只需将前台车通风机入口漏风处用电焊焊住即可。

## 任务实施与评价

（1）下发任务单，明确学习任务、主要内容、知识目标、能力目标、素质目标要求；

（2）学生按任务单要求制订学习计划，完成预习任务及相关知识准备；

（3）对某直流牵引电机进行拆装解析；

（4）学生查阅资料分析直流牵引电机在 DF$_{4B}$中的工作过程；

（5）在实训室的电路板中指出直流电机在 DF$_{4B}$中的应用；

（6）学生识别几种常用直流电机，以个人或学习小组方式进行学习小结及反思；

（7）学生进行学习自我评价及学习小组成员互评，教师及小组长（副组长）进行学习他人评价，检查任务完成情况。

# 项目2 直流牵引电动机的工作特性

## 项目描述

牵引电动机是在机车或者动车上用于驱动一根或者几根动轮轴的电动机。牵引电动机有多种类型，直流电动机尤其是直流串励电动机有较好的调速性能和工作特性，适应机车牵引特性的需要，获得了广泛应用。而直流电机的电动势、转矩及功率的平衡方程反映了电机内部机电能量变换的过程，是分析电机特性及运行工况的基础。

本项目要依据各种直流电机的特性对比来分析机车直流牵引电动机的优缺点及如何完成直流牵引电动机的启动、反转、调速和制动。

【本项目任务】

任务2.1　直流电机的基本方程

任务2.2　直流电动机的工作特性

任务2.3　直流牵引电动机的启动、反转、调速和制动

## 教学目标

**1. 知识目标**

（1）了解直流电机的平衡方程；

（2）熟悉各种直流电动机的工作特性；

（3）掌握直流牵引电动机的启动、反转、调速和制动的方法。

**2. 能力目标**

（1）画出直流电动机的各种工作特性曲线图；

（2）根据工作特性曲线图分析机车牵引电动机应选择哪种励磁方式的电动机；

（3）通过电机平衡方程及电动机的工作原理分析出直流牵引电动机启动、反转、调速和制动的方法。

**3. 素质目标**

（1）培养学生利用网络自学的能力；

（2）在项目完成过程中培养学生严谨认真的态度、企业经济效率意识、创新和挑战意识；

（3）能客观、公正地进行学习自我评价及对小组成员的评价。

# 任务 2.1　直流电机的基本方程

直流电机是传动系统中进行机电能量变换的元件。直流电机的基本方程是指直流电机系统中的电动势平衡方程、机械系统中的转矩平衡方程及功率平衡方程。这些方程综合了电机内部的电磁过程，同时也表达了电机外部的运行特性及功率平衡关系。

## 2.1.1　电动势平衡方程

直流电机运行时，除了产生感应电动势 $E_a$ 外，还受到电机内部绕组的电阻和电感的影响，若只考虑电机稳定运行工况，可忽略电感影响。无论是发电机还是电动机，当电枢旋转时，电枢绕组切割磁力线都产生感应电动势，其大小为 $E_a = C_e \Phi n$，方向可用右手定则判定。以串励电机为例，如图 2-1 所示，在发电机里，电枢绕组接负载后，感应电动势驱动电流流动，所以电枢电流 $I_a$ 与感应电动势 $E_a$ 方向相同；如图 2-2 所示，在电动机里，电枢绕组经电刷接外电源，外加电压驱动电流流动，所以电枢电流 $I_a$ 与电源电压方向相同，此时，感应电动势 $E_a$ 与电枢电流 $I_a$ 方向相反，称为反电动势。

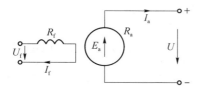 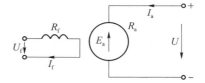

图 2-1　直流发电机的电动势平衡关系 1　　　图 2-2　直流电动机的电动势平衡关系 2

设 $U$ 为直流电机的端电压，取 $U$、$E_a$、$I_a$ 的实际方向为正方向，可得电枢回路的电动势平衡方程为：

发电机 $\qquad\qquad\qquad\qquad U = E_a - I_a R_a \qquad\qquad\qquad\qquad$ （2-1）

电动机 $\qquad\qquad\qquad\qquad U = E_a + I_a R_a \qquad\qquad\qquad\qquad$ （2-2）

式中，$R_a$ 为电枢回路总电阻，包括电枢回路中各串联绕组的电阻和电刷与换向器之间的接触电阻。

式（2-1）和式（2-2）适用于各种励磁方式的直流电机，计算时要注意各种励磁方程式中 $R_a$ 所包含的内容不完全相同。

式（2-1）、式（2-2）表明，直流发电机和电动机在运行时都存在电枢电动势 $E_a$ 和端电压 $U$，在发电机中 $E_a > U$，电枢电流 $I_a$ 的方向与 $E_a$ 的方向一致；在电动机中，$U > E_a$，电枢电流 $I_a$ 的方向与 $U$ 的方向一致，$E_a$ 表现为反电动势。

## 2.1.2　转矩平衡方程

无论是发电机还是电动机，当电枢绕组有电流流过时，电枢电流和磁场相互作用都产生电磁转矩，其大小为 $T = C_T \Phi I_a$，方向可用左手定则判断。在发电机里，外转矩 $T_1$ 为驱动转矩，使电枢旋转，电磁转矩 $T$ 与转向相反为阻力转矩，同时还存在电机的控制阻力转矩 $T_0$（摩擦、铁损耗、风阻等）。在电动机里，电磁转矩 $T$ 使电枢转动为驱动转矩，与电动机转向相同，此时轴上的负载转矩 $T_2$ 和 $T_0$ 均为阻力转矩。

电机转速恒定时，加在电机轴上的驱动转矩应与阻力转矩相等，所得转矩平衡方程为：

发电机 $$T_1 = T + T_0 \tag{2-3}$$

电动机 $$T = T_2 + T_0 \tag{2-4}$$

式（2-3）、式（2-4）表明，在电机稳定运行时，电磁转矩和外转矩同时存在并达到平衡。在发电机里，$T_1 > T$，作为驱动转矩的是外转矩 $T_1$，电机的转向取决于 $T_1$ 的方向，电磁转矩 $T$ 是阻力转矩，起平衡外转矩的作用；在电动机里，$T > T_2$，作为驱动转矩的是电磁转矩 $T$，电机的转向取决于 $T$ 的方向，电磁转矩带动负载转动从而达到平衡。

## 2.1.3　功率平衡方程

电机是实现机电能量转换的装置，因而功率关系是电机运行中最基本的关系。电机运行过程中，存在输入功率、输出功率和各种损耗，它们之间应能满足能量守恒定律。直流电机工作时，电枢绕组中存在感应电动势 $E_a$ 和电流 $I_a$，把这两个物理量的乘积用 $P$ 表示，称为电磁功率，即

$$P = E_a I_a = \frac{pN}{60a} \Phi \frac{60\omega}{2\pi} I_a = \frac{pN}{2\pi a} \Phi I_a \cdot \omega = T\omega \tag{2-5}$$

式中，$\omega = \frac{2\pi n}{60}$ 为电机机械角速度。式（2-5）表明，从电磁的观点看，电动机（或发电机）通过电磁感应作用，从电源吸取（或发出）电功率 $E_a I_a$。从机械的观点看，在电动机中 $T\omega$ 为原动机克服制动转矩所需输入电动机的机械功率。所以无论是电动机还是发电机，其能量变换过程中，电功率变换为机械功率或机械功率变换为电功率的这部分 $E_a I_a$ 或者 $T\omega$ 由于能量守恒，二者相等。

电机在能量转换的运行过程中，不可避免地会伴随着各种各样的损耗，这些损耗主要分为以下三个方面。

**1. 机械损耗**

在直流电机中，电机轴承、电刷与换向器之间，旋转部分与空气之间都存在摩擦，因此要消耗能量。由于这部分损耗是由电机的机械运动引起的，所以叫机械损耗 $\Delta p_{机}$。

**2. 铁损耗**

电枢铁芯中由磁滞和涡流所引起的能量损耗，叫作铁损耗 $\Delta p_{铁}$。只要直流电机通入励磁电流并且转动起来，不管它有没有带负载，机械损耗和铁损耗就会存在，因此通常把这两项损耗合起来叫作空载损耗 $\Delta p_{空}$，即 $\Delta p_{空} = \Delta p_{铁} + \Delta p_{机}$。

**3. 铜损耗**

因为电枢绕组、励磁绕组、电刷和换向器接触处都存在电阻，合计为 $R_a$，近似为铜导体电阻，当电流 $I$ 流过时，就会产生铜损耗 $\Delta p_{铜} = I^2 R_a$。

根据能量守恒定律，电机的输入、输出和损耗之间存在一定的平衡关系。对直流电动机来说，由电源输入的功率为 $P_1$，从 $P_1$ 中减去电阻中的铜损耗 $\Delta p_{铜}$，余下的就是被直流电动机吸收的电磁功率 $P$，即

$$P = P_1 - \Delta p_{铜} \qquad 或 P_1 = P + \Delta p_{铜}$$

电动机转动以后，又产生机械损耗和铁损耗，电磁功率减去空载损耗 $\Delta p_{空}$ 后，才是电动机轴上输出给负载的机械功率 $P_2$，即

$$P_2 = P - \Delta p_{空} \qquad 或 P = P_2 + \Delta p_{空}$$

由上述关系可得到直流电动机的功率平衡方程，即

$$P_1 = P_2 + \Delta p_{空} + \Delta p_{铜} \qquad\qquad (2-6)$$

这种功率平衡关系可用图 2-3 来表示。

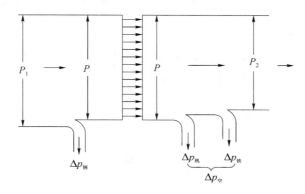

图 2-3  直流电动机的功率平衡图

因为电磁功率 $P = T\omega = E_a I_a$，而电动机输出的机械功率 $P_2 = T_2\omega$，与 $\Delta p_{空}$ 对应的为空载转矩 $T_0$，由电动机机械功率的平衡关系

$$P = T\omega = (T_2 + T_0)\omega$$

可得到电动机稳定运行时的转矩平衡方程，即

$$T = T_2 + T_0$$

又因输入功率 $P_1 = UI_a = E_a I_a + I_a^2 R_a$，将此式两边除以 $I_a$，同样可得到电动机稳定运行时的电动势平衡方程，即

$$U = E_a + I_a R_a$$

上述推演过程说明，电动势、转矩及功率三个平衡方程是相互关联的，它们综合了电机内部机电能量变换的过程，是分析电机特性及运行工况的基础。

由于电机内部存在各种损耗，所以输出功率 $P_2$ 总是小于输入功率 $P_1$，一般可以用电机效率 $\eta$ 来衡量电机内部损耗的大小，即

$$\eta = \frac{P_2}{P_1} \times 100\% \qquad\qquad (2-7)$$

由于电机内各绕组电阻的损耗随着电枢电流的变化而变化，因此 $\eta$ 也不是一个固定的数值。$DF_4$ 型机车上 ZQDR-410 型牵引电动机的额定效率为 93.6%。

# 任务 2.2 直流电动机的工作特性

电传动机车是由牵引电动机驱动的，因此牵引电动机的工作特性必须满足机车牵引性能的要求。电动机输出的机械转矩和转速是说明电动机工作特性的两个重要的物理量，分别与机车牵引力和机车速度相对应，因此，转矩特性和转速特性是电动机的两个主要特性，是选用电动机的重要依据。

直流电动机的工作特性表示当不对电源电压及励磁电流进行人为调节时，电动机的转速 $n$、转矩 $T$ 随电枢电流 $I_a$ 的变化关系。电动机的工作特性因励磁方式不同差别很大，所以讨论时，既要应用综合电磁过程的有关方程式，又要注意不同励磁方式的特点。

## 2.2.1 转速特性

当电源电压 $U$ 一定时，直流电动机的转速随电枢电流（也称负载电流）变化的特性，即 $n = f(I_a)$，称为转速特性。可由电动势平衡方程：

$$U = E_a + I_a R_a$$
$$E_a = C_e \Phi n$$

得到转速 $n$ 与电枢电流 $I_a$ 的关系为：

$$n = \frac{U - I_a R_a}{C_e \Phi} \tag{2-8}$$

式中，$R_a$——电枢回路总电阻。

对他励（或并励）电动机而言，若不计电枢反应的去磁效应，在不对励磁电流进行人为调节时，可认为 $\Phi$ 是一个与 $I_a$ 无关的常数，所以其转速特性可表示为：

$$n = n_0 - K I_a \tag{2-9}$$

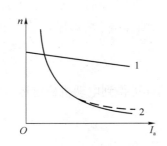

图 2-4 直流电动机的转速特性
1—他励电动机转速特性；
2—串励电动机转速特性

式中，$n_0 = \dfrac{U}{C_e \Phi}$ 为理想的空载转速（$I_a = 0$）；$K = \dfrac{R_a}{C_e \Phi}$。显然他励电动机转速特性为一斜率为 $K$ 的直线。由于电枢回路的电阻 $R_a$ 数值很小，$K$ 也小，故当电枢电流 $I_a$ 增加时，转速 $n$ 下降很少（一般不超过 2% ~ 8%），如图 2-4 所示的曲线 1。

串励电动机的励磁绕组与电枢绕组串联，励磁电流 $I_f$ 就等于电枢电流 $I_a$，故主磁通 $\Phi$ 随 $I_a$ 而变化，这是串励电动机的特点。若忽略电动机磁路的饱和，可近似用

$$\Phi = K_f I_f = K_f I_a$$

式中，$K_f$ 为主磁通 $\Phi$ 与励磁电流 $I_f$ 的比例系数。因此，由电动势平衡方程得出的转速公式为：

$$n = \frac{U - I_a R_a}{C_e \Phi} = \frac{U}{C_e K_f I_a} - \frac{1}{C_e K_f} R_a \tag{2-10}$$

由于 $R_a$ 很小，式（2-10）的第 2 项可忽略，因此，转速 $n$ 近似与电枢电流 $I_a$ 成反比，如图 2-4 所示的曲线 2。

## 2.2.2 转矩特性

直流电动机的转矩随电枢电流变化的特性，即 $T = f(I_a)$，称为转矩特性。$T = f(I_a)$ 的关系可由转矩平衡方程推出，当忽略空载转矩 $T_0$ 后，电动机输出的转矩近似等于电磁转矩，故转矩特性可以直接由电磁转矩公式求出，即

$$T = C_T \varPhi I_a \tag{2-11}$$

对于他励电动机，因 $T = C_T \varPhi I_a = C_T' I_a$，当不人为调节励磁电流时，$C_T' = C_T \varPhi$ 为常数，故 $T = f(I_a)$ 为一过原点的直线，如图 2 - 5 所示的曲线 1。电枢电流 $I_a$ 较大时，电枢反应的去磁作用使转矩略为减小而偏离直线。

而串励电动机的励磁电流 $I_f$ 随电枢电流 $I_a$ 变化，同样设 $\varPhi = K_f I_f = K_f I_a$，则可得到转矩公式为：

$$T = C_T \varPhi I_a = C_T K_f I_a^2 \tag{2-12}$$

可见，其转矩近似与电枢电流的平方成正比，如图 2 - 5 所示的曲线 2。

显然，串励电动机的转速特性与他励电动机截然不同，其转速 $n$ 随电枢电流 $I_a$ 增大而迅速下降，变化很大。这是由于电枢电流 $I_a$ 增大时，$I_f$ 也随之增大，使主磁通 $\varPhi$ 增大，电枢回路电压降 $I_a R_a$ 也增大，这两种作用都促使转速 $n$ 降低。当电枢电流 $I_a$ 较大时，磁路趋于饱和时，转速 $n$ 的下降才缓慢下来（如图 2 - 4 所示虚线）。相反，在电动机空载时，$T$ 及 $I_a$ 都很小，要产生一定的反电动势与电源电压平衡，电动机的转速将极高，称为飞速，可能导致转子机械损坏，因此要避免串励电动机在较高电压下空载或轻载运行。

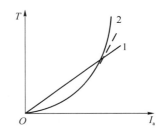

图 2 - 5 直流电动机的转矩特性
1—他励电动机转矩特性；
2—串励电动机转矩特性

串励电动机的转矩特性与他励电动机也有所不同，$\varPhi$ 正比于 $I_a$，当 $I_a$ 较大，磁路高饱和时，$\varPhi$ 接近不变，$T \propto I_a^2$，故随着 $I_a$ 的增加，串励电动机的转矩 $T$ 将按高于电流一次方的比例增加（如图 2 - 5 所示虚线）。这种特性很有价值，它保证了在同样大小的启动电流下，串励电动机能得到比他励电动机更大的启动转矩。

## 2.2.3 机械特性

将式（2 - 8）和式（2 - 11）联立消去 $I_a$，便可得到直流电动机的转速与转矩的方程：

$$T = \frac{C_T \varPhi U}{R_a} - \frac{C_T C_e \varPhi^2}{R_a} n \tag{2-13}$$

$T = f(n)$ 称为电动机的机械特性，是电传动机车牵引特性的主要依据，它与列车运动方程相联系，可分析牵引工况稳定运行及过渡过程的工作情况。机械特性也与励磁方式有关，如他励（或并励）电动机，在供电电压不变时，主磁通 $\varPhi$ 也不变，由式（2 - 13）可知，其机械特性 $T = f(n)$ 近似为一较陡负斜率的直线（如图 2 - 6 所示的曲线 1），负载转矩变化较大，转速变化很小，这种特性称为"硬特性"。而串励电动机的 $\varPhi$ 随电枢电流 $I_a$ 变化，利用式（2 - 13）分析相对复杂，严格地说，要根据电动机的转矩特性、转速特性及

磁化曲线之间的对应关系才能求出其机械特性，如图 2-6 所示的曲线 2。随输出转矩 $T$ 的增加，转速 $n$ 迅速下降，这种特性称为"软特性"。

在分析牵引电动机运行情况时，须一并考虑牵引电动机的机械特性 $T=f(n)$ 和机车负载阻力转矩特性 $T_0=f(n)$，牵引电动机轴上所受的负载阻力转矩可由列车运行阻力换算得到，它与列车运行速度（与电动机转速 $n$ 成正比）、线路坡道的坡度、牵引重量等因素有关。图 2-7 所示的曲线 1 为牵引电动机的负载阻力转矩特性，曲线 2 为牵引电动机的机械特性。

由图 2-7 可知，在曲线 1、2 交点 $A$，牵引电动机的输出转矩 $T_2$ 与负载阻力转矩相等，即 $T_2 = T_A$，根据转矩平衡方程可知，此时转速为一稳定值 $n_A$。相应地，牵引电动机反电动势 $E_a = C_e \Phi_A n_A$，电枢电流 $I_{aA} = \dfrac{U - E_{aA}}{R_a}$ 和 $T_2 = T_A = C_T \Phi I_{aA}$ 均处于稳定值，此时传动系统处于稳定运行状态，称为"稳态"或"静态"。

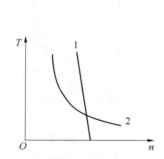

图 2-6　直流电动机的机械特性

1—他励电动机的机械特性；
2—串励电动机的机械特性

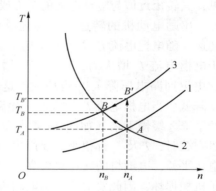

图 2-7　牵引电动机负载变化的运行状态

1、3—牵引电动机的负载阻力转矩特性；
2—牵引电动机的机械特性

如果负载阻力转矩增加（如机车爬坡），负载阻力转矩特性曲线由曲线 1 变为曲线 3，此时，由于惯性，牵引电动机的转速来不及改变为 $n_A$，电动机转矩仍为 $T_A$，而负载阻力转矩由 $T_A$ 增为 $T'_B$，以致牵引电动机的输出转矩 $T_2$ 小于负载阻力转矩 $T'_B$，转矩平衡关系遭到破坏，$\dfrac{\mathrm{d}n}{\mathrm{d}t}$ 将小于零，传动系统进入动态减速过程，或称为减速过渡过程。在减速过程中，$T_2$ 与 $T_0$ 各按其本身的特性曲线变化，由图 2-7 可知，随着转速 $n$ 的下降，负载阻力转矩逐渐减小，而电动机输出的转矩 $T_2$ 却不断增加，这是由于在电动机内部，随着 $n$ 的下降，反电动势 $E_a$ 减小，若外电源电压 $U$ 不变，则电枢电流 $I_a$ 因之加大，$T_2$ 也就随之增加。只要电动机输出转矩还小于负载阻力转矩，这种减速过程就将继续下去，$n$ 就会继续减小，直到 $T_2 = T_0 = T_B$（曲线 2 与曲线 3 新的交点 $B$）时减速过程才会结束，系统以新的转速 $n_B$ 稳定运行。相应的反动电动势 $E_{aB} = C_e \Phi_B n_B$ 重新达到稳定值（与电源电压相平衡），而此时的电枢电流也随负载阻力的变化达到 $I_{aB} = \dfrac{U - E_{aB}}{R_a}$。

由以上分析可知，当不对电动机电源电压和励磁电流进行人为调节时，稳态下电动机输出转矩 $T_2$、转速 $n$ 及电枢电流 $I_a$ 的大小是由负载阻力转矩的数值决定的。当负载阻力转矩发生变化时，电动机本身会自动地调节速度，使电枢电流和输出转矩相应变化，直至与负载阻力转矩达到新的平衡为止。

若要求在负载阻力转矩不变的条件下，使电动机在人们要求的不同转速下稳定运行，就只能通过改变电源电压或励磁电流等途径来满足运用的要求，即人为地对电动机进行速度调节。

# 任务 2.3    直流牵引电动机的启动、反转、调速和制动

## 2.3.1    直流牵引电动机的启动

电动机由静止状态达到正常运转状态的过程称为启动过程。直流牵引电动机在启动过程中不仅转速发生变化，而且转矩、电流等也发生变化。

当忽略电枢绕组电感时，电枢电流 $I_a$ 为：

$$I_a = \frac{U - E_a}{R_a} \qquad (2-14)$$

在启动开始瞬间，由于转速 $n = 0$，故电枢感应电动势 $E_a = 0$，此时的电流称为启动电流，用 $I_{st}$ 表示：

$$I_{st} = \frac{U}{R_a} \qquad (2-15)$$

由于电枢绕组电阻 $R_a$ 很小，如果直接加额定电压启动，启动电流 $I_{st}$ 很大，可达到额定电流几十倍。这样大的启动电流将带来很多不良影响：① 使电动机换向恶化，产生严重的火花，导致电刷和换向器表面烧损；② 产生很大的电磁转矩，使传动机构和生产机械受到强烈冲击而损坏；③ 使电网电压波动，影响供电的稳定性。为此，启动直流牵引电动机时必须设法限制启动电流 $I_{st}$。所以一般直流电机是不允许直接启动的。

由式（2-15）可知，为限制启动电流，可降低电动机外加电源电压或增大电枢回路的电阻，这是通常采用的两种启动方法。

**1. 降低电源电压启动**

在启动瞬间，给电动机加较低的直流电压，随着电动机转速的升高，电枢电势逐渐增加，同时端电压 $U$ 也人为地不断增加，$U$ 与 $E_a$ 的差值使启动过程中的电枢电流保持在允许范围内，直到电动机端电压上升到额定值，电动机启动完毕。

采用降低电源电压方法启动并励电动机时必须注意：启动时必须加上额定励磁电压，使磁通一开始就有额定值，否则电动机启动电流虽然比较大，但启动转矩却较小，电动机仍无法启动。

降压启动的优点是在启动过程中无电阻损耗，并可达到平稳升速，但需要专用电源设备，多用于要求经常启动的大中型直流电动机。

在采用直流电动机作为牵引动力的机车上，电源由专门的发电机或变压器供给，通过调节发电机的励磁和变压器的抽头很容易改变其输出电压。因此，降压启动广泛应用于电力机车和内燃机车中。

**2. 电枢回路串接电阻启动**

直流电动机在电枢回路串入适当的启动电阻 $R_{st}$，按照把启动电流 $I_{st}$ 限制在 $1.5I_N \sim 2.5I_N$ 的范围内来选择启动电阻的大小。

在启动过程中，随着转速 $n$ 的升高，电枢感应电动势 $E_a$ 也升高，电枢电流相应地减小。为了保持一定的转矩，应逐渐将启动电阻切除，直到启动电阻全部切除，电动机启动完毕，达到额定转速稳定运行。

变阻启动能有效地限制启动电流，所需启动设备简单，广泛应用于各种中小型直流牵引电动机，如工矿机车、城市电车上多采用变电阻启动。但变阻启动过程中能量消耗大，不适用于经常启动的大中型直流牵引电动机。

## 2.3.2 直流牵引电动机的反转

直流电动机的旋转方向取决于电磁转矩方向，而电磁转矩 $T = C_T \Phi I_a$ 的方向取决于主磁通 $\Phi$ 与电枢电流 $I_a$ 相互作用的方向。

改变电动机转向的方法有以下两种。

（1）只改变主磁通（励磁电流）的方向。

保持电枢绕组两端电压极性不变，将励磁绕组反接，使励磁电流反向，主磁通即改变方向。

（2）只改变电枢电流的方向。

保持励磁绕组两端电压极性不变，将电枢绕组反接，电枢电流即改变方向。

若同时改变主磁通方向及电枢电流的方向，则直流电动机转向维持不变。

由于他励直流电动机的励磁绕组匝数多，电感大，励磁电流从正向额定值变到负向额定值的时间长，反向过程缓慢，而且在励磁绕组反接断开瞬间，绕组中将产生很大的自感电动势，可能造成绝缘被击穿。

但在电动机容量很大、对反转速度要求不高的场合，则因励磁电路的电流和功率小，为了减小控制电器的容量，经常采用改变励磁绕组极性的方法实现电动机反转。

## 2.3.3 直流牵引电动机的调速

在电动机机械负载不变的条件下，用人为方法调节电动机转速的行为叫调速。

直流电动机的调速可以采用机械调速、电气调速或二者配合调速。通过改变传动机构速比进行调速的方法称为机械调速；人为改变电动机的参数（如端电压、励磁电流或电枢回路电阻）使同一机械负载得到不同转速的方法，称为电气调速。电动机驱动生产机械，对电动机转速不仅要能调节，而且要求调节范围广、过程平滑、调节的方法简单经济。

电动机的转速公式为：

$$n = \frac{U - I_a(R_a + R_{pa})}{C_e \varPhi} \quad\quad (2-16)$$

式中，$R_{pa}$——电枢回路串接的电阻。

由式（2-16）可知，影响电动机转速的 3 个因素是电源电压 $U$、电枢回路串接的电阻 $R_{pa}$ 和主磁通 $\varPhi$。只要改变以上 3 个因素中的任何一个，都能达到调节电动机转速的目的。

**1. 电枢回路串接电阻调速**

串励电动机电枢串接电阻时的机械特性如图 2-8 所示。在某一负载下，串接电阻越大，转速越低。

这种调速方法的优点是只需增设电阻和切换开关，设备简单，控制方便。缺点是能耗较大，经济性差；速度调节是有级的，调速平滑性差。

**2. 改变电源电压调速**

串励电动机电压降低时的机械特性如图 2-9 所示。在某一负载下，电压越低，转速也越低。为保证电动机安全运行，电压只能以额定电压为上限下调，也称降压调速。

这种调速方法的优点是电源电压如能平滑调节，就可实现无级调速；调速中无附加能量损耗。缺点是需要专用的调压电源，成本较高；转速只能调低，不能调高。

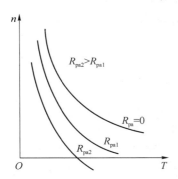

图 2-8　串励电动机电枢串接
电阻时的机械特性

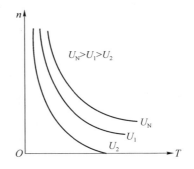

图 2-9　串励电动机电压
降低时的机械特性

**3. 改变主磁通调速**

串励电动机磁通减弱时的机械特性如图 2-10 所示。在某一负载下，主磁通越弱，转速越高。

一般电机的额定磁通已设计得使铁芯接近饱和，因此，改变主磁通只能在额定磁通下减弱磁通，所以又称为削弱磁场调速。削弱磁场需要在励磁绕组的两端并联电阻，一般电动机励磁功率只有电机容量的 1%～5%，因此用于削弱磁场的并联电阻容量也很小。

这种调速方法设备简单，控制方便，功率损耗小，可以提高电动机的转速，是直流牵引电动机常用的调速方法之一。

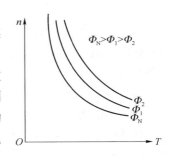

图 2-10　串励电动机磁通
减弱时的机械特性

直流牵引电动机，为扩大调速范围，常把几种方法配合使用。如电动车组，常采用电枢回路串接电阻和削弱磁场调速；电力机车和内燃机车，常采用改变电源电压和削弱磁场调速。

## 2.3.4 直流牵引电动机的制动

机车运行过程中，有时需要尽快使牵引电动机停转或从高速运行转换成低速运行；下坡时，需要限制牵引电动机的转速，以控制机车的速度。这就需要在牵引电动机轴上加一个与转向相反的转矩来实现，称为牵引电动机的制动。

制动转矩若是由机械制动闸产生的摩擦转矩，则称为机械制动；制动转矩若是牵引电动机本身产生的电磁转矩，则称为电气制动。

直流牵引电动机的电气制动可分为能耗制动和回馈制动两种。

### 1. 能耗制动

串励牵引电动机采用能耗制动时的电路原理连接图，如图 2-11 所示。电气制动时，励磁绕组由单独的励磁电源供电，并保持励磁电流方向不变（磁通方向不变），将电枢绕组从电源上断开并立即接到一个制动电阻 $R_L$ 上。这时电枢绕组外加电压 $U=0$，而电机转子靠惯性继续旋转，切割方向未变的磁通，所感应的电动势仍存在且方向不变，因此，产生的电枢电流（制动电流）为：

$$I_a = \frac{U - E_a}{R_a + R_L} = \frac{-E_a}{R_a + R_L} = \frac{-C_e \Phi n}{R_a + R_L} \tag{2-17}$$

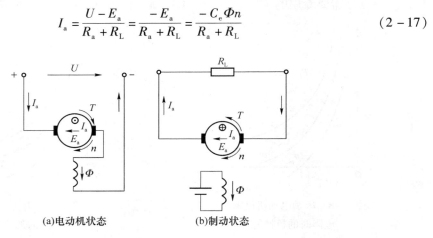

(a)电动机状态　　　(b)制动状态

图 2-11　串励牵引电动机采用能耗制动时的电路原理连接图

在制动过程中，电动机靠惯性继续旋转，在磁场不变情况下，产生感应电动势的方向不变并输出电流，变成一台他励发电机，把机车的动能转换成电能，消耗在制动电阻上，故称为能耗制动。

调节制动电阻 $R_L$ 或调节励磁电流改变磁通的大小，都可以改变制动电流的大小，以调节制动转矩的大小。另外，电动机的转速越高，制动转矩越大，制动的效果越好；而低速时，制动转矩相应变小，需要配用机械制动，使电机迅速停转。电力机车上多采用串励牵引电动机，在电气制动时，由于串励发电机特性不稳定，需要将励磁绕组改为他励。能耗制动所需设备简单，成本低，操作方便。不足之处是列车的动能转换为电能后消耗在制动电阻上，变成热能散发到大气中，没有被利用；不易迅速制停，因为当电动机转速 $n$ 较小时，$E_a$

较小，$I_a$ 也较小，使制动转矩相应减小。此时，应采用减小制动电阻 $R_L$ 来增大电枢电流 $I_a$ 以提高低速区的制动转矩。

**2. 回馈制动**

电机作为电动机运行时，电源电压 $U$ 大于反电动势 $E_a$，电枢电流方向与 $U$ 同方向，电磁转矩方向与转向相同。若保持磁通方向不变，当转速升高到一定数值后，感应电动势 $E_a$ 大于电源电压 $U$，电枢电流方向与 $E_a$ 同方向，电机作为发电机运行，电磁转矩与转向相反起制动作用，发电机产生的电能送回到电网。这种制动方法称为回馈制动。

电力机车平路行驶时，牵引电动机需要从电网输入电能，此时 $U > E_a$，$I_a > 0$，电磁转矩驱动车轮转动，如图 2-12（a）所示。电力机车下坡时，重力加速度的作用使车速增高，牵引电机感应电动势 $E_a$ 随之增大，若 $E_a = U$，则 $I_a = 0$，牵引电机就不需要从电网输入电能，电力机车由本身的位能自动滑行并继续加速。转速继续升高，将使 $E_a > U$，则 $I_a$ 反向，牵引电机自动转换为发电机运行状态［见图 2-12（b）］。此时，电力机车下坡的位能，通过电机转换成电能，回馈给电网。由于电枢电流 $I_a$ 反向，电磁转矩也随之反向，起到制动作用，车速越高，制动转矩越大。

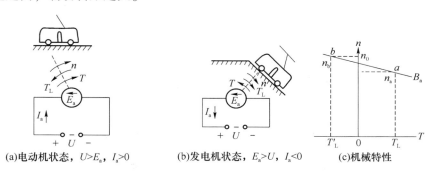

(a)电动机状态，$U>E_a$，$I_a>0$　　(b)发电机状态，$E_a>U$，$I_a<0$　　(c)机械特性

图 2-12　电力机车回馈制动

转速增高到一定程度，下坡时的位能产生的动力转矩与牵引电机的制动转矩和摩擦转矩相平衡时，电力机车将恒速稳定运行（见图 2-12（c）中的 $b$ 点）。

他励和复励牵引电动机运行回馈制动时，需要保持励磁电流方向不变，电枢回路的接线不变。串励牵引电动机进行回馈制动时，由于串励发电机在许可范围内工作不稳定，需要将串励绕组改接为他励，由较低的电压供电以得到所需要的励磁电流。

## 📋 任务单

| 任务名称 | 直流牵引电动机的工作特性 |
| --- | --- |
| 任务描述 | 写出直流电机的电动势平衡方程、转矩平衡方程和功率平衡方程；画出直流电动机转速和转矩特性曲线图；描述直流牵引电动机的启动、反转、调速和制动的方法 |
| 任务分析 | 　　直流电机的电动势平衡方程、转矩平衡方程和功率平衡方程是分析直流电机工作特性的基础，而直流电动机工作特性是机车牵引特性的基础，为了使机车有较好的牵引特性，选择最佳的牵引电机就必须要掌握电动机的工作特性 |

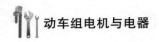

续表

| 学习任务 | 【子任务 1】一个直流电动机拖动一个直流发电机，当电动机电枢电流增加时，发电机的电枢电流将如何变化？为什么？ |
| --- | --- |
| | 【子任务 2】直流电动机启动时有哪些要求？直流电动机的启动电流取决于什么？直流电机有几种调速方法？电力机车常采用哪些方法调速？直流牵引电动机有几种制动方法，简述它们的异同点和使用场合。 |
| | 【子任务 3】画出并励和串励电动机的工作特性曲线，并分析曲线形成的原因。 |

| 学习小结 | | | | | | |
| --- | --- | --- | --- | --- | --- | --- |

| 自我评价 | 项目 | A—优 | B—良 | C—中 | D—及格 | E—不及格 | 综合 |
| --- | --- | --- | --- | --- | --- | --- | --- |
| | 安全纪律（15%） | | | | | | |
| | 学习态度（15%） | | | | | | |
| | 专业知识（30%） | | | | | | |
| | 专业技能（30%） | | | | | | |
| | 团队合作（10%） | | | | | | |

| 教师评价 | 简要评价 | |
| --- | --- | --- |
| | 教师签名 | |

# 学习引导文

## 1. 牵引电动机特性分析

直流电动机可有串励、他励、并励和复励等几种形式，其中他励与并励的特性相似，复励特性由串励和并励两种特性组合而成。为了说明哪一种励磁方式的电动机适于作机车的牵引电动机，我们选取串励和他励两种形式进行比较，分析它们作为牵引电动机使用时各自的优缺点，并通过比较，了解选用牵引电动机时应考虑的因素及基本原则。

1）牵引调速性能

串励电动机由于具有"软特性"，因此与他励或并励电动机相比，在相同的负载变化时，串励电动机可以有更大的转速和转矩变化。在内燃机车电力传动装置中，由于牵引电动机由恒功率电源供电，输出电压变化范围有限，"软特性"的特点能使牵引电动机在电源电压变化较小时具有较大的转速和转矩变化，因而调速容易，调速范围也宽。可见，串励电动机更适合作为机车的牵引电动机。

2）牵引电动机之间的负载分配

在电力传动机车上，一般总是有几台牵引电动机同时并联运行，如 DF$_4$ 型机车上有六台牵引电动机并联运行。由于电动机的特性不可能完全一致，或者电动机驱动的动轮直径不完全相等，因此，这些都将引起电动机之间负载分配不均匀的现象。对串励电动机来讲，由于具有"软特性"，这种负载分配的不均匀性比他励电动机小。并联运行时牵引电动机之间的负载分配如图 2 - 13 所示，当两台电动机转速 $n$ 相同时，电流分别为 $I_{s1}$ 和 $I_{s2}$，转矩分别为 $M_1$ 和 $M_2$，比较图 2 - 13（a）、（b）可见，串励电动机间负载差异要小得多，可以防止个别电动机在运行时发生严重过载现象。

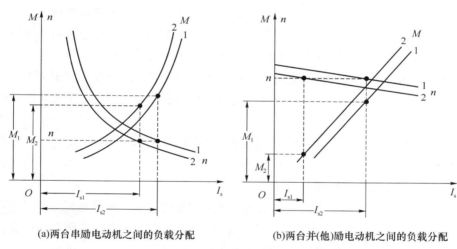

(a)两台串励电动机之间的负载分配　　　　(b)两台并(他)励电动机之间的负载分配

图 2 - 13　并联运行时牵引电动机之间的负载分配

3）防空转性能

在牵引电动机个别传动的情况下，当机车启动或满载爬坡时，常常发生动轮和钢轨之间黏着破坏而使动轮空转的现象。在这种情况下，若能迅速减小牵引电动机的电流和输出转矩，就能使黏着条件恢复。串励电动机的"软特性"不利于黏着条件的恢复。而他励电动机的"硬特性"却有利于防止动轮空转，因为在出现空转时，如图 2 - 14 所示，他励电动机电流和输出转矩随着转速的微小增加 $\Delta n$ 而急剧下降 $\Delta I_2$，促使黏着条件迅速恢复。

还应指出，多台串励电动机串联运行时（如东风

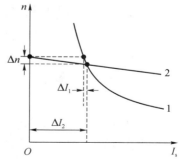

图 2 - 14　牵引电动机防空转性能
1—串励电动机；2—他励电动机

型机车为二串三并），如果其中一台电动机发生空转，它的端电压将随转速的增加而增加，这就使该台电动机的空转情况更为严重，因此交－直流电传动机车的数台牵引电动机一般都为全并联方式。

4）启动性能及过载能力

由于串励电动机的转矩特性 $T=f(I_s)$ 是近似地按电流平方的比例增加，其电枢电流和励磁电流同样都较大，因而启动转矩大，这种性能首先适合机车启动时需要较大启动牵引力的要求。其次电动机的过载能力强。过载能力通常用电动机短时运行所允许的最大转矩和额定转矩之比来表示。最大转矩主要受短时允许的过载电流所引起的发热限制。由于并励电动机的转矩与电枢电流近似成线性比例关系，串励电动机的转矩近似与电枢电流的平方成正比，因此假设允许的短时过载电流为额定电流的 1.2 倍，则在并励电动机的最大转矩就为额定转矩的 1.2 倍，而串励电动机却可达 1.44 倍。

通过上述几个方面的比较，可以看出串励电动机作牵引电动机利大于弊，比较适宜机车牵引，因此它得到了广泛应用，但是却有容易空转的缺点。

随着电子工业高度发展，可以使用电子控制装置根据牵引的要求对他励或复励电动机的励磁电流进行自动调节，这样不仅能获得最大可能的调速范围，而且能做到恒转矩启动和恒功率运行，从而能充分利用其功率。这种励磁方式的优点如下。

（1）在正常运行时可以控制励磁电流，使牵引电动机具有所希望的"软特性"。

（2）当空转发生时能够控制励磁电流，使电动机具有"硬特性"，及时制止空转，提高黏着利用。

（3）有可能对每台牵引电动机按它的特性、轮径、轴重分配特点采用个别励磁，使每台牵引电动机都能充分发挥它的牵引力。

（4）能够实现无极削弱磁场。

（5）便于进行电阻制动，不必像串励电动机那样要进行由串励到他励方式的转换。

他励或复励方式需要较复杂的控制系统。国内外在这方面都进行了研究和试验，并已成功地应用于一些机型上。从目前交－直流电传动机车所使用的牵引电动机类型来看，应用最广的还是串励电动机。

**2. 直流电机应用**

内燃机车上使用的电机很多，如 DF$_4$ 上 32 台，DF$_{8B}$ 上 29 台。这些电机归纳起来可分为三类：第一类，根据机车性能与机车结构上的特殊要求而设计的专用电机，如同步牵引主发电机、牵引电动机、启动发动机及感应子牵引励磁机等；第二类，通用电机，如空气压缩机电动机、启动机油泵电动机、燃油泵电动机等；第三类，控制用微型电机，如无级调速步进电机、柴油机测速发电机等。这里仅对直流牵引电机做简要介绍。

内燃机车使用的直流牵引电动机具有可逆性。在牵引工况时作为电动机运行，驱动机车轮对；在电阻制动工况时，机车轮对驱动牵引电动机转子，在励磁绕组的磁场作用下，变为发电机运行。DF$_4$ 和 DF$_{11}$ 型内燃机车分别使用的是 ZQDR－410 型和 ZD106 型直流牵引电动机。

1）ZQDR – 410 型直流牵引电动机

（1）ZQDR – 410 型直流牵引电动机的结构。

ZQDR – 410 型直流牵引电动机为四极直流串励强迫外通风牵引电动机。其中，Z——直流；Q——牵引用；D——电动机；R——热力机车用；410——该电机额定功率为 410 kW。

ZQDR – 410 型直流牵引电动机主要由油杯、刷架座圈、轴承、挡油板、前端盖、平衡块、换向器、电刷装置、均压绕组、机座、主极线圈、主极铁芯、无纬带、电枢绕组、后端盖、换向极铁芯、换向极线圈等组成。

电动机抱轴侧上方有两个出线盒，标志为：A1——电枢绕组首端；B2——换向极绕组末端；D1——主极绕组首端；D2——主极绕组末端。

四个主磁极固定在机座内腔的垂直与水平方向上，产生主磁通；四个换向极固定在机座内腔主磁极的几何中性面上，产生换向极磁场，抵消电枢反应电动势与电抗电动势，以改善换向。四个电刷装置固定在前端盖刷架座圈的主磁场的几何中性面上，其中由相对的两个通过换向器（整流子）引入电枢电流，另外两个引出电枢电流；换向器安装在电枢轴非传动端，按顺序依次引入或引出每个电枢导体的电流；电枢轴上的电枢导体处在同一磁场下的电流的方向是一致的，因此产生方向一致的电磁力使电机旋转。

（2）ZQDR – 410 型直流牵引电动机的主要参数。

型号：ZQDR – 410。

额定电压：550 V。

最高电压：770 V。

额定转速：640 r/min。

绝缘等级：H/F。

额定功率：410 kW。

额定电流：800 A。

最大电流：1 080 A。

通风方式：强迫外通风。

励磁方式：串励。

2）ZD106 型直流牵引电动机

（1）ZD106 型直流牵引电动机的结构。

ZD106 型直流牵引电动机系四极串励直流电动机，采用单边齿轮传动，强迫通风冷却。牵引电动机机座为焊接结构，它既是电动机磁路的一部分，又是电动机的主要结构部件。在换向器端开有两大、两小观察孔，便于检查、更换电刷、维护保养换向器和刷架系统。换向器一侧的顶部开有方形通风口，上装风道。冷却空气经滤网进入通风孔后分成两路，一路经换向器表面、磁极之间及电枢表面；另一路经换向器内腔、电枢铁芯通风孔及后支架。两路风汇合后从机座驱动端和端盖排风孔排出，从而将电机内部热量带走。

牵引电动机驱动端和换向器端装有滚动轴承。

（2）ZD106 型直流牵引电动机的主要参数。

型号：ZD106。

额定电压：680 V。

最大电流：1 080 A。

最大转速：2 365 r/min。

励磁方式：串励。

额定功率：530 kW。

额定电流：835 A。

额定转速：955 r/min。

通风方式：强迫通风。

3）启动发电机（DF$_4$型内燃机车电传动）

DF$_{4B}$、DF$_{4C}$、DF$_{8B}$、DF$_{11}$等型机车均采用 ZQF－80 型启动发电机。

ZQF－80 型启动发电机是四极自通风直流电机，通过启动变速箱与柴油机相连。它在机车上有两个用途：一是在柴油机启动时作为串励电动机，由蓄电池供电来启动柴油机；二是在柴油机启动后作为他励发电机使用，由电压调整器（或微机）控制励磁，发出 110 V ± 2 V 的直流电，提供机车的控制、蓄电池充电及空压机电机等辅助装置用电。

启动发电机的结构与牵引电动机基本相同，区别是在主磁极上装有启动线圈（串励）和他励线圈。当柴油机启动时，电机按串励工况运行，蓄电池正、负端分别接电机的串励绕组、换向极绕组和电枢绕组，他励绕组不工作。当柴油机启动后，电机由柴油机驱动，他励绕组接通电源后转为他励发电机工况运行，此时串励绕组不工作。

## 任务实施与评价

（1）下发任务单，明确学习任务、主要内容、知识目标、能力目标、素质目标要求；

（2）学生按任务单要求制订学习计划，完成预习任务及相关知识准备；

（3）教师组织抢答识别直流牵引电动机各部件及作用；

（4）对比说明几种直流电动机的特点，说明各种直流电动机的优缺点；

（5）画出直流电动机的工作特性曲线图；

（6）学生写出直流电机的三个基本平衡方程并叙述方程的意义；

（7）学生通过比较直流牵引电动机启动、调速、换向及制动的几种方法，说明机车选用哪种方法更合适；

（8）学生进行学习自我评价及学习小组成员互评，教师及小组长（副组长）进行学习他人评价，检查任务完成情况。

# 项目3　三相异步牵引电动机

## 项目描述

动车组牵引系统是动车组的心脏，是铁路安全、正常运行的保障部分，而牵引电动机是动车组牵引系统重要的组成部分之一。交流传动技术是一门综合技术，但其本质的特点是牵引电动机采用了三相异步电动机。交流传动机车之所以成为现代机车发展的方向，正是由异步电动机的特点和优点所决定的，所以学习三相异步电动机的结构、工作原理及工作特性是十分必要的，而且牵引电动机的选择和故障处理对整个高速铁路发展意义重大。

本项目要完成三相异步电动机基础的学习，包括电动机的结构、工作原理及工作特性等，以 CRH₂ 型车为例，了解动车组牵引电机的基本结构、工作过程及试验。

【本项目任务】

任务 3.1　异步电动机的基本结构

任务 3.2　三相异步电动机的工作原理

任务 3.3　三相异步电动机的工作特性

任务 3.4　三相异步电动机的启动、反转、调速和制动

任务 3.5　CRH₂ 型动车组牵引电机

## 教学目标

**1. 知识目标**

（1）了解异步电动机的类型及应用；

（2）熟悉三相异步电动机的基本结构、工作原理；

（3）掌握三相异步电动机的启动、反转、调速及制动的方法。

**2. 能力目标**

以 CRH₂ 型动车组牵引电机为例，完成以下任务：

（1）认知牵引电机结构；

（2）通过牵引特性曲线图读懂牵引电机的工作过程；

（3）简单处理动车组牵引电机在工作过程中出现的故障。

**3. 素质目标**

（1）培养学生利用网络自学的能力；

（2）在项目完成过程中培养学生严谨认真的态度、企业经济效率意识、创新和挑战意识；

（3）能客观、公正地进行学习自我评价及对小组成员的评价。

# 任务 3.1　异步电动机的基本结构

异步电机是一种与同步电机相对应的交流电机。因其转子转速与定子电流所产生的磁场转速不同，而称为异步电机。又因其定子、转子之间没有电的直接联系，而是借助于定子、转子之间的电磁感应作用实现机电能量转换的，故又称为感应电机。

异步电机应用非常广泛，主要用作电动机，是工业生产的主要动力。例如，广泛应用于风机、泵、压缩机、洗衣机、电冰箱、电力机车和电动汽车等。

## 3.1.1　概述

长期以来，机车电传动大多采用直流电动机系统。这是因为直流电动机的磁场（励磁）电流和电枢电流可以分别控制，其启动特性、调速性能和转矩控制特性比较理想，并容易获得良好的动态影响。然而，直流电动机的结构复杂，存在电刷接触式的换向器，它不仅工艺复杂，体积及质量大，耗铜，价格昂贵，而且在运行中，很容易产生换向火花甚至发生环火现象，故障率高，不便于维护。由于电动机换向火花及环火这一类问题的存在，则要求电动机换向片之间的电压不能过高，因而使得直流电动机的设计容量和高速时的利用功率受到限制。例如，机车上通常采用的直流串励电动机，虽然其调速性能优越，但其高速利用功率只能达到额定功率的 75%，单电动机的设计容量也难超过 1 000 kW，远远不能满足机车向高速、大功率方向发展的要求。

三相异步电动机，特别是鼠笼式异步电动机，由于其转子上既没有换向器，也没有带绝缘的绕组，根本不存在换向火花及环火等问题，因此，它的结构简单、运行可靠，能以更高的转速运转。交流电动机克服了直流电动机固有的缺点，很早就引起了人们极大注意，并试图将它用作铁路机车的牵引电动机，只是限于当时变频供电技术条件而无法实施。20 世纪 50 年代中期，法国国铁曾在一台样车上装置旋转变频机组进行连续变频调速，但由于系统结构复杂、机组笨重庞大及效率低、成本高等原因而未能得到推广。20 世纪 60 年代，电力电子技术的崛起与进步及变频调速装置的研制成功，重新唤起了人们对交流调速传动的重视。1971 年，采用异步交流传动系统的 DE-2500 型内燃机车在原联邦德国研制成功；1980 年，原联邦德国又将第一批 E120 型交流传动干线电力机车投入运行。这是交流传动机车发展史上的一个重要里程碑，从此交流传动技术在牵引领域焕发出了前所未有的活力。

交流传动技术是一门综合技术，但其本质的特点是牵引电动机采用了三相异步电动机，其一系列优点都由此而表现出来。交流传动机车之所以成为现代机车发展的方向，正是由异步电动机的特点和优点所决定的。其主要特点如下。

**1. 结构简单，动力学性能好**

异步电动机是所有电机中结构最简单的电动机，除轴承外，没有其他机械接触部分，电动机转速可达到 4 000 r/min 以上，试验转速甚至可达 6 000 r/min。这是直流电动机望尘莫及的，直流电动机转速因受换向条件和机械强度的限制，转速只能达到 2 500 r/min 左右。由于异步电动机结构紧凑、质量轻，同时采用特殊的悬挂装置，簧下质量小，对轨面的冲击力小，使机车具有良好的动力学性能。

**2. 功率大，牵引力大**

由于异步电动机结构简单，转速可达 4 000 r/min，所以功率大、质量轻，其单位质量是直流电动机的 2~3 倍。在机车结构所提供的空间条件下，异步电动机功率可达到 1 400~2 000 kW。正因为如此，才可使机车的牵引功率大大提高，从而可获得较大的牵引力，再加上黏着性能好，能充分发挥机车的牵引能力。

现以 ND$_5$ 型交 – 直流传动机车与 SD60MAC 交流传动机车进行对比。ND$_5$ 型交 – 直流传动机车的柴油机标定功率为 2 940 kW，启动牵引力为 533.6 kN，持续速度为 22.2 km/h 时的持续牵引力为 359.8 kN；SD60MAC 交流传动机车的柴油机标定功率为 2 835 kW，启动牵引力为 78 kN，持续速度为 20.5 km/h 时的持续牵引力为 521 kN。不论启动牵引力还是持续牵引力，后者都比前者高出 45% 左右。

**3. 黏着性能好**

由于异步电动机具有很硬的机械特性，所以当某台电动机发生空转时，随着转速的上升，转矩很快降低，具有很强的恢复黏着的能力。当进行黏着控制时，根据检测有关黏着控制的信号，准确、迅速地改变逆变器输出的电压和频率，寻求最佳工作点，使驱动系统既不发生空转，又能充分发挥最大的牵引力，实现最大可能的黏着利用。交流传动系统可实现各轴单独控制，若某台电动机发生空转，可调节某台电动机，这样能充分利用机车的黏着性能；而在交 – 直流传动系统中，某轴空转时，则需要使所有各轴电动机卸载，这样就大大降低了机车牵引力。由于上述特性和良好的控制功能，交流传动系统的黏着系数可以利用得很高。1992 年美国铁路协会（AAR）向四家机车制造厂提出了 26 台交流传动机车投标建议书，其中提出的黏着指标是：启动黏着系数为 0.45，全天候牵引黏着系数为 0.32（而 GE公司在交 – 直流机车上，采用 "SENTRY" 黏着控制装置后，全天候牵引黏着系数实测值为 0.24~0.25），动力制动黏着系数为 0.24。如此之高的黏着利用，正是针对交流传动机车所具有的良好的黏着控制而提出的，这对于交 – 直流传动系统是不可想象的。

**4. 可靠性高、维修简便**

异步电动机无换向器，无电刷装置，除轴承外，无摩擦部件，密封性好，防潮、防尘、防雪性能好，绝缘性能和耐热性好。因此故障率低，可靠性高。控制装置是模块结构，故障率也很低。电路系统中几乎全由无触点的电子元件组成，所以不存在传动系统中经常发生的触点磨损、粘接、接触不良、机械卡滞等问题。据美国伯灵顿北方铁路公司介绍，该公司直流牵引电动机的大修期一般在 40 万~48 万 km，而交流牵引电动机的大修期可高达 120 万~160 万 km。此外，交流传动机车配有完备的微机监视系统和故障诊断系统，可随时监视系统的技术状态，进行故障诊断。综上所述，交流传动系统的可靠性是很高的，维修量很小，且维修简单，维修费用较低。将德国 E1200 型机车和 EA1000 型机车进行比较，前者的维修费仅为后者的 35%。

**5. 效率高、利用率高、使用灵活性强**

交流传动系统的总效率约为 0.90，而交 – 直流传动系统的总效率约为 0.86。根据有关测量数据表明，采用交流传动系统的内燃机车与采用直流传动系统的内燃机车比较，在发挥相同功率时可节省燃料 10% ~ 25%。可靠性、耐久性和易于维修的结合，使交流传动机车的利用率显著提高，如某铁路运输公司采用交流传动机车后，机车利用率由原来的 86% 提高到 95%，从铁路运营管理的角度来说，可减少机务段的备用机车数量以节省投资。正是交流传动机车所显示的高启动牵引力、大持续功率和宽恒功率区的特点，使其具有很强的使用灵活性，它既可满足货运列车对大的启动牵引力的需求，又可满足客运列车对高速度的需求，因此对客、货列车来说，交流传动机车成为名副其实的"通用机车"。

## 3.1.2 异步电动机的分类

（1）异步电动机按定子相数差异可分为单相、两相和三相异步电动机，分别见图 3 – 1、图 3 – 2、图 3 – 3。

在工农业生产中广泛使用的是三相异步电动机，在大功率场合（千瓦以上）更是如此。而单相异步电动机则只在小功率场合（零点几瓦到几百瓦）使用。两相异步电动机主要用于微型控制电动机。

图 3 – 1　单相异步电动机

图 3 – 2　两相异步电动机

图 3 – 3　三相异步电动机

（2）异步电动机按三相异步电动机的转子结构形式可分为鼠笼式异步电动机和绕线式异步电动机，分别见图 3 - 4、图 3 - 5。

图 3 - 4  鼠笼式异步电动机          图 3 - 5  绕线式异步电动机

（3）根据机壳不同的保护方式，异步电动机可分为开启式、防护式、封闭式和防爆式异步电动机等。

开启式异步电动机：价格便宜，散热条件最好，由于转子和绕组暴露在空气中，只能用于干燥、灰尘很少又无腐蚀性和爆炸性气体的环境。

防护式异步电动机：通风散热条件也较好，可防止水滴、铁屑等外界杂物落入电动机内部，只适用于较干燥且灰尘不多又无腐蚀性和爆炸性气体的环境。

封闭式异步电动机：适用于潮湿、多尘、易受风雨侵蚀、有腐蚀性气体等较恶劣的工作环境，应用最普遍。

防爆式异步电动机：它将内部与外界的易燃、易爆性气体隔离。这种电机多用于汽油、酒精、天然气、煤气等气体较多的地方，如化工厂等。

## 3.1.3  三相异步电动机的基本结构

三相鼠笼式异步电动机的结构图如图 3 - 6 所示。它主要由定子、转子两大部分组成，定子、转子中间是气隙。此外，还有端盖、风罩、机座、风扇、出线盒、吊环等部件。

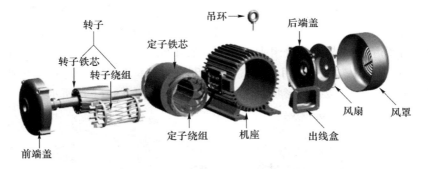

图 3 - 6  三相鼠笼式异步电动机的结构图

**1. 定子**

定子由定子铁芯、定子绕组和机座组成。

（1）定子铁芯是电动机磁路的一部分，并在其上放置定子绕组，如图 3 - 7 所示。定子铁芯一般由 0.35 ~ 0.5 mm 厚、表面具有绝缘层的硅钢片冲制、叠压而成，在铁芯的内圆冲有均匀分布的槽，用来嵌放定子绕组。

（2）定子绕组是电动机电路的一部分，通入三相交流电，产生旋转磁场。定子绕组由三个在空间互隔120°电角度、对称排列的结构完全相同的绕组连接而成，这些绕组的各个线圈按一定规律分别嵌放在定子各槽内。

（3）机座又称机壳，用于固定定子铁芯与前后端盖以支撑转子，并起防护、散热等作用。机座通常为铸铁件，大型异步电动机机座一般用钢板焊成，微型异步电动机的机座采用铸铝件。封闭式异步电动机的机座外面有散热筋以增加散热面积，防护式异步电动机的机座两端端盖开有通风孔，使电动机内外的空气可直接对流，以利于散热。

图 3 - 7　三相鼠笼式异步电动机定子铁芯

### 2. 转子

转子由转子铁芯、转子绕组和转轴组成。

（1）转子铁芯是电动机磁路的一部分。转子铁芯所用材料与定子铁芯一样，由 0.5 mm 厚的硅钢片冲制、叠压而成，在铁芯外圆冲有均匀分布的孔，用来安置转子绕组。

（2）转子绕组是电动机电路的一部分，它切割定子旋转磁场产生感应电动势及感应电流，并形成电磁转矩而使电动机旋转。其结构分为鼠笼式转子绕组和绕线式转子绕组。鼠笼式转子绕组的特点：结构简单，制造方便，经济耐用。绕线式转子绕组的特点：结构复杂，价格贵，但转子回路可引入外加电阻来改善启动和调速性能。

鼠笼式转子绕组结构与定子绕组大不相同。转子铁芯［见图 3 - 8（a）］外圆有槽，每槽内放一根导体条，在铁芯两端用两个端环把所有的导体条都连接起来，形成自行闭合回路。如果去掉铁芯，整个绕组的形状就像一个鼠笼，如图 3 - 8（b）所示。

(a)转子铁芯　　　　　　　　　　　(b)转子绕组

图 3 - 8　鼠笼式异步电动机转子

绕线式转子绕组是用绝缘导线组成，嵌放在转子铁芯槽内的三相对称绕组，三根引出线分别接到固定在转轴上并互相绝缘的三个集电环上，再通过安装在端盖上的电刷装置与集电环接触把电流引出来，如图 3-9 所示。这种转子绕组的特点是可以通过集电环和电刷装置在转子回路中接入附加电阻，用以改善电动机的启动性能，或调节电动机的转速。与鼠笼式转子绕组比较，绕线式转子绕组的缺点是结构复杂，价格较贵，运行的可靠性也较差。因此，绕线式异步电动机只用在要求启动电流小、启动转矩大或需要调节转速的场合，如用来拖动频繁启动的起重设备。

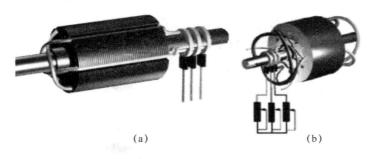

(a)　　　　　　　　　　　(b)

图 3-9　绕线式异步电动机

（3）转轴既是整个转子部件的安装基础，又是力和机械功率的传输部件，整个转子靠转轴和轴承被支撑在定子铁芯内腔中。三相异步电动机转轴如图 3-10 所示。转轴一般用中碳钢或合金钢制成。

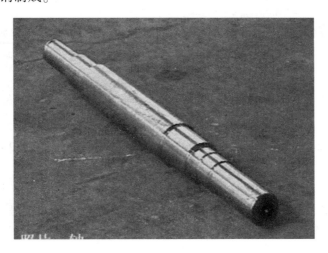

图 3-10　三相异步电动机转轴

### 3. 气隙

异步电动机的气隙是很小的，中小型电动机一般为 0.2~2 mm。气隙越大，磁阻越大，要产生同样大小的磁场，就需要较大的励磁电流。由于气隙的存在，异步电动机的磁路磁阻远比变压器大，因此异步电动机的励磁电流也比变压器的大得多。变压器的励磁电流约为额定电流的 3%，异步电动机的励磁电流约为额定电流的 30%。励磁电流是无功电流，因而励磁电流越大，功率因数越低。为提高异步电动机的功率因数，必须减小它的励磁电流，最有效的方法是尽可能缩短气隙长度。但是，气隙过小会使装配困难，还有可能使定子、转子在运行时发生摩擦或碰撞，因此，气隙的最小值由制造工艺及运行安全可靠等因素决定。

**4. 其他部件**

（1）端盖：安装在机座的两端，一般为铸铁件。端盖上的轴承室里安装了轴承来支撑转子，以使定子和转子得到较好的同心度，保证转子在定子内腔里正常运转。端盖除了起支撑作用外，还起着保护定子、转子绕组的作用。

（2）轴承：连接转动部分与不动部分，目前都采用滚动轴承以减少摩擦。

（3）轴承端盖：用于保护轴承，使轴承内的润滑油不致溢出。

（4）风扇：用于冷却电动机。

## 3.1.4　三相异步电动机铭牌和额定值

每台三相异步电动机机壳上都装有铭牌，把它的运行额定值印刻在上面，如图 3 –11 所示。

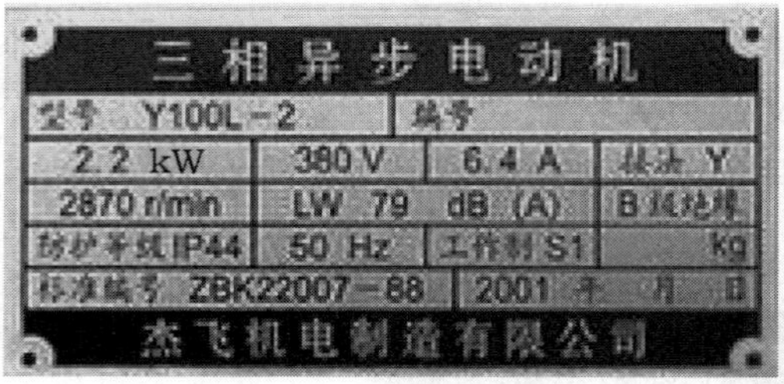

| 三相异步电动机 | | | | | |
|---|---|---|---|---|---|
| 型号 | Y90L – 4 | 电压 | 380 V | 接法 | Y |
| 容量 | 1.5 kW | 电流 | 3.7 A | 工作方式 | 连续 |
| 转速 | 1400 r/min | 功率因数 | 0.79 | 温升 | 90℃ |
| 频率 | 50 Hz | 绝缘等级 | B | 出厂年月 | ×年×月 |
| ×××电机厂 | | 产品编号 | | 重量 | kg |

图 3 –11　三相异步电动机铭牌

**1. 型号**

异步电动机产品名称及代号如表 3 –1 所示，示例如下。

（1）中小型异步电动机 $Y_2$200M2 – 2。

其中，$Y_2$ 为产品代码，表示第 2 次改进设计的异步电动机；200M2 – 2 为规格代码，表示中心高 200 mm、中机座、2 号铁芯长度、2 极。

（2）大型异步电动机 Y630 – 10/1180。

其中，Y 为产品代号，表示异步电动机；630 – 10/1180 为规格代号，表示功率 630 kW、10 极、定子铁芯外径 1 180 mm。

表 3 –1　异步电动机产品名称及代号

| 产品名称 | 新代号 | 汉字意义 | 老代号 |
|---|---|---|---|
| 异步电动机 | Y | 异 | J、JO |
| 绕线式异步电动机 | YR | 异绕 | JR、JRO |
| 防爆式异步电动机 | YB | 异爆 | JB、JBO |
| 高启动转矩异步电动机 | YQ | 异起 | JQ、JQO |

**2. 额定值**

电动机按铭牌上所规定的条件运行时，就称为电动机的额定运行状态。根据国家标准规定，异步电动机的额定值主要如下。

（1）额定功率 $P_N$：是指电动机在制造厂（铭牌）所规定的额定运行状态下运行时，轴端输出的机械功率，单位为 W 或 kW。

（2）定子额定电压 $U_N$：是指电动机在额定状态下运行时，定子绕组应加的线电压，单位为 V 或 kV。

（3）定子额定电流 $I_N$：是指电动机在额定电压下运行，输出额定功率时流入定子绕组的线电流，单位为 A。

对于三相异步电动机，额定功率为：

$$P_N = \sqrt{3}\,U_N I_N \eta_N \cos\varphi_N \qquad\qquad (3-1)$$

式中，$\eta_N$——额定运行时异步电动机的效率；

$\quad\cos\varphi_N$——额定运行时异步电动机的功率因数。

（4）额定转速 $n_N$：是指电动机在额定状态下运行时转子的转速，单位为 r/min。

（5）额定频率 $f_N$：我国工频为 50 Hz。

（6）额定功率因数 $\cos\varphi_N$：是指电动机在额定负载时，定子边的功率因数。

（7）绝缘等级与极限温度，如表 3-2 所示。

① 绝缘等级：是指电动机绝缘材料能够承受的极限温度等级，分为 A、E、B、F、H 五级，A 级最低（105 ℃），H 级最高（180 ℃）。

② 极限温度：是指电动机绝缘结构中最热点的最高容许温度。

表 3-2　绝缘等级与极限温度

| 绝缘等级 | A | E | B | F | H |
|---|---|---|---|---|---|
| 极限温度 | 105 ℃ | 120 ℃ | 130 ℃ | 155 ℃ | 180 ℃ |

除上述数据外，铭牌上有时还标明定子相数和绕组接法、额定运行时电动机的效率、定额、转子额定电动势和转子额定线电流。

电动机的额定输出转矩 $T_N$ 可由额定功率 $P_N$、额定转速 $n_N$ 计算，公式为：

$$T_N = \frac{9\,550 P_N}{n_N} \qquad\qquad (3-2)$$

式中，$P_N$ 的单位是 kW，$n_N$ 的单位是 r/min，$T_N$ 的单位 N·m。

**3. 绕组接法**

三相异步电动机的定子绕组可接成星形或三角形，视额定电压和电源电压的配合情况而定。例如，星形接法时额定电压为 380 V，则改为三角形时就可用于 220 V 的电源上。为了满足这种改接的需要，通常把三相绕组的 6 个端头都引到接线板上，以便于采用两种不同的接法，如图 3-12 所示。

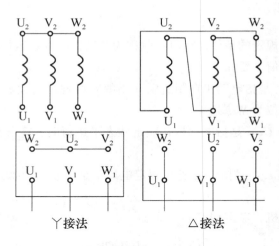

图 3 – 12　三相异步电动机的接线图

# 任务 3.2　三相异步电动机的工作原理

## 3.2.1　旋转磁场

在三相异步电动机的定子铁芯上嵌放着对称的三相绕组 AX、BY、CZ，三相绕组一般采用Y接法，如图 3 – 13 所示。当对称的三相交流电流通入定子铁芯上的对称三相绕组时，就在定子内建立起一个在空间连续旋转的磁场，称为旋转磁场。所谓对称三相电流是指正弦波电流幅值相等、相位互差120°电角度，即

$$i_A = I_m \sin \omega t$$

$$i_B = I_m \sin(\omega t - 120°)$$

$$i_C = I_m \sin(\omega t + 120°)$$

对称三相电流波形如图 3 – 14 所示。

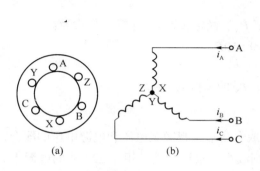

图 3 – 13　定子三相绕组

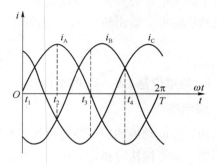

图 3 – 14　对称三相电流波形

旋转磁场产生的原理如图 3 – 15 所示。定子磁场随着电流的交变在空间不断旋转，旋转的

转速称为同步转速 $n_0$。

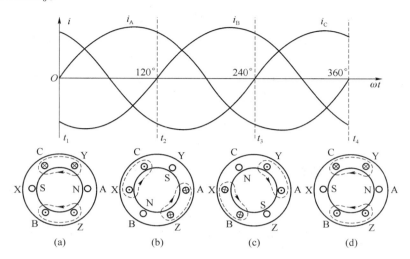

图 3 - 15 旋转磁场产生的原理

## 3.2.2 三相异步电动机的工作原理

当定子对称的三相绕组中通入三相电流时，就产生一个转速为 $n_0$，按一定方向旋转的磁场。转子导体与旋转磁场之间存在相对运动，必然在转子导体中产生感应电动势，其方向可用右手定则确定。由于转子绕组是闭合的，则感应电动势在转子导体中产生感应电流。转子导体中的感应电流与旋转磁场相互作用产生电磁力 $F$，其方向可用左手定则确定。电磁力 $F$ 作用在转子上形成电磁转矩，使转子按旋转磁场的旋转方向转动。

为了在转子导体中产生感应电动势和感应电流，转子导体与旋转磁场之间必须存在相对运动，则异步电动机的转速 $n$ 总是小于同步转速 $n_0$，故称"异步电动机"。异步电动机转子转速 $n$ 与同步转速 $n_0$ 的差异用转差率 $s$ 来表示。

$$s = \frac{n_0 - n}{n_0} \tag{3-3}$$

同步转速为：

$$n_0 = \frac{60f}{p} \tag{3-4}$$

式中，$f$——定子频率；

$p$——电机磁极对数。

由式（3-3）和式（3-4）可知，三相异步电动机的转速为：

$$n = n_0(1-s) = (1-s)60f/p$$

转差率是异步电动机的一个基本变量，它可以表示异步电动机的各种不同运行状态。

（1）在电动机刚启动时，转子转速 $n = 0$，则 $s = 1$，转子导体切割旋转磁场的相对速度最大，转子导体中的感应电动势及感应电流也最大。如果电动机产生的电磁转矩足以克服机械负载的阻力转矩，转子就开始旋转，转速会不断上升。

（2）随着转子转速 $n$ 的上升，转差率 $s$ 减小，转子导体切割旋转磁场的相对速度减小，转子导体中的感应电动势及感应电流也减小。在额定状态下，转差率 $s$ 的数值通常都是很小的，中小型异步电动机的转差率为 $0.01 \sim 0.07$，转子转速与同步转速相差并不是很大。而空载时，因阻力转矩很小，转子转速 $n$ 很高，转差率则更小，为 $0.004 \sim 0.007$，可以认为转子转速近似等于同步转速。

（3）假设 $n = n_0$，则转差率 $s = 0$，此时转子导体不切割旋转磁场，转子导体中就没有感应电动势及感应电流，也不产生电磁转矩。

可见，作电动机运行时，转子转速 $n$ 在 $0 \sim n_0$ 的范围内变化，而转差率则在 $1 \sim 0$ 的范围内变化。

## 3.2.3　三相异步电动机的功率平衡、转矩平衡方程

### 1. 功率平衡方程

功率变换和传递是电动机的主要功用，可结合等效电路分析三相异步电动机功率流向。

三相异步电动机从电源获取电功率，即输入功率为：

$$P_1 = 3U_1 I_1 \cos \varphi_1 \qquad (3-5)$$

式中，$U_1$——三相异步电动机定子绕组相电压；

　　　$I_1$——三相异步电动机定子绕组相电流；

　　　$\varphi_1$——相电压与相电流之间的相位角；

　　　$\cos \varphi_1$——三相异步电动机功率因数。

输入功率中的一小部分将消耗于定子绕组的电阻上，该部分称为定子绕组铜耗 $P_{\mathrm{Cu1}}$：

$$P_{\mathrm{Cu1}} = 3I_1^2 r_1 \qquad (3-6)$$

式中，$r_1$——三相异步电动机定子绕组相电阻。

输入功率的另外一小部分将消耗在定子铁芯上，该部分称为铁耗 $P_{\mathrm{Fe}}$。

转子铁芯损耗可忽略不计。这是因为正常运行时，三相异步电动机转子速度接近旋转磁场同步转速，转差率 $s$ 很小，转子铁芯中磁通量变化的频率很小，再加上转子铁芯是用硅钢片叠成的，因而转子铁芯中铁耗很小。所以，三相异步电动机的铁耗主要是定子铁芯损耗。

输入功率减去定子绕组铜耗和铁耗以后，余下的功率全部送入转子，这部分功率称为电磁功率 $P_{\mathrm{M}}$：

$$P_{\mathrm{M}} = P_1 - P_{\mathrm{Cu1}} - P_{\mathrm{Fe}} \qquad (3-7)$$

电磁功率是借助于电磁感应作用通过旋转磁场由定子传递到转子的。传递到转子的电磁功率，一部分将消耗在转子绕组中的电阻上，这部分功率称为转子绕组铜耗 $P_{\mathrm{Cu2}}$：

$$P_{\mathrm{Cu2}} = 3I_2^2 r_2 \qquad (3-8)$$

式中，$I_2$——三相异步电动机转子绕组相电流；

　　　$r_2$——三相异步电动机转子绕组相电阻。

传递到转子的电磁功率 $P_{\mathrm{M}}$ 减去转子绕组铜耗 $P_{\mathrm{Cu2}}$ 后余下的功率称为全机械功率 $P_全$：

$$P_全 = P_{\mathrm{M}} - P_{\mathrm{Cu2}} \qquad (3-9)$$

全机械功率实际上是传递到电动机转轴上的机械功率，它是转子绕组中电流与旋转磁场相互作用产生电磁转矩，带动转子以速度 $n$ 旋转时所对应的功率。

电动机转子转动时，会产生轴承摩擦及风阻等阻力转矩，为克服阻力转矩将消耗一部分功率，这部分功率称为机械损耗 $P_\Omega$。

定子及转子绕组中流过电流时，除产生基波磁通外，还产生高次谐波磁通及其他漏磁通，这些磁通穿过导线、定子及转子铁芯、机座、端盖等金属部件时，产生感应电动势和感应电流并引起损耗，这部分称为杂散损耗 $P_S$。杂散损耗的大小与气隙的大小和制造工艺等因素有关。

全机械功率减去机械损耗和杂散损耗以后，就是三相异步电动机转轴上输出的机械功率 $P_2$。用 $P_{\Omega+S}$ 表示机械损耗和杂散损耗之和，则

$$P_2 = P_\text{全} - P_{\Omega+S} \tag{3-10}$$

铁耗 $P_{Fe}$、定子绕组铜耗 $P_{Cu1}$、转子绕组铜耗 $P_{Cu2}$ 都属于电磁损耗，这 3 项损耗主要与电的电磁负荷有关，即与电动机中的磁场强度、绕组中的电流、铁芯和绕组的几何尺寸等有关。机械损耗 $P_\Omega$ 主要与电机的转速、摩擦系数等因数有关。以上 4 项损耗属于电动机的基本损耗。杂散损耗 $P_S$ 的值很小，一般可以忽略不计。

三相异步电动机从电网吸收电功率，从转轴输出机械功率，其功率流程图如图 3-16 所示。从三相异步电动机功率流程图可知，三相异步电动机的功率平衡方程为：

$$P_1 = P_{Cu1} + P_{Fe} + P_{Cu2} + P_{\Omega+S} + P_2 \tag{3-11}$$

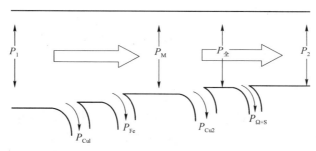

图 3-16 三相异步电动机功率流程图

除以上功率关系外，还可以证明，三相异步电动机的转子绕组铜耗与电磁功率之间存在着一定关系：转子绕组铜耗与电磁功率之比等于异步电动机的转差率，即

$$P_{Cu2} = sP_M \tag{3-12}$$

式（3-12）说明，从气隙传递到转子的电磁功率分为两部分，一小部分变为转子绕组铜耗，绝大部分转变为全机械功率。转差率越大，电磁功率中转变为转子绕组铜耗的部分就越大，电动机效率越低。因此正常运行时电动机的转差率均很小。

**2. 转矩平衡方程**

在三相异步电动机中，输入定子的电能转换为转子上的机械能输出是通过转子产生电磁力（载流导体在磁场中的受力），由电磁力产生电磁转矩使转子旋转而实现的。因此，电磁转矩是电动机中能量形态变换的基础。

对于已制造好的异步电动机，电磁转矩的大小与旋转磁场磁通的大小及转子电流大小密切相关。通过数学分析可知，电磁转矩 $T$ 的大小与旋转磁场的每极磁通 $\Phi_m$ 及转子电流 $I_2$ 成正比，可用公式表示为：

$$T = C_T \Phi_m I_2 \cos \varphi_2 \qquad (3-13)$$

式中，$C_T$——电动机常数之一；

  $\cos \varphi_2$——转子的功率因数。

从动力学知识可知，作用在旋转体上的转矩等于旋转体的机械功率除以它的机械角速度。因此，在三相异步电动机的功率关系式 $P_全 = P_{\Omega+s} + P_2$ 中，两边都除以转子的机械角速度 $\Omega$，便得到三相异步电动机的转矩平衡方程，即

$$T = T_0 + T_2 \qquad (3-14)$$

式中，电磁转矩 $T = \dfrac{P_全}{\Omega}$，也就是说，在三相异步电动机中，转子转轴上的电磁转矩等于全机械功率除以转子机械角速度；

  $T_0 = \dfrac{P_{\Omega+s}}{\Omega}$ 为三相异步电动机的空载转矩，它等于机械损耗与杂散损耗之和除以转子机械角速度；

  $T_2 = \dfrac{P_2}{\Omega}$ 为三相异步电动机的输出转矩，它等于输出机械功率除以转子机械角速度。

三相异步电动机的转矩平衡方程表明，电动机稳定运行时，电磁转矩减去空载转矩后，才是电动机转轴上的输出转矩。

由于全机械功率 $P_全 = (1-s)P_M$，转子的机械角速度 $\Omega = (1-s)\Omega_1$，其中 $\Omega_1$ 为旋转磁场的同步机械角速度，则可得

$$T = \frac{P_全}{\Omega} = \frac{P_M}{\Omega_1} \qquad (3-15)$$

式（3-15）说明，作用在转子上的电磁转矩与通过旋转磁场传递到转子的电磁功率成正比。电磁转矩从转子方面看，它等于全机械功率除以转子机械角速度；从定子方面看，它又等于电磁功率除以同步机械角速度。

# 任务 3.3  三相异步电动机的工作特性

三相异步电动机的工作特性是指在额定电压及额定频率下，电动机主要物理量（转速、定子电流、电磁转矩、功率因数及效率等）随输出功率变化的关系曲线。

## 3.3.1  转速特性

三相异步电动机在额定电压及额定频率下，输出功率 $P_2$ 变化时，转速 $n$ 的变化规律曲线 $n = f(P_2)$ 称为转速特性。

空载运行时，转子转速 $n$ 接近于同步转速 $n_0$。当负载增大时，由于阻力转矩暂时大于电磁转矩，而使转速降低，随后转子感应电动势、电流增大，以产生较大的电磁转矩与增大的负载阻力转矩相平衡。转速特性曲线是一条稍向下倾斜的曲线，如图 3-17 所示。

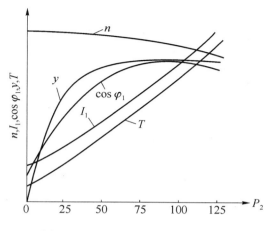

图 3 - 17　三相异步电动机工作特性

## 3.3.2　转矩特性

三相异步电动机在额定电压及额定频率下，输出功率 $P_2$ 变化时，电磁转矩 $T$ 变化规律曲线 $T = f(P_2)$ 称为转矩特性。

由三相异步电动机的转矩平衡方程可知

$$T = T_0 + T_2 = T_0 + \frac{P_2}{\Omega} \tag{3-16}$$

从空载到额定负载之间，空载转矩 $T_0$ 可认为不变，假设电动机转速也不变，则转矩特性 $T = f(P_2)$ 为一条直线。实际上，随着 $P_2$ 的增加，电动机的转速略有下降，所以转矩特性 $T = f(P_2)$ 是一条比直线略有上翘的曲线，如图 3 - 17 所示。

## 3.3.3　定子电流特性

三相异步电动机在额定电压及额定频率下，输出功率 $P_2$ 变化时，定子电流 $I_1$ 变化规律曲线 $I_1 = f(P_2)$ 称为定子电流特性。

空载运行时，转子电流 $I_2 \approx 0$，此时定子电流 $I_1$ 几乎全部为励磁电流。励磁电流是定子电流中用来产生旋转磁场主磁通的电流分量；定子电流中的另一部分称为定子电流有功分量，用来与转子电流相平衡。

当负载增加后，输出功率增加，转子转速下降，转子电流增加，以产生足够的电磁转矩与负载阻力转矩相平衡，通过电磁感应关系，定子电流也随着增加，输入功率增大，从而满足功率平衡方程的要求。三相异步电动机的定子电流特性如图 3 - 17 所示。

## 3.3.4　功率因数特性

三相异步电动机在额定电压及额定频率下，输出功率 $P_2$ 变化时，定子功率因数 $\cos \varphi_1$ 的变化规律曲线 $\cos \varphi_1 = f(P_2)$ 称为功率因数特性。

对电网来说，三相异步电动机是一个电感性负载，它从电网上吸取无功功率，所以三相异步电动机的功率因数是滞后的。

空载运行时，定子电流中的大部分是励磁电流，由于励磁电流中的主要成分是无功的磁化电流，所以空载时的功率因数很低，通常为 $\cos \varphi_0 < 0.2$。加上负载后，由于要输出一定的机械功率，因此，定子电流中的有功分量增加，电动机的功率因数逐渐提高。一般电动机在额定功率附近，功率因数将达到最大值，额定功率因数 $\cos \varphi_N$ 为 0.7 ~ 0.9。三相异步电动机的功率因数特性如图 3 – 17 所示。

## 3.3.5 效率特性

三相异步电动机在额定电压及额定频率下，输出功率 $P_2$ 变化时，效率 $\eta$ 的变化规律曲线 $\eta = f(P_2)$ 称为效率特性。三相异步电动机的效率 $\eta$ 为输出功率与输入功率之比，即

$$\eta = \frac{P_2}{P_1} = \frac{P_2}{P_2 + \sum P} \tag{3-17}$$

空载时，输出功率 $P_2 = 0$，故 $\eta = 0$。随着负载的增大，输出功率逐步增大，效率也相应增大。

三相异步电动机在运行过程中的转速及气隙磁通量是近似不变的，故机械损耗与定子铁耗之和基本上是常数，称为不变损耗；定子、转子绕组铜耗与电流平方成正比，随电流的变化而变化，称为可变损耗。当不变损耗与可变损耗相等时，出现最大效率。三相异步电动机的效率特性如图 3 – 17 所示。

由于额定功率附近的功率因数和效率都比较高，因此总希望电动机在额定功率附近运行。如果电动机长时间在低负荷下运行，此时的效率和功率因数都低，很不经济。因此，选用电动机时，应使电动机的机械容量与机械负载相匹配。

## 3.3.6 机械特性

三相异步电动机输出的机械功率主要表现在输出转矩和转速上，因此转速或转差率是三相异步电动机的基本变量之一。当三相异步电动机的外加定子电压及频率不变、转差率 $s$ 变化时，电磁转矩 $T$ 的变化规律曲线 $T = f(s)$ 称为机械特性。转矩公式为：

$$T = K \frac{sR_2}{R_2^2 + (sX_{20})^2} U_1^2 \tag{3-18}$$

式中，$K$——常数；

$\quad\quad U_1$——定子绕组的相电压；

$\quad\quad s$——转差率；

$\quad\quad R_2$——转子每相绕组的电阻；

$\quad\quad X_{20}$——转子静止时每相绕组的感抗。

由式（3 – 18）可知，转矩 $T$ 与定子绕组相电压 $U_1$ 的平方成比例，所以当电源电压有所变动时，对转矩的影响很大。此外，转矩 $T$ 还受转子每相绕组的电阻 $R_2$ 的影响，三相异步电动机的机械特性如图 3 – 18 所示。

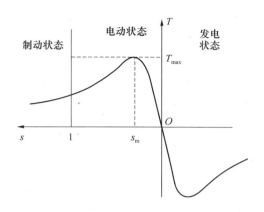

图 3-18　三相异步电动机的机械特性

**1. 电动状态**

由图 3-18 可知，当 $0 < s < 1$，$s$ 很小时，$T \propto s$；$s$ 稍大时，$T \propto s^{-1}$，所以中间必须有最大转矩，用 $T_{max}$ 来表示，最大转矩对应的转差率叫临界转差率，用 $s_m$ 来表示。此时电磁转矩和转子的转速都为正，转子转速小于旋转磁场的同步转速，电机处于电动机运行状态。

**2. 发电状态**

当 $s < 0$ 时，转子转速 $n$ 大于同步转速 $n_0$，此时转子相对于旋转磁场的运动方向与电动机状态相反，转子导体中的感应电动势及感应电流也反向。由左手定则可知，转子导体所产生的电磁转矩也与转子转向相反，起着制动作用。为了克服电磁转矩的制动作用，使转子能继续旋转下去并保持 $n > n_0$，原动机就必须不断向电机输入机械功率，而电机则把输入的机械功率转换为电功率输出给电网，此时电机成为发电机。

**3. 制动状态**

当 $s > 1$ 时，转子逆着旋转磁场方向转动，此时转子导体相对于旋转磁场的运动方向与电动机运行状态相同，故转子中的感应电动势和感应电流方向与电动机状态相同，作用在转子上的电磁转矩方向和旋转磁场方向一致，但却与转子转向相反，起了阻止转子旋转的作用，故称为三相异步电动机的制动状态。

当 $s = 1$ 时，转子转速 $n = 0$，为电动机刚启动时的状态，此时对应的转矩为启动转矩，记为 $T_{st}$。

**4. 电动机的过载能力**

最大转矩与额定转矩之比，称为电动机的过载能力 $K_m$，它是衡量电动机过载能力的一个重要指标。

$$K_m = \frac{T_{max}}{T_N} \tag{3-19}$$

式中 $T_N$ 为电动机的额定转矩，即电动机在额定负载时的转矩。一般三相异步电动机的过载能力 $K_m$ 为 2~2.2。当负载阻力转矩大于最大转矩时，电动机就要停车，即堵转，俗称"闷车"，此时电动机的电流立即增至额定值的 6~7 倍，将引起电动机严重过热甚至烧毁。如果负载阻力转矩仅在短时间接近最大转矩而使电机过载，由于时间很短电动机不会立即过热，这是允许的。

**5. 电动机的启动能力**

启动转矩与额定转矩之比，称为电动机启动能力 $K_{st}$，即

$$K_{st} = \frac{T_{st}}{T_N} \qquad (3-20)$$

对于通用的异步电动机，启动转矩一般为额定转矩的 0.9~1.8 倍，只有当电动机的启动转矩大于负载阻力转矩时，电动机才能启动。

# 任务 3.4 三相异步电动机的启动、反转、调速和制动

## 3.4.1 三相异步电动机的启动

三相异步电动机在实际运行过程中，由于生产上的需要而启动和停止。在选用电动机时，必须要求电动机能带动生产机械并很快地转到额定转速。

一般衡量三相异步电动机性能的好坏，主要有以下 5 点。

（1）启动电流尽可能小，$I_{st} \leqslant (4~7)I_N$。避免启动时大电流在电网上产生较大的压降而影响接在电网上的其他电气设备和电动机的正常运行。

（2）启动转矩要足够大，使电动机很快地转动起来，$T_{st} \geqslant (1.1~1.2)T_L$。

（3）启动时间应尽可能短。

（4）启动所需用的设备简单、经济，操作方便。

（5）启动过程中的功率损耗要尽量小。

三相异步电动机在启动时存在以下两种矛盾。

（1）电动机的启动电流大，而供电线路承受冲击电流的能力有限，中小型鼠笼式电动机启动电流为额定电流的 5~7 倍。因为在刚启动时转子的转速 $n=0$，此时转子切割磁力线速度很大，将使得转子感应电动势增加，转子电流增大导致定子电流增大。

（2）启动转矩小，而负载又要求有足够的转矩才能启动，启动时虽然转子电流较大，但因转子的功率因数很低，因此启动转矩并不是很大。在不同的情况下，应采取不同的启动方法。

对于容量不大，又是在空载情况下启动的三相异步电动机（如一般机床上用的电动机），启动电流虽大，但在很短时间内冲一下就下降了，只要车间里许多机床不是同时启动，对供电线路就不会造成太大影响。其启动转矩即使比电机额定转矩还小，只要是空载启动，也是够用的，转起来之后，仍能承担额定负载。因此，在这种情况下，可以采用直接启动。

对于经常满载启动的电动机（如电梯、起重机等），当启动转矩小于负载阻力转矩时，根本就转不起来，当然就无法工作了。因此，大容量的三相异步电动机是不允许直接启动的。具体来说，三相异步电动机的启动主要有以下 4 种方法。

**1. 全压启动**

直接启动也称全压启动，是鼠笼式异步电动机最简单的启动方法，启动时合上刀闸，把全部电源电压直接加在电动机定子绕组上。这种启动方法的优点是启动方法最简单，操作很方便，缺点是启动电流大，启动转矩并不大。为了保证电动机启动时不引起太大的电网压降，电动机应满足：

$$\frac{I_{st}}{I_N} \leqslant \frac{3}{4} + \frac{供电变压器的容量}{4 \times 电动机额定容量} \qquad (3-21)$$

启动电流大，对电动机本身无太大影响（因为是短时的，且现代设计的鼠笼式异步电动机都按直接启动来考虑机械强度和热稳定性），而主要对电网有影响，如果电源容量较大，可以直接启动。一般 7.5 kW 以下容量的电动机可以直接启动。容量大小不是绝对的，如果电网容量大，就可以允许容量再大些的电动机直接启动。只要直接启动时启动电流在电网中引起的压降不超过电网额定电压的 10% ~ 15%，就允许直接启动。

**2. 降压启动**

利用启动设备将电压适当降低，然后加在定子绕组上启动，以限制启动电流，等电动机转速达到额定值时，再使电动机的电压恢复到额定值，这种启动方法为降压启动。因为降压启动时，电动机的启动转矩也相应降低，所以，降压启动只适用于电动机空载或轻载启动。常用的降压启动方法有星三角降压启动、自耦变压器降压启动、定子绕组串电阻或电抗降压启动、延边三角形降压启动。以下介绍两种降压启动方法。

1）星三角降压启动

星三角（丫 - △）降压启动是指在正常运行时，接成三角形（△）的鼠笼式电动机，在启动时改成星形（丫）接法，启动完毕后再接成三角形的启动方式。把三角形接法改成星形接法时三相定子绕组所承受的每相相电压降低为额定电压（电源线电压）的 $1/\sqrt{3}$ 倍。丫 - △ 降压启动电流示意图如图 3 - 19 所示。

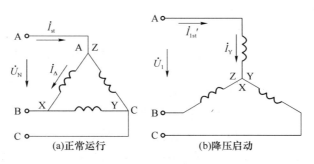

(a)正常运行　　　　(b)降压启动

图 3 - 19　丫 - △ 降压启动电流示意图

当定子绕组接成星形启动时，每相绕组所加电压为 $U_1/\sqrt{3}$，设电动机启动时每相阻抗为 $Z_{st}$，则启动时线电流为：

$$I_{stY} = \frac{U_1}{\sqrt{3} |Z_{st}|} \qquad (3-22)$$

当用三角形直接启动时，每相所加电压为 $U_1$，此时线电流为：

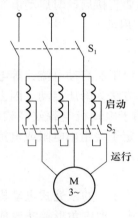

$$I_{st\triangle} = \sqrt{3}\frac{U_1}{|Z_{st}|}$$

(3－23)

两种接线方法启动电流的比值为：

$$\frac{I_{stY}}{I_{st\triangle}} = \frac{1}{3}$$

启动电流及启动转矩降低同样的倍数，因此此种方法只能用于空载或者轻载启动的设备上，而且只限于正常运行时定子绕组为三角形接线的电动机。这种启动方法的优点是设备简单，价格便宜，故在轻载启动时应优先采用。缺点是应用时要受一定条件的限制。

2）自耦变压器降压启动

自耦变压器降压启动也称启动补偿器启动，这种启动方法是利用自耦变压器来降低启动时加在定子三相绕组上的电压，其原理线路图如图 3－20 所示。

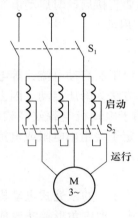

图 3－20　自耦变压器降压启动原理线路图

设自耦变压器的变比为 $K$，原边电压为 $U_1$，则副边电压 $U_2 = U_1/K$，副边电流（通过电动机定子绕组的线电流）也减小为额定电压下直接启动时启动电流的 $1/K$ 倍。又因为变压器原副边的电流关系式为 $I_1 = I_2/K$，可见原边的电流（电源供给电动机的启动电流）比直接流过电动机定子绕组的电流要小得多，此时电源供给电动机的启动电流为直接启动时的 $1/K^2$ 倍，因此用自耦变压器降压启动对限制启动电流很有效。但采用此种方法降低启动电流的同时，启动转矩也会相应降低到直接启动的 $1/K^2$ 倍。

这种启动方法的优点是可以按容许的启动电流和所需的启动转矩选择自耦变压器的变比，从而实现降压启动，而且不论电动机定子绕组采用星形接法还是三角形接法都可使用。缺点是投资大，设备体积较大。

**3. 鼠笼式异步电动机的特殊形式**

小容量电动机重载启动时，启动的主要问题是启动转矩不足。针对这种情况，解决的办法有以下 2 种。

（1）按启动要求，选择容量更大的电动机。

（2）选用启动转矩较高的特殊形式的电动机。

启动转矩较高的特殊形式的电动机主要有以下 3 种。

（1）JQ 型电动机，适用于一般重载启动，如皮带运输机等，其特殊的机械特性是转子参数（双鼠笼式异步电动机和深槽形异步电动机）能够自动随转速变化。

（2）JH 型电动机，其转子电阻设计偏大，因此它的机械特性较软，适用于冲压机这一类机械，它们常常带着机械惯性较大的飞轮，在负载冲击力大时，转速降落大，由飞轮释放出来的动能可以帮助电动机克服高峰负载。

（3）JZ 型电动机，它的转子电阻设计更大，启动转矩也相应更大，机械特性更软，适用于频繁启动的起重机和冶金机械。

## 3.4.2　三相异步电动机的反转

　　三相异步电动机的旋转方向取决于旋转磁场的旋转方向，并且二者的方向相同。只要改变旋转磁场的方向，就能使三相异步电动机反转。因此，将三相接线端中的任意两相接线端对调，改变三相顺序，就改变了旋转磁场的方向，从而使三相异步电动机反转，如图 3-21 所示。

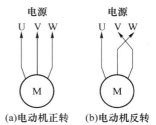

图 3-21　三相异步电动机
反转示意图

## 3.4.3　三相异步电动机的调速

　　由于三相异步电动机结构简单，运行可靠，在工业上得到了广泛应用。对铁路牵引来说，为了使机车得到较小的簧下重量和较大的车轴功率，总是力图把它用作牵引电动机，而电动机的调速问题就成了它应用于铁路牵引的成败关键。

　　三相异步电动机的转速公式为：

$$n = (1-s)n_0 = (1-s)\frac{60f}{p} \tag{3-24}$$

　　由式（3-24）可知，三相异步电动机的调速可以从定子和转子两方面采取措施。从定子方面采取的措施包括：改变电源的供电频率；改变定子绕组的磁极对数；改变转差率。

**1. 变频调速**

　　由 $n_0 = \frac{60f}{p}$ 可见，在磁极对数 $p$ 一定的条件下，若能平滑地改变 $f$，就可以平滑地改变 $n_0$，从而平滑地调节电动机的转速 $n$；$f$ 变化范围越大，$n_0$ 变化范围也越大，电动机调速范围也越宽，以满足机车异步牵引电动机转速从零到最大值的调速要求。

　　如何改变频率 $f$ 成了异步牵引电动机调速的关键问题。在内燃机车上，异步牵引电动机尽管由同步牵引发电机供电，但在柴油机转速的变化范围有限的条件下，同步牵引发电机的频率 $f$ 的变化范围也有限，又因为机车采用恒功率调速系统，因此改变柴油机转速就不能实现恒功率调节，所以异步牵引电动机的变频调速只能采用另外的变频装置。在内燃机车交-直-交流传动系统中，柴油机驱动同步牵引发电机发出三相交流电，经硅整流器整流为直流电，再经牵引逆变器将直流电逆变为频率可调的三相交流电，供给异步牵引电动机。因此，牵引逆变器是实现异步牵引电动机调速的变频装置。

　　变频调速根据电动机输出性能的不同可分为如下 3 种。

　　（1）保持电动机过载能力不变的变频调速。

　　（2）保持电动机输出转矩不变的恒转矩变频调速。

　　（3）保持电动机输出功率不变的恒功率变频调速。

　　变频调速的特点如下。

　　（1）效率高，调速过程中没有附加损耗。

　　（2）应用范围广，可用于鼠笼式异步电动机。

　　（3）调速范围大，特性硬，精度高。

　　（4）技术复杂，造价高，维护检修困难。

变频调速适用于要求精度高、调速性能好的场合，如电力机车、内燃机车、动车组、城市轨道交通车辆等。

**2. 变极调速**

由 $f = \dfrac{pn_0}{60}$ 可知，在电源频率 $f$ 不变时，三相异步电动机的同步转速 $n_0$ 与磁极对数成反比，所以，改变定子绕组的磁极对数 $p$ 即可改变它的同步转速，也就改变了转子的转速。磁极对数变更多少级，转子转速的变化也就有多少级，但变化的极数受到限制，也会使换接电路过于复杂，以致丧失运用的可靠性。因此这种方法的调速范围受到了限制，且为有级调速，无法满足机车在较宽的调速范围内平滑调速。

变极调速的特点如下。

（1）具有较硬的机械特性，稳定性良好。

（2）无转差损耗，效率高。

（3）接线简单、控制方便、价格低。

（4）有级调速、级差较大，不能获得平滑调速。

（5）可以与调压调速、电磁转差离合器配合使用，以获得较高效率的平滑调速特性。

（6）变极调速适用于不需要无级调速的生产机械，如金属切削机床、升降机、起重设备等。

**3. 变转差率调速**

这种方法就是改变电动机的转差率 $s$ 来调速。改变转差率有以下几种方法。

（1）在转子回路串入电阻、电感或电容。

（2）改变定子绕组的端电压。

（3）在定子回路中串入外加电阻或电抗。

变转差率调速的特点是：转子回路中接入附加电阻后，将使转子绕组铜耗增加，降低了电动机效率。但由于此法比较简单，在中小容量的电动机中用得比较多，例如交流供电的桥式起重机，大部分采用此法调速。

## 3.4.4　三相异步电动机的制动

三相异步电动机的制动方法有两类：机械制动和电气制动。机械制动时利用机械装置（如电磁抱闸机构）来使电动机迅速停止转动，常用于起重机械设备上。电气制动是指使三相异步电动机所产生的电磁转矩的方向和电动机转子的旋转方向相反，电气制动通常可分为反接制动、回馈制动和能耗制动。

**1. 反接制动**

反接制动就是将正在电动机状态下运行的三相异步电动机的定子绕组三根供电线中任意两根对调，则定子电流相序改变，其相应的旋转磁场立即反转，从原来与转子转向一致变为与转子转向相反，所以电动机立即进入了制动状态。为了使反接时的电流不至于过大，若为绕线式异步电动机，反接时应在转子回路中串入附加电阻。当电动机转速下降至零时，必须立即切断定子电源，否则电动机将向相反方向旋转。

**2. 回馈制动**

当三相异步电机作电动机运行时，如果由于外来因素，使转子加速到超过同步转速，比如在起重机械下放重物、电力机车下坡时，都会出现这种情况。当电动机转子的转速大于旋转磁场的转速时，旋转磁场产生的电磁转矩作用方向发生变化，由驱动转矩变为制动转矩。电动机进入制动状态，同时将外力作用于转子的能量转换成电能回送到电网，因此成为回馈制动。回馈制动示意图如图 3 - 22 所示。

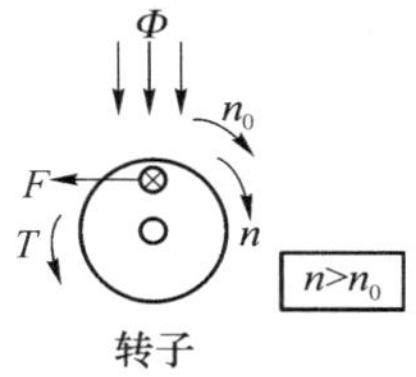

图 3 - 22　回馈制动示意图

**3. 能耗制动**

如图 3 - 23 所示，将需要制动的三相异步电动机断开交流电源后，立即在定子绕组中通入直流电，建立一恒定磁场。于是，从正在旋转的转子上来看，此磁场将是向后旋转的，因此转子中的感应电流所产生的电磁转矩的方向应为向后转，即对转子起制动作用。这种制动方法是利用转子旋转时的惯性，使转子导体切割静止磁场的磁通而产生制动转矩，把转子的动能消耗在转子回路的电阻上成为铜耗，故称为能耗制动。

能耗制动的优点是制动力强、制动平稳、对电网影响小。缺点是需要一套直流电源装置，而且制动转矩随着电动机转速的减小而减小，不易制停。

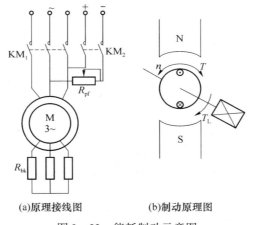

(a)原理接线图　　　　　(b)制动原理图

图 3 - 23　能耗制动示意图

# 任务 3.5　CRH$_2$ 型动车组牵引电机

## 3.5.1　简介

CRH$_2$ 型动车组采用 MT205 型三相鼠笼式异步电机，每辆动车配置 4 台牵引电机（并联连接），一个基本动力单元共 8 台，全列共计 16 台。电机额定功率为 3 00 kW，最高转速为 6 120 r/min，最高试验转速达 7 040 r/min。

牵引电机由定子、转子、轴承、通风系统等组成，绝缘等级为 200 级。牵引电机采用转向架架悬方式，强制风冷方式冷却，平行齿轮弯曲轴万向接头方式驱动。牵引电机外形如图 3 - 24 所示。所有牵引电机的外形尺寸、安装尺寸和电气特性相同，各动车的牵引电机可以实现完全互换。牵引电

图 3 - 24　牵引电机外形图

机在车体转向架上的安装位置如图3-25所示。

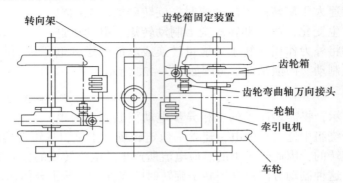

图3-25　牵引电机在车体转向架上的安装位置

与直流电机相比，三相异步电机有着显著的优越性能和经济指标，其持续功率大而体积小、质量轻。具体来说有以下优点。

（1）功率大、体积小、质量轻。由于没有换向器和电刷装置，可以充分利用空间，同时在高速范围内因不受换向器电抗电势及片间电压等换向条件的限制，可输出较大的功率，再生制动时也能输出较大的电功率，这对于发展高速运输是十分重要的。

（2）结构简单、牢固，维修工作量少。三相异步电机没有换向器和电刷装置，无须检查换向器和更换电刷，电机的故障大大降低。特别是鼠笼式异步电机，转子无绝缘，除去轴承的润滑外，几乎不需要经常进行维护。

（3）良好的牵引特性。由于其机械特性较硬，有自然防空转的性能，使黏着利用率提高。另外，三相异步电机对瞬时过电压和过电流不敏感（不存在换向器的环火问题），它在启动时能在更长的时间内发出更大的启动转矩。合理设计三相异步电机的调频、调压特性，可以实现大范围的平滑调速，充分满足动车组运行需要。

（4）功率因数高，谐波干扰小。其电源侧可采用四象限变流器，可以在较广范围内保持动车组电网侧的功率因数接近于1，电流波形接近于正弦波，在再生制动时也是如此，从而减小电网的谐波电流，这对改善电网的供电条件、减小通信信号干扰、改善电网电能质量和延长牵引变电站之间的距离十分有利。

CRH$_2$型动车组采用的牵引电机除具有上述传统三相异步电机的优点外，还有以下特点。

电机整体机械强度很高，高速运行时能承受很大的轮轨冲击力；采用耐电晕、低介质损耗的绝缘系统以适应变频电源供电；为了防止电机轴承的电蚀，电机前后端采用绝缘轴承；电机转子导条采用低电阻、温度系数高的铜合金材料，保证传动系统的控制精度；为了减轻电机自重，电机采用轻质高强度材料；采用经过验证的轴承和轴承润滑结构，从而减少电机的维护，保证电机轴承可靠工作；在输出一定功率的情况下，为减少体积，采用强迫通风和优化的通风结构，充分散热，以降低电机的温升，提高材料的利用率；电机的非传动轴端安装了2个速度传感器，用以给传动控制系统提供速度信号，便于逆变器控制和制动控制。

## 3.5.2　CRH₂型动车组牵引电机的主要技术参数

CRH₂型动车组牵引电机的重要技术参数如下。

（1）型号：MT205。

（2）方式：三相鼠笼式异步电机。

（3）极数：4极。

（4）相数：3相。

（5）额定值：

① 输出功率：300 kW。

② 电压：2 000 V。

③ 电流：106 A。

④ 频率：140 Hz。

⑤ 转差率：1.4%。

⑥ 转速：4 140 r/min。

⑦ 效率：94.0%。

⑧ 功率因数：87.0%。

（6）绝缘类别：等级200。

（7）温度上升极限：200 K（定子绕组；电阻法）。

（8）冷却方式：强制风冷方式（20 $m^3$/min）。

（9）动力传送方式：平行齿轮弯曲轴万向接头方式。

（10）最高使用转速：6 120 r/min。

（11）最高试验转速：7 040 r/min。

（12）轴承润滑脂：unimaxR No.2。

（13）质量：440 kg。

额定参数说明：由于干线动车组载荷变化范围小，仅为整车自重的10%，所以电机额定点一般是在动车组最苛刻条件下电机的稳定运行点。牵引电机参数表见表3-3。

表 3-3　牵引电机参数表

| 方式 | | 三相鼠笼式异步电机 | 连接方式 | | Y接 |
|---|---|---|---|---|---|
| 型号 | | MT205 | 定子线圈 | 线圈间距 | #1~#8=7 |
| 极数 | | 4 | | 导体数/切槽 | 16 |
| 相数 | | 3 | | 串联导体数/相 | 192 |
| 额定值 | 类别 | 连续 | | 导体尺寸（*2） | 1.5×5.5 mm |
| | 输出功率/kW | 300 | | 导线束绝缘 | 聚酰亚胺电线 |
| | 电压/V | 2 000 | | 电流密度 | 6.67 A/mm² |
| | 电流/A | 106 | 转子铁芯 | 外径，内径 | φ306，φ80 mm |
| | 频率/Hz | 140 | | 叠层厚度 | 170 mm |
| | 转差率/% | 1.4 | | 切槽数量 | 46 |
| | 转速/(r/min) | 4 140 | | 切槽尺寸（*2） | 7.4×25.6 mm |
| | 效率/% | 94.0 | | 风口数，直径 | φ24 mm，16个（堵塞8处风口） |
| | 功率因数/% | 87.0 | | 材质，板厚 | 相当于50A800，0.5 mm |

| | 冷却方式 | 强制风冷方式（20 m³/min） | 转子导体 | 杠杆 | 尺寸 | 7.3×23.0 mm |
|---|---|---|---|---|---|---|
| | 绝缘类别 | 等级200 | | | 材质 | 赤黄铜 |
| | 温度上升极限 | 200 K（定子绕组、电阻法） | | | 电流密度 | 6.33 A/mm² |
| | 最高使用转速 | 6 120 r/min | | 端环 | 尺寸 | 27×34 mm |
| | 最高试验转速 | 7 040 r/min | | | 材质 | 纯铜 |
| | 计划质量 | 440 kg | | | 电流密度 | 4.23 A/mm² |
| 定子铁芯 | 外径－内径 | φ480－φ310 mm | 最大 V/f | | 牵引 | 2 300 V/116 Hz |
| | 叠层厚度 | 170 mm | | | 再生 | 2 300 V/130 Hz |
| | 切槽数量 | 36 | 电路常数 | $R_s$: 0.144 Ω/相 | | $X_s$: 1.246 Ω/相 |
| | 切槽尺寸（＊1） | 13.5×35.0 mm | (115 ℃·140 Hz) | $R_r$: 0.146 Ω/相 | | $X_r$: 1.138 Ω/相 |
| | 材质，板厚 | 相当于50A800，0.5 mm | （＊3） | $R_m$: 527.7 Ω/相 | | $X_m$: 28.88 Ω/相 |

## 3.5.3　接口尺寸

牵引电机三维视图如图3-26所示。牵引电机安装外形图如图3-27所示。由图3-26可以看到：电机与转向架、联轴节的安装部位，与通风系统连接的通风孔，与传动系统相连的速度传感器信号线和三相电源线。

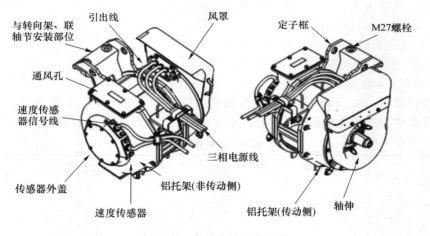

图3-26　牵引电机三维视图

轴伸为带键的锥面，与联轴节过盈配合，悬挂上有2个通风孔，电机侧面凸台有2个M27的螺纹孔，并用4个M27的螺栓与转向架连接。

## 3.5.4　牵引电机的基本结构

牵引电机主要由定子（包括铝托架）、转子、轴承装配、通风系统、速度传感器等部件组成，以下针对牵引电机主要部件的结构进行说明。

### 1. 定子

定子框采用以连接板连接铁芯的无框架结构框，设有安装转向架的凸头和安装座；定子

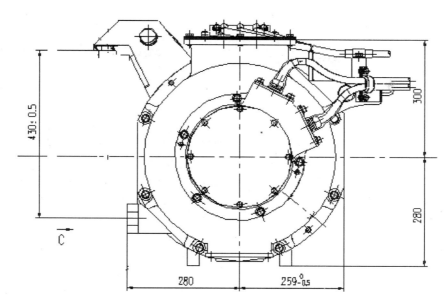

图 3 - 27　牵引电机安装外形图

框的两侧采用铝合金铸件（铝托架）制作部件，实现定子框整体轻量化。

1）铝托架（非传动侧和传动侧）

铝托架外形图如图 3 - 28 所示。

铝托架的材质及厚板都考虑到列车高速的运行状态，铝托架的定子框安装时，通过加强筋提高其强度，通过加厚及加强筋提高铝托架的框架安装部的强度。

非传动侧的铝托架，由于采用强制风冷方式的需要，在托架上部设置风道，在托架端面安装了转速检测器外壳。另外，在传动侧上部安装了端子壳。

安装时，用 8 个 M12 的螺栓将铝托架固定在机座上，为了防止铁和铝热膨胀而产生的偏差，采用了双重配合方式。

2）定子铁芯和线圈

定子铁芯和线圈外形如图 3 - 29 所示。定子铁芯采用硅钢片和 SPCC（端板）叠压而成，定子铁芯上设置的切槽为后退式切槽，增加通风空间，提高冷却效果。

图 3 - 28　铝托架外形图

图 3 - 29　定子铁芯和线圈外形

定子线圈有 U 相绕组、V 相绕组、W 相绕组，各相绕组由 3 个线圈串联而成。

由于逆变器运行时的高频电流引起的集肤效应会造成交流阻抗变大，温度上升过高。为了防止此问题，应增加线圈的并列根数，并将线圈的导体截面形状做成扁平状。

另外，线圈间的连接全部采用银焊，并用绝缘材料进行绝缘后，再用无溶剂漆进行真空浸渍处理。

3）引出线

在传动端的铝托架上部设置接线盒，其内连接有引出线，并将接头用银焊焊接在三相线圈的引出连线上。电机外部设置橡胶衬套，可以将三相电源引出线牢牢固定，然后再用绝缘材料进行处理。引出线绝缘部分是用蚂蟥钉固定的，当列车通过道碴受到冲击或其他原因使得铝托架断裂时，可以不用分离引出线连接部位就可以直接更换。

**2. 转子**

转子外观图如图 3 - 30 所示。转子为牢固的鼠笼形状，该构造适用于高速运转。转子导条采用电阻系数较大、强度足够的铜锌合金（红铜）。为了尽量减小运转过程中因温度上升而产生的热膨胀，短路环采用电阻系数较小的纯铜。此外，为了应对高速转动，还在短路环的外围设置保持环。

转子由转子铁芯、转子导条、短路环、转子轴、保持环等零部件组成。

1）转子铁芯

转子铁芯采用硅钢片和 SPCC（端板）叠压而成，热套在转子轴上。另外，铁芯设置通风孔，使转子轻量化的同时，也提高了电机的冷却效率。转子断面图如图 3 - 31 所示。

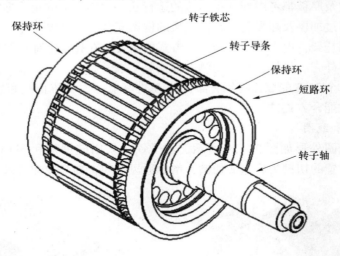

图 3 - 30　转子外观图

2）转子导条及短路环

转子导条采用铜锌合金，为矩形形状，插入在转子铁芯 46 个转子槽中。转子导条插好后，从转子铁芯外周通过镦粗挤压变形，牢固地固定在转子槽中。转子导条的两端通过银焊牢固焊接在短路环上，短路环采用纯铜。

为了确保转子高速旋转时的安全，在短路环的外周设置保持环。

3）转子轴

轴材用铬钼钢，轴伸与联轴节采用锥度配合：大径侧 $\phi68$ mm，锥度 1/10，锥度长 75 mm。

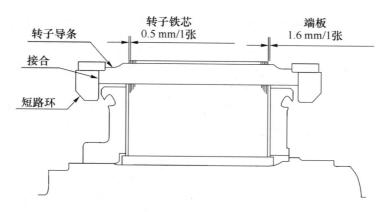

图 3 - 31　转子断面图

### 3. 轴承装配

传动侧使用的轴承是 NU214C4P6，非传动侧使用的轴承是 6311C4P6，传动侧的圆柱滚子轴承考虑到保持架导向面的滑动摩擦生热，并为了有效解决该问题，采用了滚子导向方式的保持架；为了有效防止轴承的电蚀，在两侧轴承的外圈上喷镀了陶瓷，形成了绝缘保护膜。

轴承润滑采用的结构：在中间加油时通过加油嘴加进的润滑脂能从两处均衡地注入轴承内部，能延长分解的周期。另外，在传动侧、非传动侧设有注油管路，电机解体检查时，可以很容易地进行清洗。另外，为了增大润滑脂量，在传动侧、非传动侧的端盖上设有环状润滑脂室，这种结构能为轴承不断提供新的润滑脂。使用时要注意充填油量及中途注油量，不混合使用不同种类的润滑脂，在拆卸和装入时，使用油压压进。轴承充填润滑脂后，实施转速为 1 400 r/min 左右、30 min 的空载运转，使润滑脂充分进入各个部位。

传动侧轴承、非传动侧轴承构造如图 3 - 32、图 3 - 33 所示。

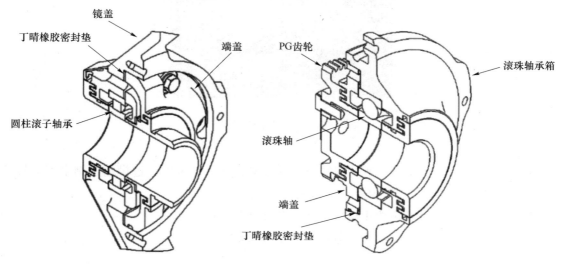

图 3 - 32　传动侧轴承构造　　　　图 3 - 33　非传动侧轴承构造

## 4. 通风系统

冷却风采用从车体管道抽取的方式，排气部安装了排风罩盖以防止雪雨进入。如图3－34所示，风从非传动端端盖的进风口进入电机内部，在电机内部的通风道有3条：一是定转子间隙形成的风道（定转子间隙风道）；二是转子上的通风孔形成的风道（转子风道）；三是定子外表面采用钢板焊成的风道（定子风道）。前两条风道是电机的主要通风道，而后一条风道主要用来降低定子线圈端部的局部温度。风从端盖通风口流出，经风罩排出电机外部。

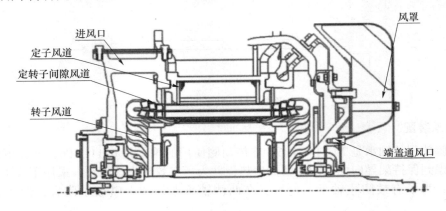

图3－34　牵引电机断面图

## 5. 速度传感器

牵引电机在非传动轴端安装了两个速度传感器，用以给传动控制系统提供速度信号，便于逆变器控制和制动控制，其外观图如图3－35所示。

图3－35　速度传感器外观图

1）速度传感器功能

（1）各车轮直径大小不一致造成转速存在差异，此差异可以通过设定控制牵引电机的逆变器频率予以消除。逆变器频率设定依据：

① 行进时按4台并联电机中转数最低的电机设定频率；

② 再生时按4台并联电机中转数最高的电机设定频率。

（2）空转检测。

（3）控制制动器。

（4）运行方向检测和控制主电路。

2）速度传感器工作原理

齿轮接近磁铁时，磁力线就会集中到齿轮的齿部，并随齿轮旋转发生变化。磁力线移动变化经磁阻元件检测、内部电路处理后作为脉冲输出。速度传感器工作原理图、输出信号如图 3 – 36 和图 3 – 37 所示。

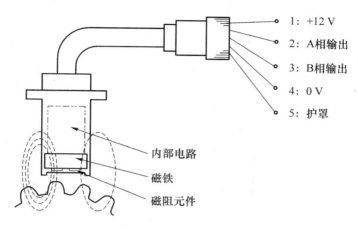

1：+12 V
2：A相输出
3：B相输出
4：0 V
5：护罩

内部电路
磁铁
磁阻元件

图 3 – 36　速度传感器工作原理图

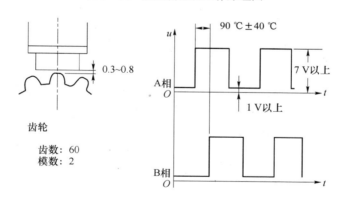

图 3 – 37　速度传感器输出信号

速度传感器使用时要注意及时清洁，不要使本体的顶端及 PG 齿轮外围堆积灰尘。

## 3.5.5　牵引电机调节特性

牵引特性曲线如图 3 – 38 所示。牵引电机的调节运行区域可分为 3 个调节区：启动加速区、恒功率输出区 Ⅰ 和恒功率输出区 Ⅱ。

### 1. 启动加速区

在动车组启动加速阶段，一般要求牵引力尽可能靠近黏着牵引力，以获得大而稳定的启动牵引力，这时三相异步电机应按恒转矩要求进行变频调节。启动后，随着速度的提高，牵引电机输出功率也不断增大，启动过程结束后，则希望牵引电机按在各种运行速度下保持恒功率输出的要求进行变频调节。

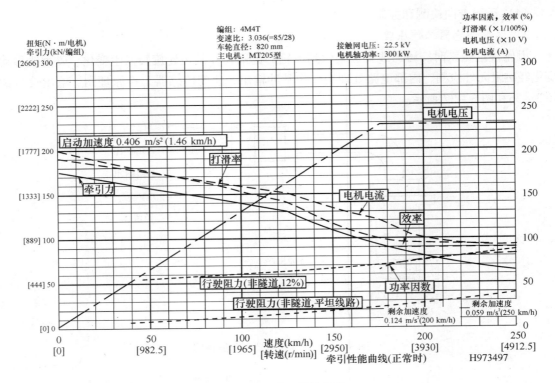

图 3-38　牵引特性曲线

## 2. 恒功率输出区 I

通过改变牵引电机牵引特性曲线，把传统的恒转矩与恒功率段的转换点提前，保持牵引电机磁通不变，在恒功率的最初阶段牵引电机电压继续保持增加，而转差率下降，电流下降，转矩随定子频率成反比变化，即恒磁通恒功率阶段。

## 3. 恒功率输出区 II

当牵引电机电压提高到最大数值后，可认为 $U_s \approx E_s$，则可得到式（3-25）：

$$T = \frac{mn_p}{2\pi R_r}\left(\frac{U_s}{f_s}\right)^2 f_{sl} \qquad (3-25)$$

或写成

$$Tf_s = KU_s^2 \frac{f_{sl}}{f_s} \qquad (3-26)$$

式中，$K = \dfrac{mn_p}{2\pi R_r}$ 为常数。

式（3-26）的左端实际上以一定的比例代表着牵引电机的功率数值。为了使牵引电机有恒定的输出功率，电压和频率的调节可以采用 $U_s$ 不变、$f_{sl}/f_s$ = 常数的调节方式。

综上所述，CRH$_2$ 型动车组牵引电机调节特性如图 3-39 所示。

## 3.5.6　牵引电机谐波分析

CRH$_2$ 型动车组牵引电机由静止逆变器供电时，其定子电压可分解为一个基波分量和一系列

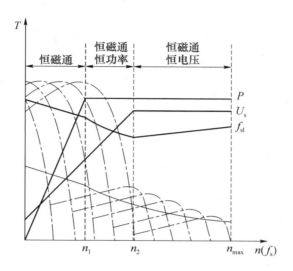

图 3 - 39　牵引电机调节特性

谐波分量。牵引电机在变频调节时，通常是在恒磁通或削弱磁场下运行。这时可以忽略磁路的饱和，而将其作为一个线性装置来考虑，从而可应用叠加原理。这就是说，利用谐波等值电路，可以单独分析电机在各谐波下的响应特性，然后进行叠加得到在非正弦电压运行下的综合结果。

**1. 谐波电流**

利用谐波等值电路可计算出相应的谐波电流，电源电压的各谐波分量 $U_k$ 可用傅氏级数分解求得，故谐波电流 $I_k = U_k/Z_k$。$Z_k$ 即 $k$ 次谐波等值电路的输入阻抗，其值利用相应的电路关系不难求得。当频率高时 $k$ 次谐波电流的有效值为：

$$I_k = \frac{U_k}{k(X_1 + X_2)} \qquad (3-27)$$

其中，$Z_k = k(X_1 + X_2)$。

一般情况下没有零序谐波和偶次谐波，所以总的谐波电流 $I_h$ 为：

$$I_h = \sqrt{I_5^2 + I_7^2 + I_{11}^2 + I_{13}^2 + \cdots + I_k^2 + \cdots} \qquad (3-28)$$

如果牵引电机的基波电流为 $I_1$，则电机总的有效电流 $I_r$ 为：

$$I_r = \sqrt{I_1^2 + I_h^2} \qquad (3-29)$$

由于 $s$ 在电机的整个运行过程中均十分接近于 1，从谐波等值电路可以看出，谐波电流的数值近于恒定，而与电机的转速及负载情况无关。基波电流取决于负载的大小，轻载时电机谐波电流的相对含量较满载时要大很多，所以轻载时电机的损耗明显大于电机在纯正弦波电压下运行的损耗。

对于一个给定的电压波形，电机电流中谐波成分的相对含量取决于电机总漏电抗 $x_s$ 的标幺值。总漏电抗的标幺值 $\bar{x}_s$ 可以表示为：

$$\bar{x}_s = \frac{X_1 + X_2}{U_N/I_N} = (X_1 + X_2)\frac{I_N}{U_N} \qquad (3-30)$$

式中，$U_N$——电机的额定正弦波相电压；

$I_N$——电机的额定负载电流。

对单脉冲电压，谐波电压的大小反比于谐波的次数，即 $U_k = \dfrac{U_1}{k}$，代入式（3-27），得：

$$I_k = \frac{U_1}{k^2(X_1 + X_2)} \tag{3-31}$$

若以基波相电压 $U_1$ 作为电机的额定正弦波电压，则

$$U_1 = U_N / (X_1 + X_2) = \frac{I_N}{\bar{x}_s} \tag{3-32}$$

将式（3-32）代入式（3-31），可得 $k$ 次谐波电流的标幺值为：

$$\bar{I}_k = \frac{I_k}{I_N} = \frac{1}{k^2 \bar{x}_s (X_1 + X_2)} \tag{3-33}$$

由式（3-33）可见，$k$ 次谐波电流的标幺值反比于总漏电抗的标幺值。

**2. 谐波转矩**

非正弦波电源下，由于电机气隙中存在时间谐波磁势，从而产生附加的谐波。根据产生的具体原因和性质的不同，谐波转矩又可分为两种，即稳定谐波转矩和振动谐波转矩。

1）稳定谐波转矩

稳定（恒定）谐波转矩是由同次数的气隙谐波磁通和谐波转子电流的相互作用产生的。若气隙中包括基波在内共有 $n$ 个旋转磁场，则会产生（$n-1$）个稳定谐波转矩。这些谐波转矩可以采用与基波相同的方法进行计算，即可采用相应的谐波等值电路求解。

电机的合成电磁转矩应为基波转矩与谐波转矩的代数和。这些谐波转矩本身数值很小，且正向和负向谐波转矩之间可相互抵消（如 5 次谐波转矩在抵消后只剩一个极小的反向转矩），所以实际上这种谐波转矩造成的电机额定转矩的减少是微不足道的，通常可不予考虑。

2）振动谐波转矩

振动谐波转矩由不同次数的气隙谐波磁通和谐波转子电流的相互作用产生。若气隙中包括基波在内有 $n$ 个旋转磁场，则会产生（$n^2-n$）个振动谐波转矩，而其中影响较大的转矩是由基波旋转磁场与谐波转子电流形成的。例如，5 次谐波的定子电流在气隙中产生的 5 次谐波磁场以 5 倍的同步速度反向旋转，从而在转子中感应 6 倍基波频率的转子电流，而该转子电流与基波旋转磁场相作用即形成 6 倍基波频率的振动谐波转矩；7 次谐波的定子电流在气隙中产生的 7 次谐波磁场以 7 倍的同步速度正向旋转，也在转子中感应 6 倍基波频率的转子电流，从而与基波旋转磁场一起形成 6 倍基波频率的振动谐波转矩。

11 次和 13 次谐波定子电流与基波旋转磁场将产生 12 次振动谐波转矩，进而可以推广到任意次谐波定子电流与任意次谐波磁场所产生振动谐波转矩，其振动频率可以从电流和磁场谐波次数得出来（谐波电流和磁场以其旋转方向加正负号表示）。

综上所述，异步电机在非正弦波电源下运行时，除去基波成分之外，还有若干不同振幅和频率的电流及谐波磁通。这些谐波将引起电机的附加铜耗和铁耗，损耗总增量约为基波损耗的 20%，所导致电机温升的提高将使效率降低 2% 左右。同时这些谐波又产生稳定谐波转矩和振动谐波转矩，稳定谐波转矩的影响可以忽略，振动谐波转矩为额定转矩的 5% ~ 10%，其主要影响是使电机转矩产生脉动，从而造成电机转速（主要是低速时）的振荡。适当增加电机的漏感抗，可以将电机的谐波电流限制在给定的极限范围之内。应当指出，上面着重分析的是六

段波电压逆变器供电的情况，当采用电流型逆变器向电机供电时，基本情况相似，只是谐波铜耗略有增大，且振动谐波转矩的数值会随负载电流而变化。

## 3.5.7　牵引电机试验

### 1. 试验种类

试验种类见表 3 - 4，其中划有"○"标记的是需要进行试验的项目，划有"—"标记的是不需要进行试验的项目。另外，试验时，在无特别指定的条件下使用 50 Hz 或 60 Hz 的工频电源，按代用额定参数进行试验评价。关于型式试验及特殊试验只对最初的 1 台牵引电机实施，交货验收试验时要对全数牵引电机进行试验。电机的相关参数见表 3 - 5。

表 3 - 4　试验种类

|  | 试验项目 | 型式试验 | 交货验收试验 | 特殊试验 |
|---|---|---|---|---|
| 1 | 外观结构检查 | ○ | ○ | — |
| 2 | 定子绕组电阻的测量 | ○ | ○ | — |
| 3 | 空载试验 | ○ | ○ | — |
| 4 | 高频堵转试验 | ○ | ○ | — |
| 4 * | 低频堵转试验（备注） | ○ | — | — |
| 5 | 特性的计算（备注） | ○ | — | — |
| 6 | 负载试验 | ○ | — | — |
| 7 | 效率的计算 | ○ | — | — |
| 8 | 温升试验 | ○ | — | — |
| 9 | 高速试验 | ○ | ○ | — |
| 10 | 绝缘电阻试验 | ○ | ○ | — |
| 11 | 绝缘屈服强度试验 | ○ | ○ | — |
| 12 | 速度传感器输出功率试验 | ○ | ○ | — |
| 13 | 介质损耗角正切试验 | ○ | ○ | — |
| 14 | 温升试验（逆变器运转） | — | — | ○ |
| 15 | 风量、静压测量 | — | — | ○ |
| 16 | 噪声测量 | — | — | ○ |

备注：低频堵转试验及特性的计算对最初的 4 台进行。

表 3 - 5　电机的相关参数

|  | 新干线额定参数 | 代用额定参数（50 Hz） | 代用额定参数（60 Hz） |
|---|---|---|---|
| 额定参数种类 | 连续 | 连续 | 连续 |
| 输出功率/kW | 300 | 105 | 145 |
| 电压/V | 2 000 | 714 | 1 056 |

| 电流/A | 106 | 106 | 106 |
|---|---|---|---|
| 频率/Hz | 140 | 50 | 60 |
| 转差率/% | 1.4 | 4.0 | 2.5 |
| 转速/（r/min） | 4 140 | 1 440 | 1 755 |
| 效率/% | 94.0 | 93.0 | 91.0 |
| 功率因素/% | 87.0 | 86.0 | 82.0 |
| 同步转速/（r/min） | 4 200 | 1 500 | 1 800 |

备注：考虑到会有利用工频电源进行试验的情况，因此规定了额定参数之外的代用额定参数。

**2. 试验内容及方法**

（1）外观结构检查。

确认各部分的结构、尺寸、材料等无异常。型式试验时要记录好各部分尺寸的测量结果。另外，只对最初的 4 台牵引电机进行质量测量及记录。

（2）定子绕组电阻的测量。

测量定子绕组的直流电阻，但阻值需换算到 115 ℃ 条件下（设计值：0.146 0 Ω/相，115 ℃）。

（3）空载试验。

测量电压为额定电压的 50%、70%、90%、100%、110%、130% 时，空载运转时的电流及输入功率。并测量各部分的温度及温升限度，如表 3 - 6、表 3 - 7 所示。

**表 3 - 6　测量温度**

| 测量部位 | | 测量法 | 测量位置 |
|---|---|---|---|
| 定子绕组 | | 电阻法 | — |
| 轴承 | 传动侧 | 温度计法 | 端盖的下部 |
| | 非传动侧 | 温度计法 | 传感器罩的旁边 |
| 铁芯背面的上部 | | 温度计法 | 连接板的中央 |
| 排气 | | 温度计法 | 罩的出口 |
| 吸气 | | 温度计法 | 风道上部 |
| 室温 | | 温度计法 | — |

**表 3 - 7　温升限度**

| 部位 | 原边绕组 | 轴承 |
|---|---|---|
| 温升限度 | 200 K | 55 K |
| 测量方法 | 电阻法 | 温度计法 |

（4）堵转试验。

在与周围温度相同的冷态下束缚住转子，在端子间加上表 3 - 5 所示的代用额定参数中所示的电压，测量在接通与连续代用额定电流相近电流时的定子侧电压、定子电流及输入功率。

（5）特性的计算。

根据（2）~（4）项的试验结果计算出在代用额定参数时的牵引电机的常数，根据 JEC - 37 的圆图法计算在代用额定参数时的特性。另外，用连续代用额定参数进行计算。计算出的功率因素（PF）及转差率（s）相对于表 3 - 5 中记载的标称值，必须在以下范围内。

PF≥标称功率因素 – (1 – 标称功率因素)/6

1.1×标称转差率≥s≥0.9×标称转差率

（6）负载试验。

负载试验要在与连续温升试验后相当的高温状态下进行。在表 3 – 5 所示的代用额定参数中所示的电压、频率下运转，测量牵引电机负载电流为连续代用额定电流的 50%、75%、100%、122.6%（130 A）及 150% 时的输入功率、定子电流、转速及功率因素。

（7）效率的计算。

效率的计算为按式（3 – 34）、式（3 – 35）计算得出的惯用效率。

$$\eta = (P/W) \times 100\% \qquad\qquad (3-34)$$

$$P = (1-s) \times [W - W_r - (W_o - W_{or})] \qquad\qquad (3-35)$$

式中，$\eta$——惯用效率；

　　　$W$——有负载时的输入功率；

　　　$W_r$——有负载时由定子电流造成的电阻损耗；

　　　$W_o$——空载时的输入功率；

　　　$W_{or}$——空载时由定子电流造成的电阻损耗。

另外，惯用效率（$\eta$）相对于表 3 – 5 所记载的标称值，必须在以下范围内。

$$\eta \geq 标称效率 – (1 – 标称效率)/10$$

（8）温升试验。

冷却风量在 20 m³/min 条件下，用表 3 – 5 所示的代用额定参数中所示的电压、电流、频率进行连续运转，直到各部分温度饱和为止。测量表 3 – 6 中记载部位的饱和温度上升值（试验中周围温度在 40℃ 以下）。测量的饱和温度上升值在表 3 – 7 的限度值以内。

（9）高速试验。

在 7 040 r/min 下运转 2 min，各部分无异常。

（10）绝缘电阻试验。

使用 1 000 V 兆欧表测量全充电部分与磁轭之间的绝缘电阻，高温状态下在 1 MΩ 以上，冷态下在 3 MΩ 以上。用 500 V 兆欧表测量磁轭与转子轴之间的绝缘电阻，冷态下在 5 MΩ 以上。

（11）绝缘屈服强度试验。

在全充电部分与磁轭之间加入 1 min 工频交流电 5 000 V，确认无异常。

（12）速度传感器输出功率试验。

用表 3 – 5 所示的代用额定频率，在正转（从非传动侧看为顺时针方向）空载运转状态下，确认与牵引电机相组合时的输出功率。两个速度传感器中的任何一个，其 A 相、B 相均显示如图 3 – 40 中所示的波形，$V_h$ 在 8 V 以上，相位差在 90° ±40° 的范围内（电源电压为 12 V）。

（13）介质损耗角正切试验。

加 1 000 V、1 500 V、2 000 V、2 500 V、3 000 V 交流电，测量绕组的介质损耗角正切，求附加电压与介质损耗角正切之间的关系（1 000 V 的介质损耗角正切在 5% 以下）。

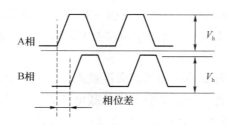

图 3 - 40　速度传感器输出功率

（14）温升试验（逆变器运转）。

在冷却风量为 20 m³/min 的状态下，使用逆变器电源，用表 3 - 5 新干线额定参数中所示的电压、电流及频率连续运转，直到各部分温度饱和，测量表 3 - 6 所记载部位的饱和温度上升值（试验中的周围温度在 40 ℃ 以下）。饱和温度上升值在表 3 - 7 规定的限度以下。

（15）风量、静压测量。

测量牵引电机转速为 0 r/min、1 815 r/min、4 140 r/min、5 500 r/min、6 120 r/min，目标风量在 10 m³/min、15 m³/min、20 m³/min 时的静压。求以转速为参数的风量与静压的关系。另外，求以风量为参数的转速与静压的关系。

（16）噪声测量。

从 A、C 两个方向测量，牵引电机分别在 1 815 r/min、3 340 r/min、4 140 r/min、6 120 r/min 空载运转时的离牵引电动机 1 m 位置上 5 个位置（见图 3 - 41①~⑤）的噪声。冷却风条件取 20 m³/min 时的状态。

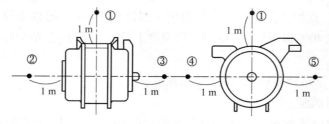

图 3 - 41　噪声测量位置

## 任务单

| 任务名称 | 三相异步牵引电动机 |
| --- | --- |
| 任务描述 | 　动车组牵引系统是动车组的心脏，是铁路安全、正常运行的保障部分，而牵引电动机是动车组牵引系统重要的组成部分之一。交流传动技术是一门综合技术，但其本质的特点是牵引电动机采用了三相异步电动机。交流传动机车之所以成为现代机车发展的方向，正是由异步电动机的特点和优点所决定的，所以本项任务即学习三相异步电动机的结构、工作原理及工作特性是十分必要的，而且牵引电动机的选择和故障处理对整个高速铁路意义重大。 |
| 任务分析 | 　本项任务主要包括三相异步电动机的基本结构、工作原理及工作特性，并以 CRH₂ 型动车组为例，了解动车组牵引电机的基本结构、工作过程以及故障处理。 |

| | |
|---|---|
| 学习任务 | 【子任务 1】熟悉三相异步电动机的基本结构及各部件的作用。<br><br>【子任务 2】三相异步电动机的转速一定低于同步转速吗？如何由转差率的大小范围来判断三相异步电动机的工作情况。<br><br>【子任务 3】掌握三相异步电动机的启动方法、调速方法、换向方法、制动方法。<br><br>【子任务 4】高速动车组采用什么样的调速方法？为什么？<br><br>【子任务 5】一台三相异步电动机铭牌上写明，额定电压 380/220 V，定子绕组接法 Y/△，如果使用时将定子绕组连成△形，接在 380 V 的三相电源上，能否空载或带负载运行？为什么？ |
| 劳动组合 | 各组长讨论、交流，根据任务单画出三相异步电动机机械特性曲线图，布置任务说明 CRH₂ 型动车组牵引电机的牵引特性曲线。各组评判小组成员学习情况，并做出小组评价。 |
| 成果展示 | （1）展示绘制的 CRH₂ 型动车组牵引电机的牵引特性曲线图；<br>（2）展示绘制的三相异步电动机机械特性曲线图；<br>（3）展示制作的 CRH₂ 型动车组牵引电动机试验卡片。 |
| 学习小结 | |

| | 项目 | A—优 | B—良 | C—中 | D—及格 | E—不及格 | 综合 |
|---|---|---|---|---|---|---|---|
| 自我评价 | 安全纪律（15%） | | | | | | |
| | 学习态度（15%） | | | | | | |
| | 专业知识（30%） | | | | | | |
| | 专业技能（30%） | | | | | | |
| | 团队合作（10%） | | | | | | |
| 教师评价 | 简要评价 | | | | | | |
| | 教师签名 | | | | | | |

# 学习引导文

**1. 三相异步电动机定子绕组常见故障**

绕组是电动机的组成部分，老化、受潮、受热、受侵蚀、异物侵入、外力的冲击都会对绕组造成伤害，电机过载、欠电压、过电压、缺相运行也能引起绕组故障。定子绕组故障一般分为绕组接地故障、绕组短路故障、绕组断路故障、绕组接错故障。这些故障轻则使电动机不能正常工作，严重时不但危及设备的安全，影响生产，而且还会对人身安全造成危害。现在分别说明故障现象、产生的原因及检查方法、处理方法。

1）绕组接地故障

（1）绕组接地故障。它是指由于嵌线工艺不当而将槽口底部绝缘压破、槽口绝缘封闭不良、槽绝缘损伤等，引起导线裸铜（或铝）与铁芯机壳接通，造成绕组接地故障。

（2）产生绕组接地故障原因。

① 绕组受潮，绝缘失去绝缘作用。特别是长期搁置不用的电动机，往往容易出现这类故障；

② 电动机长期过载运行，绝缘老化、开裂、脱落；

③ 嵌线时绝缘受损伤；

④ 绕组端部碰端盖；

⑤ 引出线绝缘损坏，与壳体相撞；

⑥ 定子、转子相擦，引起绝缘损坏；

⑦ 绕组绝缘受雷击损坏等。

（3）检查方法。

① 观察法。通过目测绕组端部及线槽内绝缘物，观察有无损伤和焦黑的痕迹。

② 万用表法。用万用表低阻挡检查，读数很小，则为接地。

③ 兆欧表法。根据不同的电压等级选用不同的兆欧表测量每组绕阻的绝缘电阻，若读数为零，则表示该项绕组接地，但对电动机绝缘受潮或因事故而击穿，需依据经验判定，一般来说指针在"0"处摇摆不定时，可认为其具有一定的电阻值。

④ 试灯法。如果试灯亮，说明绕组接地，若发现某处伴有火花或冒烟，则该处为绕组接地点。若灯微亮则绝缘有接地击穿。若灯不亮，但测试棒接地时也出现火花，说明绕组尚未击穿，只是严重受潮。也可用硬木在外壳的止口边缘轻敲，敲到某一处灯一灭一亮时，说明电流时通时断，则该处就是接地点。

⑤ 电流穿烧法。用一台调压变压器，接上电源后，接地点很快发热，绝缘物冒烟处即为接地点。应特别注意小型电动机不得超过额定电流的两倍，时间不超过半分钟；大型电动机为额定电流的20%～50%或逐步增大电流，到接地点刚冒烟时立即断电。

⑥ 分组淘汰法。对于接地点在铁芯里面且烧灼比较厉害，烧损的铜线与铁芯熔在一起，采用的方法是把接地的一相绕组分成两半，依此类推，最后找出接地点。

此外，还有高压试验法、磁针探索法、工频振动法等。

（4）处理方法。

① 绕组受潮引起接地的应先进行烘干，当冷却到 60 ℃～70 ℃ 左右时，浇上绝缘漆后再烘干。

② 绕组端部绝缘损坏时，在接地处重新进行绝缘处理，涂漆，再烘干。

③ 绕组接地点在槽内时，应重绕绕组或更换部分绕组元件。

最后应用不同的兆欧表进行测量，满足技术要求即可。

2）绕组短路故障

（1）绕组短路故障。绕组短路故障又分为线圈匝间短路、极相组间短路和相间短路。

（2）产生绕组短路故障的原因。

① 嵌线不熟练，造成电磁线绝缘损坏；

② 绕组受潮，过高的电压使得绝缘击穿；

③ 电动机长期过载，电流大，使绝缘老化，失去绝缘作用；

④ 连接线绝缘不良或绝缘被损坏；

⑤ 端部或间层绝缘没能垫好；

⑥ 雷击或过电压使得绝缘损坏；

⑦ 金属异物落入电动机内部和油污过多；

⑧ 转子与定子绕组端部相互摩擦造成绝缘损坏。

（3）检查方法。

① 外部观察法。观察接线盒、绕组端部有无烧焦，绕组过热后会留下深褐色，并有臭味。

② 探温检查法。空载运行 20 min（发现异常时应马上停止），用手背摸绕组各部分是否超过正常温度。

③ 通电实验法。用电流表测量，若某相电流过大，说明该相有短路处。

④ 电桥检查。测量 $n$ 个绕组直流电阻，一般相差不应超过 5% 以上，如超过，则电阻小的一相有短路故障。

⑤ 短路侦察器法。被测绕组有短路，则钢片就会产生振动。

⑥ 万用表或兆欧表法。测量任意两相绕组相间的绝缘电阻，若读数极小或为零，说明该两相绕组相间有短路。

⑦ 电压降法。把三绕组串联后通入低压安全交流电，测得读数小的一组有短路故障。

⑧ 电流法。电机空载运行，先测量三相电流，再调换两相测量并对比，若不随电源调换而改变，较大电流的一相绕组有短路。

（4）处理方法。

① 短路点在端部。可用绝缘材料将短路点隔开，也可重包绝缘线，再上漆烘干。

② 短路点在线槽内。将其软化后，找出短路点修复，重新放入线槽后，再上漆烘干。

③ 对短路点匝数少于 1/12 的每相绕组，串联匝数时切断全部短路线，将导通部分连接，形成闭合回路，供应急使用。

④ 绕组短路点匝数超过 1/12 时，要全部拆除重绕。

3）绕组断路故障

（1）绕组断路故障。绕组断路故障有一相断路、匝间断路、并联分路处断路和并联几根导线中一根断路等。

（2）产生绕组断路故障的原因。

① 在检修和维护保养时碰断或制造质量问题；

② 接头焊接不好，电动机过热后脱落；

③ 受机械力的影响，将线碰撞或拉断；

④ 匝间断路没有及时发现，电动机长期运行且发热后导致导体熔断。

（3）检查方法。

① 观察法。断路点大多数发生在绕组端部，看有无碰折、接头处有无脱焊。

② 万用表法。利用电阻挡，对于采用Y形接法的，将一根表棒接在Y形的中心点上，另一根依次接在三相绕组的首端，无穷大的一相为断路点；对于△形接法的，断开连接后，分别测量每组绕组，无穷大的则为断路点。

③ 试灯法。方法同前，灯不亮的一相为断路点。

④ 兆欧表法。阻值趋向无穷大（不为零值）的一相为断路点。

⑤ 电流表法。电动机在运行时，用电流表测量三相电流，若三相电流不平衡又无短路现象，则电流较小的一相绕组有部分断路故障。

⑥ 电桥法。当电动机某一相电阻比其他两相电阻大时，说明该相绕组有部分断路故障。

⑦ 电流平衡法。对于Y形接法的，可将三相绕组并联后，通入低电压大电流的交流电，当三相绕组中的电流相差大于10%时，电流小的一端为断路点；对于△形接法的，先将定子绕组的一个接点拆开，再逐相通入低压大电流，其中电流小的一相为断路点。

⑧ 断笼侦察器法。检查时，如果转子断笼，则毫伏表的读数应减小。

（4）处理方法。

① 断路点在端部时，连接好后焊牢，包上绝缘材料，套上绝缘套管，绑扎好，再烘干。

② 绕组由于匝间、相间短路和接地等原因而造成绕组严重烧焦的一般应更换绕组。

③ 对断路点在槽内的，属少量断路点的做应急处理，采用分组淘汰法找出断路点，并在绕组断部将其连接好并在绝缘合格后使用。

④ 对笼形转子断笼的可采用焊接法、冷接法或换条法修复。

4）绕组接错故障

（1）绕组接错故障。绕组接错造成不完整的旋转磁场，致使启动困难、三相电流不平衡、噪声大等症状，严重时若不及时处理会烧坏绕组。

（2）产生绕组接错故障的原因。

① 误将△形接成Y形；

② 维修保养时三相绕组有一相首尾接反；

③ 减压启动时抽头位置选择不合适或内部接线错误；

④ 新电动机在下线时，绕组连接错误；

⑤ 旧电动机出头判断不对。

（3）检修方法。

① 滚珠法。如滚珠沿定子内圆周表面旋转滚动，说明正确，否则绕组有接错现象。

② 指南针法。如果绕组没有接错，则在一相绕组中，指南针经过相邻的极（相）组时，所指的极性应相反，在三相绕组中相邻的不同相的极组也相反。如极性方向不变，说明有一

极组反接；若指向不定，则相组内有反接的线圈。

③ 万用表电压法。按接线图，如果两次测量电压表均无指示，或一次有读数、一次没有读数，说明绕组有接反处。

④ 常见的还有干电池法、毫安表剩磁法、电动机转向法等。

（4）处理方法。

① 一个线圈或线圈组接反，则空载电流有较大的不平衡，应进厂返修。

② 引出线错误的应正确判断首尾后重新连接。

③ 减压启动接错的应对照接线图或原理图，认真校对重新接线。

④ 新电动机下线或重接绕组后接线错误的，应送厂返修。

⑤ 定子绕组一相接反时，接反的一相电流特别大，可根据这个特点查找故障并进行维修。

⑥ 把Y形接成△形或匝数不够，则空载电流大，应及时更正。

5）三相异步电动机定子绕组故障的应急处理

（1）绕组出现短路故障时的应急处理：将经检查找出的短路线圈的后侧端部线匝全部剪断，并把各线头上的绝缘刮净后扭接在一起，再用绝缘包好。应该注意的是，线头扭接时一根都不能漏接，以免线圈内存在的短路线匝产生感应电流而发热。

（2）绕组出现断路故障时的应急处理：如果绕组内部断路点无法找出，那么可将断路线圈的所有线匝在其后侧端部短接起来。

（3）绕组出现接地故障时的应急处理：首先将有接地故障的线圈从绕组脱开，并把接地线圈与相邻线圈的接头拆开，然后再套上绝缘套管绑牢，将同一级相组内的其余线圈依序串接起来即可。如果该接地的线圈不止一处的话，那么可以将该线圈在其端接处剪断并包好绝缘。

## 2. 三相异步电动机维护保养

1）启动前的准备和检查

（1）检查电动机及启动设备接地是否可靠和完整，接线是否正确与良好。

（2）检查电动机铭牌所示电压、频率与电源电压、频率是否相符。

（3）新安装或长期停用的电动机启动前应检查绕组相对相、相对地绝缘电阻。绝缘地那组应大于 0.5 MΩ，如果低于此值，须将绕组烘干。

（4）对绕线式转子应检查其集电环上的电刷装置是否能正常工作，电刷压力是否符合要求。

（5）检查电动机转动是否灵活，滑动轴承内的油是否达到规定油位。

（6）检查电动机所用熔断器的额定电流是否符合要求。

（7）检查电动机各紧固螺栓及安装螺栓是否拧紧。

上述各检查全部达到要求后，可启动电动机。电动机启动后，空载运行 30 min 左右，注意观察电动机是否有异常现象，如发现噪声、震动、发热等不正常情况，应采取措施，待情况消除后，才能投入运行。

启动绕线式异步电动机时，应将启动变阻器接入转子电路中。对有电刷提升机构的电动机，应放下电刷，并断开短路装置，合上定子电路开关，扳动变阻器。当电动机接近额定转速时，提起电刷，合上短路装置，电动机启动完毕。

2）维修

（1）电动机应经常保持清洁，不允许有杂物进入电动机内部；进风口和出风口必须保持畅通。

（2）用仪表监视电源电压、频率及电动机的负载电流。电源电压、频率要符合电动机铭牌数据，电动机负载电流不得超过铭牌上的规定值，否则要查明原因，采取措施，不良情况消除后方能继续运行。

（3）采取必要手段检测电动机各部位温升。

（4）对于绕线式异步电动机，应经常注意电刷与集电环间的接触压力、磨损及火花情况。电动机停转时，应断开定子电路内的开关，然后将电刷提升机构扳到启动位置，断开短路装置。

（5）电动机运行后定期维修，一般分小修、大修两种。小修属一般检修，对电动机启动设备及整体不做大的拆卸，约一季度一次，大修要将所有传动装置及电动机的所有零部件都拆卸下来，并将拆卸的零部件做全面的检查及清洗，一般一年一次。

## 任务实施与评价

（1）下发任务单，明确学习任务、主要内容、知识目标、能力目标、素质目标要求；

（2）学生按任务单要求制定学习计划，完成预习任务及相关知识准备；

（3）CRH$_2$型动车组牵引电机知识引入；

（4）学生查阅国标说明CRH$_2$动车组牵引电动机电流逆变过程；

（5）对比说明三相异步电动机几种启动、调速和制动方法的优缺点；

（6）教师组织抢答识别CRH$_2$型动车组牵引电机的组成部分；

（7）学生进行学习自我评价及学习小组成员互评，教师及小组长（副组长）进行学习他人评价，检查任务完成情况。

# 项目4　电器基本理论

## 项目描述

　　高速动车组的电器按照工作电压的高低可分为低压电器和高压电器，动车组有九项关键技术，即牵引控制、辅助供电系统、空调系统、牵引系统、牵引电机、牵引变压器、网络控制、制动系统、牵引变流器，除牵引电机外其他八项技术都与动车组电器密不可分，所以动车组电器是动车组的基本组成部件之一，也是改善动车组性能的关键所在。

　　本项目主要学习电器的基础理论，为解决动车组电器故障打下扎实的理论基础。

【本项目任务】

任务4.1　电器的发热与电动力

任务4.2　电弧的产生和灭弧方法

任务4.3　触头及传动装置

## 教学目标

**1. 知识目标**

（1）了解电器的发热及电动力这两种电器中存在的物理现象；

（2）熟悉电弧产生的原因及灭弧的方法；

（3）掌握电器的触头类型及传动装置的工作原理。

**2. 能力目标**

依据某电器资料，完成以下任务：

（1）分析电动力的作用；

（2）根据电器的工作过程分析电弧的产生原因及如何减少电弧的产生；

（3）通过对电器的拆分，说明触头的类型及传动装置的工作原理。

**3. 素质目标**

（1）培养学生利用网络自学的能力；

（2）在项目完成过程中培养学生严谨认真的态度、企业经济效率意识、创新和挑战意识；

（3）能客观、公正地进行学习自我评价及对小组成员的评价。

动车组电机与电器

# 任务 4.1　电器的发热与电动力

电器的发热及电动力是电器中存在的两种物理现象，它们对电器的正常工作有一定的影响。

## 4.1.1　电器的发热与散热

众所周知，电器工作时必须加一定的电源，使其能够在规定的电压及电流条件下完成特定的工作或任务。有触点的电器是由导电材料、导磁材料和绝缘材料等组成的。电器在工作时由于有电流通过导体和线圈而产生电阻损耗。如果电器工作于交流电路，则由于交变电磁场的作用，在铁磁体内产生涡流和磁滞损耗，在绝缘体内产生介质损耗。所有这些损耗几乎全部都转变为热能，其中一部分散失到周围介质中，另一部分加热电器本身，使其温度升高。

电器温度升高后，其本身温度与周围环境温度之差，称为温升。

电器的温度超过某一极限值后，金属材料的机械强度会明显下降，绝缘材料的绝缘强度会受到破坏。若电器温度过高，会使其使用寿命降低，甚至使电器遭到破坏。反之，电器工作时的温度也不宜过低，因为电器工作时温度太低，说明材料没有得到充分利用，经济性差，相对体积大、质量重。由此可见，研究电器的发热问题，对保证电器正常可靠地运行及缩小电器体积、节约原材料、降低成本、增加使用寿命等都具有重要意义。

电器的发热与散热是一个极其复杂的过程，影响它的因素很多，很难建立一个包括一切影响因素的热过程解析公式；电器的热计算只能近似，经过大量实验校核后，对于不同的具体条件，应用一些经验数据可以得到比较准确的结果，其中运用计算机采用温度场计算方法可提高计算的准确度。为了确保电器的工作性能和使用寿命，各国电器技术标准都规定了电器各部件的发热温度极限及温升。

所谓发热温度极限，就是保证电器的机械强度、导电、导磁性及介质的绝缘性不受危害的极限温度。

因为电器工作环境直接影响电器的散热过程，我国国家标准规定最高环境温度为 +40 ℃（一般为 35 ℃），发热温度极限减去最高环境温度即为允许温升，即

允许温升 = 发热温度极限 - 40

### 1. 电器的发热

电器工作过程中，电流通过导体产生电阻损耗，铁磁体在交变电磁场作用下产生磁滞和涡流损耗，绝缘体在交变电磁场作用下产生介质损耗，触头通断一定电流和电压的电路时产生高温电弧（电弧电阻损耗）等。上述损耗变换为热能使电器发热。常见损耗是电阻损耗、磁滞和涡流损耗。对高压电器还应考虑介质损耗。

1) 直流电流通过导体的电阻损耗

电阻损耗的计算公式为：

$$P = I^2 Rt \tag{4-1}$$

式中，$P$——电阻损耗功率，W；

84

$I$——通过导体的电流，A；

$R$——导体电阻，$\Omega$；

$t$——导体通过电流的时间，s。

2）交变电流通过导体的电阻损耗

交变电流通过导体建立交变磁通，导体中心部分匝链的磁通较其表面部分多，交变磁通感应电动势和电阻用以阻止原电流流通，因而使导体中心部分电流密度减小，导体表面部分电流密度增大，产生所谓的集肤效应。

当两导体平行并且靠得较近时，导体中的交变电流建立的磁通彼此耦合，使导体截面中的电流分布不均，产生所谓的邻近效应。集肤效应和邻近效应使电流分布不均，导体的有效截面积减小，有效电阻增大，电阻损耗增大。

3）磁滞和涡流损耗

铁磁体在交变磁通的作用下，会在铁磁零件中产生相当大的涡流。这是因为铁的磁导率很高，而磁通变化速度又快，因而产生相应的电动势和涡流损耗。同时磁通的方向和数值变化使铁磁材料反复磁化，产生磁滞损耗。涡流和磁滞损耗可以导致铁磁零件发热。一般来说这个损耗不大，但如果制造不当，如材料较差、铁片较厚或片间绝缘不好，则涡流损耗比较大。

4）介质损耗

在低压电器中，电压很低，介质中的电场强度不大，介质损耗很小，通常不考虑。在高压电器中，电压很高，介质中的电场强度很大，必须考虑介质损耗及其产生的热量，以免过热而使绝缘老化加速，甚至引起热击穿而损坏。

**2. 电器的散热**

电器工作时，只要电器温度高于周围介质及接触零件的温度，它便向周围介质散热，发热和散热同时存在于电器发热过程中。

当电器产生的热量与散失的热量相平衡时，电器的温升保持不变，称为热稳定状态。此时的温升称为稳定温升。若温升随着时间变化而变化，则称为不稳定发热状态。

电器的散热以热传导、对流与热辐射三种基本方式进行。

热传导现象的实质是通过具有一定内部能量的物质基本质点间的直接相互作用，使能量从一个质点传递到另一相邻质点。热传导的方向是由较热部分向其他部分传播，或由发热体向与它接触的物质传播。热传导是固体传热的主要方式，它也可在气体和液体中进行。

对流是通过流体（液体与气体）的运动而传递热量。根据流体运动的原因，对流分为自然对流和强迫对流。机车的电机、电器因受安装空间的限制，较多采用强迫对流，以加强散热，缩小体积。

热辐射是发热体的热量以电磁波的形式传播的过程。热辐射可穿越真空和气体而传播，但不能透过固体和液体物质。

热传导、对流、热辐射三种传热过程利用公式分别进行热量计算是相当复杂的，而且结果不是十分准确。所以在实际计算发热体表面温升时，不分别单独考虑，而是在一定表面情况和周围介质条件下，把三种散热方式综合起来，用综合传热系数 $K_T$ 考虑散热，这就是通常采用的牛顿公式：

$$P = K_T S \tau \tag{4-2}$$

式中，$P$——散热功率，W；

$K_T$——综合传热系数，$W/(m^2 \cdot K)$；

$S$——有效散热面积，$m^2$；

$\tau$——温升，K。

通过式（4-2）可得出，散热功率与温升及有效散热面积成正比，温升越高，有效散热面积越大，则散热功率越大。严格来说，综合传热系数 $K_T$ 不是常数，它和发热体的结构、工作制、布置方式及周围介质等因素有关。为简化起见，在工程计算中通常把它当作一个常数。

## 4.1.2　载流导体的电动力

载流导体处在磁场中会受到力的作用，载流导体间相互也会受到力的作用，这种力称为电动力。对于这种现象，有可利用的一面，如电动机就是利用载流导体在磁场中的受力将电能转换为机械能；也有不利的一面，如对大容量输配电设备来说，在短路情况下电动力可达很大数值，对配电装置的性能和结构影响极大。在电器中，载流导体间、线圈匝间、动静触头间、电弧与铁磁体间等都有电动力的作用。在正常电流下电动力不至于使电器损坏，但动静触头间的电动斥力过大会使触头压力减小，接触电阻增大造成触头的熔化或熔焊，影响触头的正常工作。有时在强大短路电流所形成的电动力下，电器发生误动作或使导体机械变形，甚至损坏。利用电动力的作用改善和提高电器性能的例子也是很多的，如接触器的磁吹灭弧、快速自动开关的速断机构等。

电动力的方向判断可用左手定则或磁通管侧压力原理来进行。左手定则为：伸平左手，让磁力线垂直穿过手心，四指指向电流方向，大拇指的指向就是电动力方向。磁通管侧压力原理（米特开维奇定则）是：把磁力线看成磁通管，并认为它有一种趋势，即纵向力图缩短，横向力图扩张，从而具有纵向张力和横向侧压力。因此磁通管密度高的一侧具有推动导体向密度低的一侧运动的电动力。

电动力方向判断的两种方法其结果是一样的，可根据具体情况采用某一种。在结构及产生磁场因素复杂的情况下，用磁通管侧压力原理来判定电动力方向较为方便。

**1. 电动力的计算基础**

当长为 $L$ 并通有电流 $I$ 的导体垂直于磁感应强度为 $B$ 的均匀磁场中，作用在该导体上的电动力 $F$ 为：

$$F = BIL \tag{4-3}$$

若该导体与磁感应强度 $B$ 的方向成 $\beta$ 夹角，则作用在导体上的电动力为：

$$F = BIL\sin\beta \tag{4-4}$$

电器的电动稳定性就是指电器有关部分在电动力作用下不产生损坏或永久形变所能通过的最大电流。它以可能的最大冲击电流的峰值表示，也有的以它与额定电流的比值表示。

**2. 触头电动力**

触头闭合通过电流时，在触头间有电动力存在。这是因为触头表面不管加工怎样平整，从微观上看仍然是凹凸不平的。由于接触面积远小于触头表面积，电流线在接触点处产生收缩，由此而引起触头间的电动斥力。当电流很大时，此电动力可将触头拉开或使触头间接触压力减小。触头处在闭合位置能承受短路电流所产生的电动力而不致损坏的能力，称为触头的电稳定性。由于触头表面加工情况不同，触头压力情况不同，因而难以确定触头接触处电流线收缩的情况，因此电流线收缩而产生的电动斥力计算较复杂。

# 任务 4.2　电弧的产生和灭弧方法

电弧是气体中的一股强烈电子流，属于气体放电的一种形式。发射电子的是阴极（带负极性的触头），接受电子的是阳极（带正极性的触头），其外观像一团亮度极强、温度极高的火焰。

## 4.2.1　电弧的产生

电弧是触头从闭合状态过渡到断开状态过程中产生的。触头的断开过程是逐步进行的，开始时接触面积逐渐减小，接触电阻随之增加。根据试验，当触头切断电路时，如果电路电压在 10 ~ 20 V，电流在 80 ~ 100 mA 时，触头之间就会产生电弧。由于电弧的高温及强光，它可以广泛应用于焊接、熔炼、化学合成、强光源及空间技术等方面。对于有触头的电路而言，由于电弧主要产生于触头断开电路时，高温将烧损触头及绝缘，严重情况下，甚至引起相间短路、电器爆炸，酿成火灾，危及人员及设备的安全。所以从电器的角度来研究电弧，目的在于了解它的基本规律，找出相应的办法，让电弧在电器中尽快熄灭。

电弧是气体自持放电的形式之一，是一种带电质点的急流。它的主要特点是外部有白炽弧光，内部有很高的温度和密度很大的电流。我们借助一定的仪器仔细观察电弧，可以发现，除两个极（触头）外，明显分成三个区域，即近阴极区、近阳极区及弧柱区。弧柱区是电弧中温度最高、亮度最强的区域。

触头分开的瞬间，由于间隙很小，电路电压几乎全部加载在触头之间，在触头间形成很强的电场，阴极中的自由电子会逸出到间隙中，并向阳极加速运动。前进中的自由电子中途碰撞中性粒子（气体分子或原子），使其分裂为电子和正离子，电子在向阳极运动过程中又碰撞其他粒子，这就是碰撞电离。经碰撞电离后产生的正离子向阴极运动，碰撞阴极表面并使其温度逐渐升高，当温度达到一定值时，部分电子将从阴极表面逸出，再次参与碰撞电离。此时，触头间隙产生弧光并使温度进一步上升，当弧温达到 8 000 ~ 10 000 K 以后，触头间的中性粒子以很高的速度做不规则的运动并相互剧烈碰撞，也产生电离，这就是由于高温作用而使中性粒子碰撞产生的热电离。上述几种电离的结果，就是在触头间出现大量的离子流，这就是电弧，电弧形成后，热电离占主导地位。

电弧一方面烧蚀触头，降低电器的使用寿命和电器工作的可靠性，另一方面会使触头的分断时间延长，严重时会引起火灾和其他事故。因此，应采取适当措施熄灭电弧。

## 4.2.2　常用的灭弧方法

熄灭电弧的方法很多，如拉长电弧、冷却电弧、将长弧变成短弧、将电弧放置于特殊介质中、增大电弧周围气体介质的压力等。为熄灭电弧而采用的装置称为灭弧装置。一个灭弧装置可以采用某一种方法进行灭弧，但大多数情况下则是综合采用几种方法，以增加灭弧效果，如拉长和冷却电弧往往是一起运用的。

**1. 拉长电弧**

电弧拉长后，电弧电压增大，改变了电弧的伏安特性。在直流电弧中，其静态伏安特性上移，电弧可以熄灭。在交流电弧中，由于燃弧电压的提高，电弧重燃困难。

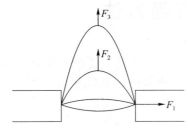

电弧的拉长可以沿电弧的轴向（纵向）拉长，也可以沿垂直于电弧轴向（横向）拉长，如图4-1所示。

1）机械力拉长

电弧沿轴向拉长的情况是很多的，电器触头分断过程实际上就是将电弧不断地拉长，刀开关中闸刀的开也是拉长电弧，电焊过程中将焊钳提高也可使电弧拉长并熄灭。

2）回路电动力拉长

图4-1 拉长电弧

载流导体之间会产生电动力，如果把电弧看作一根软导体，那么受到电动力，它就会发生变形，即拉长，触头回路电动力吹弧如图4-2所示。

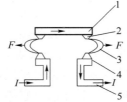 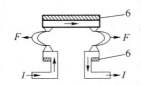

(a)常用触头回路电动力吹弧　　(b)增磁型触头回路电动力吹弧

图4-2 触头回路电动力吹弧
1—触头桥；2—动触头；3—电弧；4—静触头；5—静触头座；6—磁性片

在一对桥式双断点结构形式的触头断开时，电弧受回路电动力 $F$ 的作用被横向拉长，也就是图4-1中受 $F_2$ 作用力的情况。横向拉长时电弧与周围介质发生相对运动，其冷却效果比纵向拉长的好。

在利用电路本身通过电流而产生的回路电动力拉长电弧时，要注意当回路电流较小时，其效果较差。

3）磁吹力灭弧

当需要较大的电动力来拉长电弧时，可以让电弧在一个专门设置的磁场中受力的作用。这个产生专门用于灭弧的磁场的装置，一般称为吸弧线圈。由于这个磁场力比较大，其拉长电弧的效果也较好，如图4-1所示的受 $F_3$ 作用力的情况。

如图4-3所示，在触头电路中串入一个磁吹线圈1，它产生的磁通通过磁性夹板5引向触点周围。当动、静触头分开并产生电弧4时，由于磁性夹板中磁场方向与触头间电弧的轴线垂直，电弧受电动力的作用向上运动，并转移到引弧角3上燃烧，最后被拉长而熄灭。这种灭弧方法与回路电动力拉长灭弧相比，增加了一个磁吹线圈。由于这种灭弧方法是利用电弧电流本身灭弧，因而电弧电流越大，灭弧能力就越强。

**2. 灭弧罩**

灭弧罩是让电弧与介质相接触，降低电弧温度，从而加速电弧熄灭的比较常用的装置。

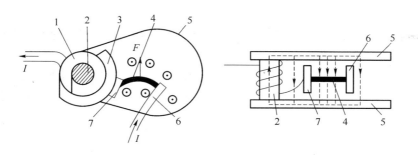

图 4-3　磁吹灭弧装置示意图

1—磁吹线圈；2—铁芯；3—引弧角；4—电弧；5—磁性夹板；6—动触头；7—静触头

其结构形式是多种多样的，但其基本构成单元为缝。灭弧罩的壁与介质壁之间构成的间隙称作缝。根据缝的数量可分为单缝和多缝。根据缝的宽度可分为窄缝与宽缝。缝的宽度小于电弧直径的称窄缝，大于电弧直径的称宽缝。根据缝的轴线间相对位置关系可分为纵缝与横缝。缝的轴线和电弧轴线相平行的称为纵缝，相垂直的则称为横缝。

1）纵缝灭弧罩

图 4-4 所示为一纵向窄缝式灭弧罩。

当电弧受力被拉入窄缝后，电弧与缝壁能紧密接触。在继续受力的情况下，电弧在移动过程中能不断改变与缝壁接触的部位，因而冷却效果好，对灭弧有利。但是在频繁开断电流时，缝内残余的游离气体不易排出，这对灭弧不利。所以此种形式适用于操作频率不高的场合。

图 4-5 所示为一纵向宽缝式灭弧罩。

宽缝灭弧罩的特点与窄缝的正好相反，冷却效果差，但排出残余游离气体的性能好。如图 4-5 所示，在一宽缝中又设置了若干绝缘隔板，这样就形成了纵向多缝。电弧进入灭弧罩后，被隔板分成两个直径较原来小的电弧，并和缝壁接触而冷却，冷却效果加强，灭弧性能提高。此外，由于缝较宽，灭弧后残存的游离气体容易排出，所以这种结构形式适用于较频繁开断的场合。

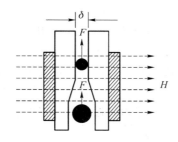

图 4-4　纵向窄缝式灭弧罩

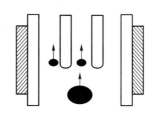

图 4-5　纵向宽缝式灭弧罩

图 4-6 所示为一纵向曲缝式灭弧罩。

纵向曲缝式又称迷宫式，它的缝壁制成凹凸相间的齿状，上下齿相互错开。同时，在电弧进入处齿长较短，越往深处，齿长越长。电弧受外力作用从下向上进入灭弧罩的过程中，它不仅与缝壁接触面积越来越大，而且长度也越来越长，这就加强了冷却作用，具有很强的灭弧能力。但是，也因为缝隙越往深处越小，电弧在缝内运动时受到的阻力越来越大，所以这种结构的灭弧罩一定要配以较大的让电弧运动的力，否则其灭弧效果反而不好。

2) 横缝灭弧罩

为了加强冷却效果，横缝灭弧罩往往以多缝的结构使用，称为横向绝缘栅片式灭弧罩，如图4-7所示。

当电弧进入灭弧罩后，受到绝缘栅片的阻挡，电弧在外力作用下发生弯曲，从而拉长了电弧，并加强了冷却。为了分析电弧与绝缘栅片接触时的情况，将放大进行说明，如图4-8所示。

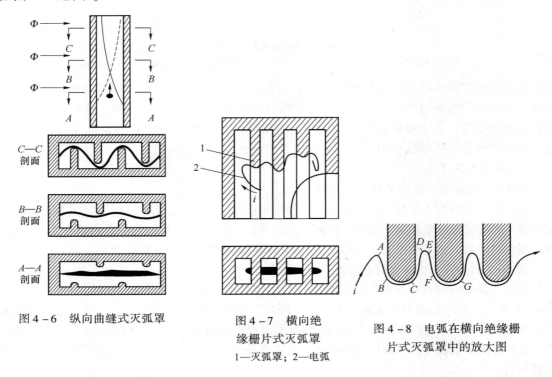

图4-6 纵向曲缝式灭弧罩　　图4-7 横向绝缘栅片式灭弧罩
1—灭弧罩；2—电弧　　图4-8 电弧在横向绝缘栅片式灭弧罩中的放大图

图4-8中，设磁通方向垂直向里，电弧 $AB$、$BC$ 和 $CD$ 段所受的电动力都使电弧压向绝缘栅片顶部，而 $DE$ 段所受的电动力使电弧拉长，$CD$ 段和 $EF$ 段相互作用产生斥力。这样一些力的作用，使电弧拉长并与缝壁接触面增大而且紧密，所以能收到比较好的灭弧效果。

由于灭弧罩要受到电弧高温的作用，所以对灭弧罩的材料也有一定要求，如：受电弧高温作用不会因热变形、绝缘性能不能下降，机械强度好且易加工制造等。灭弧罩材料过去广泛采用石棉水泥和陶土材料，现在逐渐改为采用耐弧陶瓷和耐弧塑料，它们在耐弧性能与机械强度方面都有所提高。

**3. 油冷灭弧装置**

油冷灭弧是将电弧置于液体介质（一般为变压器油）中，电弧将油汽化、分解而形成油气。油气中的主要成分是氢，在油中以气泡的形式包围电弧，氢气具有很高的导热系数，这就使电弧的热量容易散发。另外，由于存在温度差，所以气泡产生运动，又进一步加强了电弧的冷却。若再要提高灭弧效果，可在油箱中加设一定机构，使电弧定向发生运动，这就是油吹灭弧。由于电弧在油中灭弧能力比在大气中大得多，所以这种办法一般用于高压电器中，如油开关。

**4. 气吹灭弧装置**

气吹灭弧是利用压缩空气来熄灭电弧的。压缩空气作用于电弧，可以很好地冷却电弧，提高电弧区的压力，很快带走残余的游离气体，所以有较高的灭弧性能。按照气流吹弧的方向，它可以分为横吹和纵吹两类。气吹灭弧装置的绝缘件结构复杂，电流小时横吹过强会引起很高的过电压，故已被淘汰。气吹灭弧装置如图 4-9 所示。

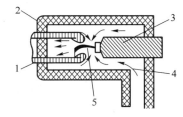

图 4-9　气吹灭弧装置

1—动触头；2—灭弧室瓷罩；3—静触头；
4—压缩空气；5—电弧

压缩空气沿电弧径向吹入，然后通过动触头的喷口、内孔向大气排出，电弧的弧根能很快被吹离触头表面，因而触头接触表面不易烧损。因为压缩空气的压力与电弧本身无关，所以使用气吹灭弧时要注意熄灭小电流电弧时容易引起过电压。由于气吹灭弧的灭弧能力较强，故一般用在高压电器中。

**5. 横向金属栅片灭弧装置**

横向金属栅片又称为离子栅，它利用的是短弧灭弧原理。把磁性材料的金属片置于电弧中，将电弧分成若干短弧，利用交流电弧的近阴极效应和直流电弧的极旁压降来达到熄灭电弧的目的。

横向金属栅片灭弧装置原理图如图 4-10 所示。

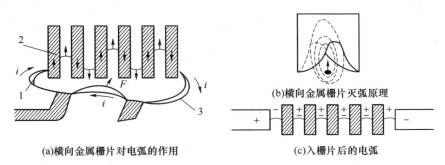

(a)横向金属栅片对电弧的作用

(b)横向金属栅片灭弧原理

(c)入栅片后的电弧

图 4-10　横向金属栅片灭弧装置原理图

1—入栅片前的电弧；2—金属栅；3—入栅片后的电弧

栅片的材料一般采用铁。当电弧靠近铁栅片时，由于铁片为磁性材料，所以栅片本身就具有一个把电弧拉入栅片的磁场力。当电弧被这个磁场力或外力拉入铁栅片中时，空气阻力较大。为了减少电弧刚进入铁栅片时的空气阻力，铁栅片做成楔口并交叉装置，如图 4-10（b）所示，即只让电弧先进入一半铁栅片中。随着电弧继续进入铁栅片中，磁阻减小，铁栅片对电弧的拉力增大，使电弧进入所有的铁栅片中。电弧进入铁栅片后分成许多串联短弧，电流回路产生作用于各短弧上的电动力使短弧继续发生运动。此时应注意短弧被拉回向触头方向运动的力，它会使电弧重燃并烧损触头。为了消除这种现象，可采用凹形栅片和 O 形栅片。铁栅片在使用时，一般外表面要镀上一层铜，以增大传热能力和防止铁片生锈。

横向金属栅片灭弧装置主要用于交流电器，因为它可将起始介质强度成倍地增长。对于直流电弧而言，因无近阴极效应，只能靠成倍提高极旁压降来进行灭弧。由于极旁压降值较小，要想达到较好的灭弧效果，就要金属栅片的数量较大，但会造成灭弧装置体积庞大。

# 任务 4.3　触头及传动装置

## 4.3.1　触头装置

### 1. 触头的形式

载流导体及电器的导电回路中，两个导电零件通过机械连接的方式互相接触，以实现导电的现象称为电接触。电接触按工作方式可分为固定接触、滑动及滚动接触和可分合接触三大类。

1) 固定接触

两个导体用螺栓、铆钉等紧固件连接起来，在工作过程中接触面不发生相互分离和相对移动的连接，称为固定接触。如母线与电器连接端的连接、母线与母线的连接等。

2) 滑动及滚动接触

在工作过程中，一个接触面沿另一个接触面滑动或滚动，但不能分断电路的接触，称为滑动及滚动接触。如直流电机的电刷与换向器之间的连接、滑线电阻器的滑臂与电阻线之间的连接等。

3) 可分合接触

在工作过程中，两个接触面既可以分开又可以闭合的连接，称为可分合接触，又称触头（或触点）。触头总是成对出现的，一个是动触头，另一个是静触头。动、静触头分开用于分断电路；动、静触头闭合用于接通电路。可分合接触广泛用于各种断路器、接触器和继电器中。

触头是电器的执行部分，在电器感测部分（传动装置）的带动下，完成电器的分合动作。在动、静触头闭合接触时，依靠弹簧的压力使动、静触头紧密接触，以保证可靠的电接触。

按在电路中的作用，触头可分为主触头和辅助触头。主触头用于主电路，辅助触头用于辅助电路或控制电路。由于辅助触头常常起到电气联锁作用，所以又称为联锁触头。联锁触头又分为正联锁触头（常开触头）和反联锁触头（常闭触头）。在无电情况下，触头是断开的为常开触头；触头是闭合的为常闭触头。在特殊情况下，还有弧触头。

触头的接触形式分为点接触、线接触和面接触三种，如图 4-11 所示。

(a)点接触　　(b)线接触　　(c)面接触

图 4-11　触头的接触形式

（1）点接触。

点接触是指在一个很小的面积或只有若干个点相接触的触头（如球面对球面、球面对平面），如图4-11（a）所示。点接触用于20 A以下的小电流电器，如继电器的触头、接触器和自动开关的联锁触头等。由于接触面积小，保证其可靠工作所需的接触压力也较小。

（2）线接触。

线接触是指两个导体沿着线或较窄面积接触的触头（如圆柱对圆柱、圆柱对平面），如图4-11（b）所示。线接触的接触面积和接触压力适中，常用于几十安至几百安电流的中等容量电器，如接触器、自动开关及高压开关电器的触头。

（3）面接触。

面接触是指两个导体沿着较广的表面接触的触头（如平面对平面），如图4-11（c）所示。其接触面积和触头（接触）压力较大，多用于大电流的电器，如大容量的接触器和断路器的主触头。

触头的工作情况有以下4种。

（1）闭合状态。

触头处于闭合状态时的主要任务是保证能通过规定的电流，且触头温度不超过允许值。主要问题是触头的发热及热和电动的稳定性，触头的发热是由接触电阻引起的，因此应设法减小接触电阻。

（2）闭合过程。

触头在闭合的过程中会因碰撞而产生机械振动。因此应设法减小机械振动，减小触头的磨损，避免触头熔焊。

（3）断开状态。

触头处于断开状态时，必须有足够的开距，以保证可靠地熄灭电弧和必要的安全绝缘间隔。

（4）开断过程。

触头的开断过程是触头最繁重的工作过程。当触头开断电路时，一般会在触头间产生电弧，故应设法熄灭电弧，减小由电弧产生的触头电磨损。

**2. 触头的接触电阻**

1）接触电阻的产生

两个导电零件接触在一起实现电的连接，其导电能力显然比同样尺寸的完整导体要差。如图4-12所示，一段完整的导体通以电流$I$，用电压表测得其$AB$长度上的电压降为$U$，则$AB$段导体的电阻$R$为：

$$R = \frac{U}{I}$$

若将此导体截断，仍通以原来的电流$I$，测得$A$、$B$两点之间的电压降为$U_c$，$U_c$比$U$大得多，$A$、$B$两点之间的电阻$R_c$为：

$$R_c = \frac{U_c}{I}$$

$R_c$除含有该段导体材料的电阻$R$外，还有附加电阻$R_j$，即

$$R_c = R + R_j \qquad (4-5)$$

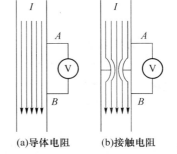

图4-12 导体及电接触连接的电阻

称此附加电阻 $R_j$ 为接触电阻，动、静触头接触时同样也存在接触电阻。

接触电阻 $R_j$ 由收缩电阻 $R_s$ 和表面膜电阻 $R_b$ 组成，即

$$R_j = R_s + R_b \qquad\qquad (4-6)$$

① 收缩电阻 $R_s$。

接触处表面，不可能是理想的平面，尽管经过精加工，但从微观角度分析，其接触面总是凹凸不平的，实际上只有若干小的突起部分相接触，如图 4-13 所示，实际接触面积比视在接触面积小得多。当电流通过实际接触面积时，电流只从接触点上通过，在这些接触点附近，迫使电流线发生收缩。由于有效接触面积（实际接触面积）小于视在接触面积，由此产生的附加电阻称为收缩电阻 $R_s$。

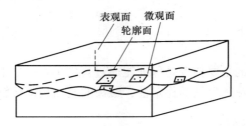

图 4-13　触头的接触状态

② 表面膜电阻 $R_b$。

电接触表面，由于种种原因，覆盖着一层导电性很差的薄膜。例如，金属的氧化物、硫化物等（其电阻系数远大于金属），落在接触表面上的灰尘、污物或夹在接触面间的油膜、水膜等，由此而形成的附加电阻，称为表面膜电阻 $R_b$。

2）接触电阻 $R_j$ 的计算公式

接触电阻与触头材料、触头压力、接触面形式、接触面状况等因素有关。由于表面膜电阻难于计算，故接触电阻 $R_j$ 可用经验公式计算，即

$$R_j = \frac{K_j}{F^m} \qquad\qquad (4-7)$$

式中，$R_j$——接触电阻，$\Omega$；

　　　　$F$——触头压力，N；

　　　　$m$——与触头接触形式有关的常数，其值在 $0.5 \sim 1.0$ 之间（点接触 $m=0.5$，线接触 $m=0.5\sim0.8$，面接触 $m=1$）；

　　　　$K_j$——与接触材料、接触表面加工方法、接触面状况有关的常数，其值可查阅相关资料。

3）影响接触电阻的各种因素

人们一般希望得到低值而稳定的接触电阻以保证电接触的可靠工作。影响接触电阻的原因有接触压力、温度、化学腐蚀、接触表面粗糙度、触头材料等。

（1）接触压力。

由式（4-7）可知，加大接触压力 $F$ 可使接触电阻 $R_j$ 减小，当接触压力很小时，接触压力微小的变化都会使接触电阻值产生很大的波动。但当接触压力达到一定值后，接触电阻受接触压力变化的影响较小。这是因为在接触压力作用下，两表面接触处产生弹性形变，接

触压力增大，变形增加，有效接触面积增加，收缩电阻减小。而接触压力达到一定值后，收缩电阻几乎不变，这是因为材料的弹性形变是有一定限度的，因而接触面积的增加也是有限的，故接触电阻变化较小。

（2）温度。

接触点温度升高后，金属的电阻率有所增加，但材料的硬度有所降低，使得有效接触面积增大。前者使收缩电阻 $R_s$ 增加，后者使收缩电阻 $R_s$ 减小，两相补偿，所以接触电阻变化较小。但是，当触头电流长期超过额定值时，温度升高，引起接触面氧化，接触电阻急剧上升，发热加剧，形成恶性循环。为保证接触电阻稳定，电接触的长期工作允许温度规定的较低。

（3）化学腐蚀。

单纯化学作用引起的腐蚀称为化学腐蚀。例如，金属与干燥气体接触时，在金属表面生成相应的化合物，如氧化物、硫化物、氯化物等。

暴露在空气中的接触面（除铂和金外）都会产生氧化作用。空气中的铜触头在室温下（20～30 ℃）即开始氧化，但其氧化膜很薄，在触头彼此压紧的过程中就被破坏，故对接触电阻影响不大。而当温度高于 70 ℃时，铜触头氧化加剧，氧化铜的导电性能很差，使表面膜电阻急剧增加。因此，铜触头的允许温升是很低的。银被氧化后的导电与纯银差不多，所以银或镀银的触头工作很稳定。

为减小接触面的氧化，可以将触头表面搪锡或镀银，以获得很稳定的接触电阻。

（4）电化学腐蚀。

采用不同的金属作触头对时，由于两金属接触处有电位差，当湿度大时，在触头对的接触处会发生电解作用，引起触头的电化学腐蚀，使接触电阻增加。

常用金属材料的电化顺序是金（Au）、铂（Pt）、银（Ag）、铜（Cu）、氢（H）、锡（Sn）、镍（Ni）、镉（Cd）、铁（Fe）、铬（Cr）、锌（Zn）、铝（Al），规定氢的电化电位为 0，在它后面的金属具有不同的负电位（如 Al 的电化电位为 −1.34 V），在它前面的金属具有不同的正电位（如 Ag 的电化电位为 +0.8 V）。选取触头对时，应取电化顺序中位置比较靠近的金属，以减小电化电势。例如，不宜采用铝 – 铜作触头对。

（5）接触表面粗糙度。

表面粗糙度对接触电阻有一定的影响。接触表面可以粗加工，也可以精加工，至于采用哪种加工形式更好，要根据负荷大小、接触形式和用途而定。

对于大、中功率电器的接触表面，不要求精加工，最好用锉刀加工，重要的是平整。两个平整而较粗糙的平面接触在一起，接触点数目较多且稳定，并能有效地清除氧化膜。相反，精加工的表面，当装配稍有歪斜时，接触点的数目显著减少。

对于某些小功率电器，触头电流小到毫安以下，为了保证接触电阻小而稳定，则要求触头表面粗糙度越低越好。粗糙度低的触头不易受污染，也不易生成表面膜电阻。为达到这样低的粗糙度，往往采用机械、电或化学抛光工艺。

（6）触头材料。

触头材料的电阻系数大的，接触电阻大。抗压强度越小，在同样接触压力下得到的实际接触面积就越大，接触电阻就越小。因此常在接触连接处，用较软的金属覆盖在硬金属上，以获得较好的工作性能。如铜触头搪锡等。

银的电阻率小于铜，但银比铜贵，所以采用铜表面镀银的工艺。

铝在常温下几秒钟内就氧化，氧化膜电阻较大。铝一般只用作固定连接，并常在其表面覆盖银、铜、锡等以减小接触电阻。

金、铂、铱等化学性能稳定，但价格昂贵，一般只用于小型电器的弱电流触头。

4）减小接触电阻的方法

根据接触电阻的形成原因，减小接触电阻一般可采用下列方法。

（1）增加接触点数目。为此，应选择适当的接触形式，用适当的方法加工接触表面，并在接触处加一定的压力。

（2）采用本身电阻系数小，且不易氧化或氧化膜电阻较小的材料作为接触导体，或作为接触面的覆盖层。

（3）触头在开闭过程中应具有研磨过程，以擦去氧化膜。

**3. 触头的振动和熔焊**

触头在闭合过程中可能发生振动，碰撞过程如图 4-14（a）所示。当动触头以速度 $v_0$ 碰撞静触头时，静触头受到碰撞后获得速度 $v_1$，若 $v_1 > v_0$，则动、静触头又分离。以后，动触头继续移向静触头，静触头则在触头弹簧初压力作用下，使速度 $v_1$ 逐渐降低。于是动、静触头又重新接触，发生第二次碰撞。因此，触头的闭合过程是经历一系列碰撞后才完成的，这种现象为触头在闭合过程中的机械振动。

设触头间距离为 $l$，则在闭合过程中触头距离对时间的变化曲线 $l = f(t)$，如图 4-14（b）所示。

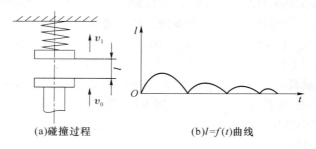

(a)碰撞过程　　　　　　(b)$l = f(t)$曲线

图 4-14　触头闭合过程中的碰撞

在触头闭合过程中，碰撞和摩擦的结果，使接触表面产生的压皱、裂痕或塑性变形及磨损，统称为机械磨损，它与触头材料的硬度及接触面粗糙度有关。

触头的机械振动，不仅由于闭合过程中触头相互碰撞引起，触头间的收缩电动力也引起触头间的振动，特别是触头间有短路电流通过时，电动斥力更大，使触头间断续产生电弧。在电弧高温下，触头金属表面熔化，当触头最终闭合时，动、静触头熔焊在一起，再也不能打开。这种由于热效应而引起的触头熔接，称为触头的"熔焊"或"热焊"。必须指出的是，触头的"熔焊"可能发生在严重过载或短路情况下，在额定电流下触头不可能发生"熔焊"。

另外，还有一种触头焊接现象，产生于常温下，通常称为"冷焊"。"冷焊"常常发生在用贵金属材料（如金与合金）制成的小型继电器触点中。其原因为贵金属表面不易形成氧化膜，纯洁的金属接触面在触头压力作用下，由于金属分子和原子之间化学亲和力的作用，使动、静触头表面牢固地结合在一起，产生"冷焊"现象。由"冷焊"产生的触头间的黏结力很小，但是在小型继电器中，由于使触头分开的力也很小，不能把"冷焊"黏结在一起的触头弹开，常常造成触头粘住不释放的现象。

**4. 触头的磨损**

触头在多次接通和断开有载电路后，它的接触表面将逐渐产生磨耗和损坏，这种现象称为触头的磨损。磨损直接影响电器的使用寿命。

1）触头磨损的原因

触头磨损包括机械磨损、化学磨损和电磨损。机械磨损是在触头闭合和打开时研磨和机械碰撞造成的，它使触头接触表面产生压皱、裂痕或塑性变形。化学磨损是由于周围介质中的腐蚀性气体或水蒸气对触头材料浸蚀所造成的，它使触头接触表面形成非导电性薄膜，致使接触电阻变大且不稳定，甚至完全破坏了触头的导电性能。这种非导电性薄膜在触头相互碰撞及触头压力作用下，逐渐剥落，形成金属材料的损耗。机械磨损和化学磨损一般很小，约占全部磨损的 10% 以下。

触头的磨损主要取决于电磨损。电磨损主要发生在触头的闭合和开断过程中，在触头闭合电流时产生的电磨损，主要是由于触头碰撞引起振动所产生的，在触头开断电流时所产生的电磨损是由高温电弧所造成的。

2）触头电磨损的形式

触头分断与闭合电路过程中，会产生金属液桥、电弧和火花放电等各种现象，引起金属转移、喷溅和气化，使触头材料损耗和变形，这种现象称为触头的电磨损。电磨损主要有液桥的金属转移和电弧的烧损两种形式。

（1）液桥的金属转移。

触头在断开过程中，动、静触头间形成熔化的液态金属桥，称为液桥。触头断开前的瞬间，接触压力和接触点数目逐渐减小，这样就使接触点的电流密度急剧增加，促使接触处的金属熔化，形成金属液体滴。触头继续断开时，将金属液体滴拉长，形成液桥。实践证明，由于液桥的金属转移作用，经过很多次操作后，触头的阳极因金属损耗而形成凹坑，阴极因金属增多形成针刺，凸出接触表面。

在弱电流电器（如继电器）中，液桥对触头的电磨损有着重要影响。

（2）电弧的烧损。

电弧对触头的腐蚀十分严重，电弧磨损要比液桥引起的金属转移高出 5～10 倍。当电弧的温度极高，触头间距离又较大时，一般都采用电动力吹弧的方法来熄灭电弧，加上强烈的金属蒸气气浪冲击，往往会把液态金属从触头表面吹出，向四周飞溅。这种磨损与小功率电弧的磨损是不同的，金属蒸气再度沉积于触头接触表面上的概率已大大减小，使触头的阴、阳极都遭到严重磨损，由于阳极温度高于阴极，所以阳极磨损更为严重。

3）减小触头电磨损的方法

减小触头电磨损，可以从减小触头开断过程中的磨损和减小触头闭合过程中的磨损两方面着手。

（1）减小触头开断过程中的磨损，即减小触头开断时的电弧。

① 选择灭弧系统的参数，如磁吹的磁感应强度 $B$。$B$ 值过小，吹弧电动力太小，电弧在触头上停留的时间较长，触头电磨损增加；$B$ 值过大，吹弧电动力过大，会把触头间熔化的

液体金属吹走，电磨损也增加，因此，应选择恰当的 $B$ 值。

② 对于交流电器（如交流接触器）宜采用离子栅灭弧系统，利用交流电流通过自然零点而熄弧，减小触头的电磨损。

③ 采用熄灭火花电路，以减小触头的电磨损。该方法是在弱电流触头电路中，在触头上并联电阻、电容，以熄灭触头上的火花。这种火花熄灭电路对开断小功率直流电路很有效。

④ 正确选用触头材料。如钨、钼的熔点和气化点高，因此，钨、钼及其合金有良好的抗磨损性能，银、铜的熔点和气化点低，抗磨损性能较差。

（2）减小触头闭合过程中的磨损。

触头闭合过程中的磨损，主要由触头在闭合过程中的振动引起，所以，想减小触头闭合过程中的磨损，必须减小触头的机械振动。

## 4.3.2 传动装置

传动装置是电器的感测部分。传动装置接收外界的信号，并通过转换、放大、判断，做出有规律的反应，使电器的执行部分（触头）动作，输出相应的指令，实现控制的目的。在动车组电器中，主要采用电磁传动装置和电空传动装置。

**1. 电磁传动装置**

电磁传动装置实际上就是一个电磁铁，通过电磁铁将电磁能转换成机械能，带动触头使之闭合或断开，它是电磁式电器的重要组成部分之一。电磁传动装置——电磁铁主要由线圈、铁芯（静铁芯）、衔铁（动铁芯）、铁轭和空气隙等组成，常用电磁传动装置的形式如图 4-15 所示。

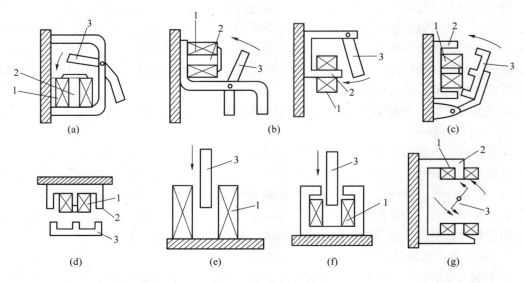

图 4-15  常用电磁传动装置的形式

1—线圈；2—铁芯；3—衔铁

1）电磁传动装置的结构

电磁铁可根据线圈电流种类、磁路形式、衔铁运动的方式、线圈接入电路的方式不同，分为多种形式和类型。

（1）按线圈电流种类分类。

① 直流电磁铁。直流电磁铁的线圈中通过直流电流，当电流达到稳定以后，磁通是恒定的，导磁体中没有涡流和磁滞损耗，故其铁芯和衔铁可以采用整块工程钢铁制成。

② 交流电磁铁。交流电磁铁的线圈中通过交流电流，导磁体中的磁通是交变的，有涡流和磁滞损耗，故其铁芯和衔铁一般采用电工钢片叠成。

（2）按磁路形式和衔铁运动方式分类。

① U 形拍合式。铁芯制成 U 形，而衔铁的一端绕棱角或转轴做拍合运动，如图 4 - 15（a）、（b）所示。图 4 - 15（a）所示的电磁铁为衔铁绕棱角运动的 U 形拍合式，这种形式的电磁铁广泛应用于直流电磁式电器（如直流接触器和直流继电器）中。图 4 - 15（b）所示的电磁铁为衔铁绕转轴转动的 U 形拍合式，这种形式的电磁铁广泛应用于交流电磁式电器中。

② E 形拍合式和 E 形直动式。铁芯和衔铁都制成 E 形，并且都用电工钢片叠成，线圈套在中间铁芯柱上。E 形拍合式如图 4 - 15（c）所示，E 形直动式如图 4 - 15（d）所示，这两种形式的电磁铁都用于交流电磁式电器中。E 形拍合式广泛用于 60A 及其以上的交流接触器中。E 形直动式广泛用于 40A 以下的交流接触器和交流电压继电器、中间继电器及时间继电器中。

③ 空心螺管式。空心螺管式电磁铁只有空心线圈和圆柱衔铁，没有铁芯，衔铁在空心线圈中做直线运动，如图 4 - 15（e）所示。这种电磁铁主要作用于交流电流继电器和供电系统用的时间继电器中。

④ 装甲螺管式。在空心线圈的外面罩上用导磁材料制成的外壳，圆柱衔铁在空心线圈中做直线运动，如图 4 - 15（f）所示。这种电磁铁常用于交流电流继电器中。

⑤ 回转式。铁芯制成 C 形，用电工钢片叠成，两个可串接或并接的线圈分别绕在铁芯开口侧的铁芯柱上，而衔铁是 Z 形转子，如图 4 - 15（g）所示。这种电磁铁应用于供电系统的电流继电器中。

（3）按线圈接入电路方式分类。

① 串联电磁铁。电磁铁的线圈串接于电路中，如图 4 - 16（a）所示。串联电磁铁的衔铁动作与否取决于线圈中电流的大小，但衔铁的动作并不影响线圈中电流的变化。串联电磁铁的线圈称为电流线圈，具有这种电磁铁的电器都属于电流型电器。为了不影响电路中负载的端电压和电流，要求线圈内阻小，所以，串联电磁铁的线圈导线截面积较粗，线圈匝数较少。

② 并联电磁铁。电磁铁的线圈并接于电路中，如图 4 - 16（b）所示。并联电磁铁的衔铁动作与否取决于线圈两端电压的大小，并联电磁铁的线圈又称为电压线圈，具有这种电磁铁的电器都属于电压型电器。直流并联电磁铁的衔铁动作不会引起线圈中电流的变化，但对于交流并联电磁铁，衔铁动作会引起线圈阻抗的变化，从而引起线圈中电流的变化。由实验得知，对于 U 形电磁铁，衔铁打开时线圈中的电流值为衔铁闭合后的 6 ~ 7 倍，对于 E 形电磁铁，可达 10 ~ 15 倍。电磁铁的线圈允许电流值，是根据衔铁闭合后的电流值设计的，所以，一旦线圈有电而衔铁由于某种原因闭合不上或频繁操作时，线圈易过热乃至烧坏，这也是交流电压型电器比直流电压型电器易损坏的原因之一。

2）电磁传动装置的工作原理

直流拍合式电磁铁的工作原理如图 4 - 17 所示。

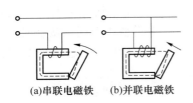

图 4-16  电磁铁线圈接入电路的方式

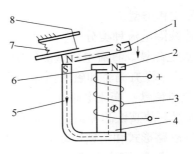

图 4-17   直流拍合式电磁铁的工作原理

1—衔铁；2—极靴；3—线圈；4—铁芯；5—磁轭；

6—非磁性垫片；7—反力弹簧；8—调节螺钉

图中，在线圈 3 未接通时，衔铁 1 在反力弹簧 7 的作用下，处于打开位置，衔铁 1 与极靴 2 之间保持一个较大的气隙。当线圈通电后，在导磁体中产生磁通 $\Phi$，根据磁力线流入端为 S 极，流出端为 N 极的规定，在衔铁与极靴相对的端面具有异极性。由于异性磁极相吸，于是在铁芯和衔铁间产生电磁吸力。当电磁吸力大于反力弹簧的反作用力时，衔铁被吸向铁芯，直到与极靴接触为止。这个过程称为衔铁的吸合过程。当线圈中的电流减小或中断时，铁芯中的磁通就变小，电磁吸力也随之减小，当电磁吸力小于反力弹簧的反作用力时，衔铁就在反力弹簧作用下返回至打开位置，这个过程称为衔铁的释放过程。

**2. 电空传动装置**

主电路电器通常采用电空传动装置。电空传动装置由压缩空气传动装置和电空阀组成。压缩空气传动装置按其结构形式分为气缸式传动装置和薄膜式传动装置。

1）压缩空气传动装置

压缩空气传动装置按其结构形式分为气缸式传动装置和薄膜式传动装置。

（1）气缸式传动装置。

气缸式传动装置主要由气缸、活塞和电空阀等组成。它又可分为单活塞和双活塞两种，如图 4-18 所示。

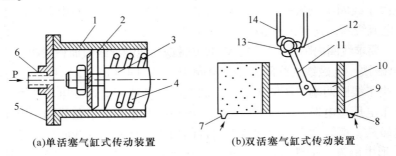

(a)单活塞气缸式传动装置          (b)双活塞气缸式传动装置

图 4-18   气缸式传动装置结构

1—气缸；2—活塞；3—活塞杆；4—弹簧；5—气缸盖；6—进气孔；7、8—气口；

9—活塞；10—活塞杆；11—曲柄；12—转鼓；13—动触头；14—静触头

图 4-18（a）所示为单活塞气缸式传动装置，气缸内压缩空气的进入和排出是由电空阀控制的。当电空阀有电时，打开了气源与气缸的通路，压缩空气由进气孔 6 进入气缸 1

内，推动活塞 2 克服弹簧 4 的弹力向右移动，活塞 2 带动活塞杆 3 移动，以操纵电器触头的开断或闭合。当电空阀失电时，关闭气源至气缸的通路，打开气缸至大气的通路，气缸内的压缩空气排向大气，则活塞 2 在弹簧 4 的作用向左移动，恢复原位。通常活塞由皮碗或耐油橡皮制成，活塞上涂有润滑油，以减小活塞运动时的摩擦阻力，并且有良好的密封性能。气缸式传动装置的缺点是摩擦力较大，动作较慢，活塞磨损较多，因此，活塞使用寿命较短。在北方冬季运行时，由于润滑油冻结，气缸传动装置动作不灵活。它的优点是可按要求选择行程，以满足触头开距和超程的要求。

图 4 - 18（b）所示为双活塞气缸式传动装置。与活塞杆 10 相连的两个活塞均由压缩空气驱动，压缩空气由电空阀控制，它有两个工作位置。当气口 7 开通与气源的通路时，气口 8 则开通与大气的通路，压缩空气从气口 7 进入气缸，活塞被推向右侧，活塞杆 10 带动曲柄 11 使转鼓 12 反方向转过一个角度，带动触头开闭转换，传动装置处在第 1 个工作位置。反之，若气口 8 开通与气源的通路，则气口 7 开通与大气的通路，动作过程相反，传动装置处在第 2 个工作位置。该装置的活塞是通过胀圈与气缸内侧进行配合的。由于双活塞气缸式传动装置所能控制的行程受一定的限制，且对被控制的触头不具有压力的传递等原因而较少采用。

（2）薄膜式传动装置。

薄膜式传动装置结构如图 4 - 19 所示。

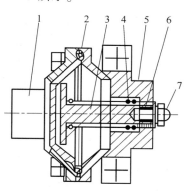

图 4 - 19　薄膜式传动装置结构
1—气缸盖；2—弹性薄膜；3—活塞杆；4—反力弹簧；5—气缸座；6—衬套；7—杆头

当电空阀有电时，压缩空气进入气缸内，作用在弹性薄膜 2 上的压力增大到大于右侧反力弹簧 4 的反作用力时，鼓动弹性薄膜 2，推动活塞杆 3 右移，驱动电器触头闭合或断开。当电空阀失电时，气缸内的压缩空气排出，在反力弹簧 4 的反作用力下，活塞杆 3 复原，驱动电器触头动作。

与气缸式传动装置相比，薄膜式传动装置的优点是动作灵活，摩擦和磨损较小，因此使用寿命较长。此外，它是靠薄膜突然变形驱动电器触头动作的，有利于触头断开时熄灭电弧，并且加工制造方便。薄膜式传动装置的缺点是行程由薄膜变形量决定，故其活塞行程较小。此外，在低温下薄膜材料丧失弹性，使变形处容易开裂。

2）电空阀

电空阀是借助电磁吸力来控制压缩空气管路的导通或关断，从而达到远距离控制气动器械的目的。

电空阀按工作原理分为开式和闭式两种，但从结构来说都由电磁机构和气阀两部分组成，工作原理也类似。

（1）闭式电空阀。

闭式电空阀是应用较多的一种，其结构如图4-20所示。

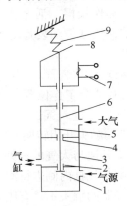

图4-20 闭式电空阀结构

1、5—阀块；2—下阀门；3—阀体；4—上阀门；6—阀杆；7—电磁铁；8—衔铁；9—反力弹簧

当线圈有电时，衔铁吸合，阀杆动作，使上阀门关闭，下阀门打开，关断了气缸和大气的通路，打开了气源和气缸的通路，压缩空气从气源经电空阀进入气缸，推动气动器械工作；当线圈失电时，衔铁在反力弹簧作用下打开，带动阀杆上移，使下阀门关闭，上阀门打开，关断了气源和气缸的通路，打开了气缸与大气的通路，气缸的压缩空气经电空阀排向大气，气动器械恢复原状。TFK1B型电空阀实际结构如图4-21所示。

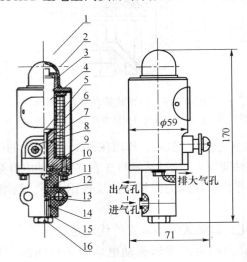

图4-21 TFK1B型电空阀实际结构

1—防尘罩；2—磁轭；3—铜套；4—动铁芯；5—芯杆；6—线圈；7—铁芯座；8—接线座；9—滑道；10—上阀门；11—阀座；12—阀杆；13—下阀门；14—弹簧；15—密封垫；16—螺母

（2）开式电空阀。

开式电空阀是在线圈失电时，使气源和气缸的通路打开、大气和气缸的通路关闭的

阀，其结构如图4－22所示。

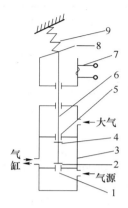

图4－22　开式电空阀结构
1—下阀门；2、4—阀块；3—阀体；5—上阀门；6—阀杆；7—电磁铁；8—衔铁；9—反力弹簧

# 📋 任务单

| 任务名称 | 电器基本理论 |
| --- | --- |
| 任务描述 | 列举电器发热的原因及散热的基本方式；分析电动力的利弊；根据电器的工作过程分析电弧的产生原因及减少电弧产生的方法；通过对电器的拆分判别触头的类型，分析传动装置的工作原理。 |
| 任务分析 | 动车组电器是动车组的基本组成部件之一，也是改善动车组性能的关键所在。电器基础理论的学习，能够为解决动车组电器故障打下扎实的理论基础。 |
| 学习任务 | 【子任务1】查阅资料，回答以下问题。<br>1. 总结电器发热的原因和散热的基本方式。<br><br><br>2. 举例说明电动力有利的一面。<br><br><br>3. 如果动、静触头间的电动斥力过大会出现什么坏处？<br><br><br>【子任务2】说明电弧对动车组电器的影响。 |

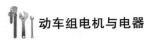

续表

| 学习任务 | 【子任务3】通过对电器的拆分,判别其触头的类型。<br><br>【子任务4】通过对电器的拆分,分析传动装置的工作原理。 | | | | | | |
|---|---|---|---|---|---|---|---|
| 学习小结 | (1) 了解电器的发热及电动力这两种电器中存在的物理现象;<br>(2) 熟悉电弧产生的原因及灭弧的方法;<br>(3) 掌握电器的触头类型及传动装置的工作原理。 | | | | | | |
| 自我评价 | 项目 | A—优 | B—良 | C—中 | D—及格 | E—不及格 | 综合 |
| | 安全纪律(15%) | | | | | | |
| | 学习态度(15%) | | | | | | |
| | 专业知识(30%) | | | | | | |
| | 专业技能(30%) | | | | | | |
| | 团队合作(10%) | | | | | | |
| 教师评价 | 简要评价 | | | | | | |
| | 教师签名 | | | | | | |

# 学习引导文

**1. 对触头材料性能的要求**

各种电器的任务和使用条件,对电接触材料的性能要求不同。对触头材料性能的要求如下。

(1) 尽可能高的导电和导热性能。电阻率要低,导热系数要大。电阻率小,触头处于闭合状态时的接触电阻小,相应的热损耗小。导热系数大,可以加强触头和导体的散热,使电接触表面温度降低,各种有害的氧化膜不易形成,保持接触电阻的稳定,在开始分断时使触头间不易形成金属液桥。良好的散热还可以降低生弧条件,使金属不易汽化和熔化,降低触头的电磨损。

(2) 良好的机械性能。材料应有适当的强度和硬度,摩擦系数要小。好的机械强度可使电接触坚固耐用,在机械力和电动力的作用下不至于引起变形,这对牵引电器尤为重要。材料的弹性和塑性也应适中,弹性大的触头容易在闭合过程中产生较严重的振动,同时弹性大的材料加工困难。塑性大的材料易引起严重的变形和机械磨损。摩擦系数小,可减小机械磨损。

（3）良好的化学性能。电接触材料要具有很好的化学稳定性，在常温下不易氧化，或者氧化物的电阻尽量小，耐腐蚀。

**2. 触头材料的分类**

触头材料分为三类：纯金属、金属合金和金属陶瓷材料。

1）纯金属材料

（1）银（Ag）。

银是高质量的触头材料，具有高的导电和导热性能。银在常温下不易氧化，其氧化膜能导电，在高温下易分解还原成金属银。如 $Ag_2O$ 在 200 ℃时分解，AgO 在 100 ℃时分解。氧化膜电阻率较高。因此，银触头能自动清除氧化物，接触电阻低且稳定，允许温度较高。银的缺点是熔点低，硬度小，不耐磨。由于银的价格高，因此仅用于继电器和小功率接触器的触头或用于接触零件的电镀覆盖层。

（2）铜（Cu）。

铜是广泛使用的触头材料，导电和导热性能仅次于银。铜的硬度较大，熔点较高，加工容易，价格低廉。铜的缺点是易氧化，其氧化膜的导电性能很差，当长时间处于较高的环境温度下，氧化膜不断加厚，使接触电阻成倍增长，甚至会使电流通路中断。因此，铜不适用于作非频繁操作电器的触头材料，对于频繁操作的接触器，电流大于 150 A，氧化膜在电弧高温作用下分解，可采用铜触头，并制成单断点指示触头，在触头分、合过程中有研磨过程，以清除氧化铜薄膜。

（3）铂（Pt）。

铂是贵金属，化学性能稳定，接触电阻也非常稳定。铂的导电和导热性能差，在触头开始分断时容易产生金属液桥，使触头上形成毛刺。铂价格昂贵，资源缺乏，因此不采用纯铂作继电器的触头材料，一般用铂的合金作小功率继电器的触头。

（4）钨（W）。

钨的熔点高，硬度大，耐电弧，钨触头在工作过程中几乎不会产生熔焊。但是，钨的导电性能较差，接触电阻大，易氧化，特别是与塑料等有机化合物蒸气作用（如在封闭塑料外壳的钨触头），生成透明的绝缘表面膜，而且此膜不易清除。因此，除少数特殊场合（如火花放电间隙的电极）外，一般不采用纯钨作触头材料。

2）金属合金材料

（1）银铜合金。

适当提高银铜合金的含铜量，可提高其硬度和耐磨性能。但是，含铜量不宜过高，否则，会和铜一样易于氧化，接触电阻不稳定。银铜合金熔点低，一般不用作触头材料，主要用作焊接触头的银焊料。

（2）银钨和钯铜。

银钨和钯铜都有较高的硬度，比较耐磨，抗熔焊。有时用于小功率电器及精密仪表中。

（3）钯铱合金。

钯铱合金使用较广泛，铱有效地提高了合金的硬度、强度及抗腐蚀能力。

3）金属陶瓷材料

金属陶瓷材料是由两种或两种以上的彼此不相熔合的金属组成的机械混合物，其中一种金属有很高的导电性（如银、铜等），作为材料中的填料，称为导电相；另一种金属有很高的熔点和硬度（如钨、镍、钼、氧化镉等），在电弧的高温作用下不易变形和熔化，称为耐熔相，这类金属在触头材料中起着骨架的作用。这样，就保持了两种材料的优点，克服了各自的缺点，是比较理想的触头材料。

常用的金属陶瓷材料有以下几种。

（1）银－氧化镉。

氧化镉在银中不仅起到增加强度和硬度的作用，还能大大提高抗弧能力。它可塑性好，易加工。因此，它是一种较为理想的触头材料。

（2）银－氧化铜。

银－氧化铜与银－氧化镉相比，耐磨损，抗熔焊性能好，无毒，使用寿命长，价格便宜。

（3）银－钨。

银－钨具有银的良好的导电性，同时，又具有钨的高熔点、高硬度、耐电弧腐蚀、抗熔焊等特性，常用作电器的弧触头材料。银－钨的缺点是接触电阻不稳定，随着开闭次数的增加，接触电阻增大，其原因在于分断过程中，触头表面产生三氧化钨、钨酸银等电阻率高的薄膜。

（4）银－石墨。

银－石墨材料的导电性能好，接触电阻低，抗熔焊，在短路电流下也不会熔焊，其缺点是电磨损大。

## 📝 任务实施与评价

（1）下发任务单，明确学习任务、主要内容、知识目标、能力目标、素质目标要求；

（2）学生按任务单要求制订学习计划，完成预习任务及相关知识准备；

（3）某电器触头引入；

（4）学生查阅资料说明触头在动车组电器中的符号；

（5）教师组织抢答灭弧的方法；

（6）学生通过动车组常用电器学习，了解电弧对电器及行车过程的影响；

（7）学生进行学习自我评价及学习小组成员互评，教师及小组长（副组长）进行学习他人评价，检查任务完成情况。

# 项目 5　动车组低压电器

## 项目描述

电器是一种能够根据外界信号的要求，手动或自动接通、断开电路，以实现电路的开关、控制、转换、保护、检查、调节的电工器械。通俗而言，就是能控制电的器械。动车组根据电压等级分类将电器分为高压电器、低压电器。低压电器包括接触器、继电器等。

动车组的主电路及辅助电路等控制电路中都采用了低压电器，所以低压电器的性能如何，在电路中的控制作用是否可靠，直接关系到机车的运用质量。因此只有掌握了低压电器的基础知识才能准确分析其故障原因，才能提高动车组运行质量，保证列车运行安全。

【本项目任务】

任务 5.1　接触器

任务 5.2　动车组接触器的结构和工作原理

任务 5.3　继电器

任务 5.4　动车组继电器的结构和工作原理

## 教学目标

**1. 知识目标**

（1）了解动车组低压电器相关理论知识；

（2）熟悉动车组低压电器的结构组成及工作原理；

（3）掌握动车组低压电器的检修规程、技术规范。

**2. 能力目标**

（1）能够区分动车组各型低压电器；

（2）能够正确使用动车组低压电器并进行一般维修；

（3）能够判断动车组低压电器的简单故障；

（4）能够制订一般的维修计划；

（5）能够对动车组低压电器进行分解、检修组装及试验。

**3. 素质目标**

（1）培养学生利用网络自学的能力；

（2）在项目完成过程中培养学生严谨认真的态度、企业经济效率意识、创新和挑战意识；

（3）客观、公正地进行学习自我评价及对小组成员的评价。

# 任务5.1　接　触　器

接触器在动车组上主要用于频繁地接通或切断正常工作情况的主电路和辅助电路中，在主电路中用于控制牵引电动机支路的投入或切除等，辅助电路中用于切换应急灯等。

接触器区别于断路器和继电器的地方在于通断电路的容量的大小，一般用于中等容量电路的控制。与其他开关电器相比，它具有动作频繁，通断电流较大，可以实现一定距离的控制等特点。

## 5.1.1　接触器的组成

接触器由触头装置、传动装置、灭弧装置、安装固定装置组成。

### 1. 触头装置

触头装置分为主触头和联锁触头（辅助触头），如图5-1所示。主触头一般由动、静主触头等组成，它是接触器的执行部分，用以直接控制相应电路的通断。主触头接通和分断的是主电路，通过的额定电流比较大。

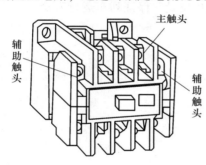

图5-1　触头装置

联锁触头通常由两对以上常开联锁触头和两对以上常闭联锁触头组成，用以控制其他电器、信号或电气联锁等。它接通和分断的是控制电路，额定电流只有5~10 A。常开联锁触头指的是接触器吸引线圈失电时处于断开状态的触头；与此相反，常闭触头指的是接触器吸引线圈失电时处于闭合状态的触头。辅助触头与灭弧装置通常在产品上要分开安装，以防电弧弧焰的危害。

联锁触头与主触头是联动的，在接触顺序上要求主触头闭合前常开联锁触头应提前闭合，常闭联锁触头应滞后分断；主触头分断时常开联锁触头应同时或提前分断，常闭联锁触头应同时或稍滞后闭合。

### 2. 传动装置

传动装置包括驱使触头闭合的装置和开断触头的弹簧机构及缓冲装置，用来可靠地驱使触头按规定要求动作。

### 3. 灭弧装置

灭弧装置一般与主触头配合使用，在主触头断开电路产生电弧时，用来及时地熄灭电弧，切断电路并保护触头。根据电流的性质、灭弧方法和原理，可以制成各种灭弧装置。

### 4. 安装固定装置

安装固定装置属于非工作部分，用以合理地安装和布置电器各部件。

## 5.1.2　接触器的分类

### 1. 按传动方式分类

按传动方式分为电磁接触器和电空接触器。电磁接触器采用电磁传动装置，电空接触器采用电空传动装置。电磁接触器一般应用于辅助电路中，电空接触器应用于主电路中。

### 2. 按主触头通断电流的性质分类

按主触头通断电流的性质分为交流接触器和直流接触器。对于某些在触头系统中控制的是交流电路，而线圈接入的是直流电路的接触器，又称交直流接触器。在动车组中无论是交流接触器还是直流接触器，线圈一般采用直流控制。

### 3. 按线圈接入电路方式分类

按线圈接入电路方式分为串联和并联电磁接触器。一般用并联电磁接触器。

### 4. 按主触头所处的环境分类

按主触头所处的环境分为空气式和真空式接触器。空气式接触器的主触头敞在大气中，采用的是一般的、常用的灭弧装置。而真空式接触器的主触头却密封在真空装置中，它利用的是真空灭弧原理，具有很高的切换能力。目前真空式接触器已在电力机车上应用。

### 5. 按主触头的数量分类

按主触头的数量分为单极和多极接触器。单极接触器只是有一对主触头，多极接触器有两对以上的主触头，它们分别用于控制单相和多相电路。

## 5.1.3　接触器的基本参数

### 1. 额定电压

额定电压是指主触头持续工作制下的工作电压，在此电压范围之内，主触头可以长期持续工作。

### 2. 额定电流

额定电流是指主触头持续工作制下的工作电流。在此电流范围之内，主触头可以长期持续工作。

### 3. 切换能力

切换能力又称开闭能力、通断能力，是指触头在规定条件下接通和切断负载的电流值。在此电流值下通断负载时，不应发生触头熔焊、电弧和过分磨损等现象，保证接触器能在较坏的条件下可靠地工作。

### 4. 动作值和释放值

动作值是指接触器吸合时所需的电压或电流值。释放值是指接触器吸合后，逐渐降低电压或电流值，当减小到某一值时，接触器不能持续吸合而断开。对电空接触器而言，还应包括电空阀的动作电压（或气缸相应的气压值）。

### 5. 操作频率

操作频率是指接触器在每小时内允许操作的次数。接触器的操作频率越高，每小时开闭的次数就越多，触头及灭弧室的工作任务也就越重，对交流接触器来说，吸引线圈受到的冲击电流及衔铁铁芯受到的冲击次数也就越多，操作频率对常用的交、直流接触器来说，常采用每小时 150，300，600，1 200 次的规定。

**6. 机械寿命和电气寿命**

机械寿命是指接触器在无负载操作下无零部件损坏的极限动作次数。电气寿命是指接触器在规定的操作条件下且无零部件损坏的极限动作次数。目前，接触器的机械寿命一般可达数百万次到千万次以上，而电气寿命则按不同的使用类别和不同的机械寿命级别有一定的百分比，一般为机械寿命的 1/5 左右。

**7. 动作时间和释放时间**

动作时间（又称闭合时间）是指从电磁铁吸引线圈通电瞬间时起到衔铁完全闭合所需要的时间；释放时间（又称开断时间）是指从电磁铁吸引线圈断电瞬间时起到衔铁完全打开所需要的时间。为了对有关电路能准确可靠地进行控制，对接触器的动作时间也有一定的要求。例如，直流接触器的闭合时间一般为 0.04 ~ 0.11 s，开断时间为 0.07 ~ 0.12 s；交流接触器的闭合时间一般为 0.05 ~ 0.1 s，而开断时间为 0.1 ~ 0.4 s。

接触器除应满足以上基本参数的要求外，还应满足在 85% 额定电压下保证接触器正常工作的要求。

另外，在选择电磁接触器时还应考虑工作制的要求。

# 任务 5.2　动车组接触器的结构和工作原理

## 5.2.1　电磁接触器

动车组上所用的接触器全是电磁接触器，电磁接触器采用的是电磁传动装置，通常又分为直流、交流、交直流 3 大类。本节仅介绍直流和交流电磁接触器。

**1. 直流电磁接触器**

（1）型号：CZ52210/22 型。

其中，C——接触器；Z——直流；5——设计序号；22——派生代号；10/22——分子第 1 位和第 2 位分别表示常开和常闭主触头数，分母第 1 位和第 2 位分别表示常开和常闭联锁触头数。

（2）作用。该型接触器用来控制机车前照灯。

（3）结构。该型接触器主要由触头装置、灭弧装置和传动装置等组成，具体结构如图 5-2 所示。

① 触头装置：是由单相主触头和 2 常开 2 常闭联锁触头组成。静主触头为铜质 T 形结构，与弧角一起装在支架上；动主触头为铜质指形结构，直接装于衔铁上。动联锁触头为指形结构，亦装于衔铁上，静联锁触头为半球形，装于螺杆上，为提高触头寿命，在联锁触头的紫铜块上镶有耐弧材料——银氧化铝片。另外，动主触头、动联锁触头上都有触头弹簧，防止触头闭合时产生有害振动。

② 灭弧装置：是由带有灭弧罩的磁吹灭弧装置完成的，只设在静主触头上。磁吹线圈

与主触头串联，当主触头在打开过程中产生电弧时，电弧受到磁吹线圈产生的电场力而被拉向灭弧罩，使电弧变长、变冷而熄灭。

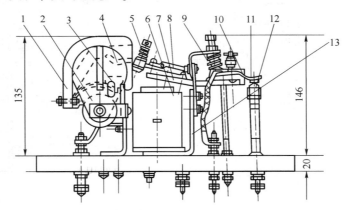

图 5 - 2　CZ52210/22 型直流电磁接触器结构

1—灭弧罩；2—磁吹线圈；3—静主触头；4—动主触头；5—触头弹簧；6—吸引线圈；7—衔铁；
8—软连接；9—反力弹簧；10—绝缘基座；11—动联锁触头；12—静联锁触头；13—磁轭

③ 传动装置：是由直流拍合式电磁铁组成的，为了改善吸力特性，静铁芯端面装有极靴，可改变反力弹簧和工作气隙，从而改变其动作值。为了防止剩磁将衔铁粘住，在衔铁的磁极端面处装有 0.1 ~ 0.2 mm 厚的紫钢片，亦称非磁性垫片。在铁芯的磁极端面处一般还加装了极靴，以使直流电磁接触器的吸力特性平坦，减少吸合时的冲击。

（4）工作原理。其工作原理类同电磁铁的工作原理。当吸引线圈未通电时，衔铁在反力弹簧作用下打开，使常开联锁触头打开，常闭联锁触头闭合；当吸引线圈通电时，铁芯与衔铁间产生的电磁吸力将衔铁吸合，使常开联锁触头闭合，常闭联锁触头打开。

**2. 交流电磁接触器**

1）CJ20 系列三相交流电磁接触器

（1）型号：CJ20 - 100Z 型、CJ20 - 160Z 型。

其中，C——接触器；J——交流；20——设计序号；100（160）——主触头额定电流，A；Z——直流控制。

（2）作用。用于动车组辅助电路。

（3）结构。CJ20 系列三相交流电磁接触器的结构形式为直动式，立体布置、双断点、开启式，并采用压铸铝底座、增强耐弧塑料底板和高强度陶瓷灭弧罩组成三段式结构，使接触器结构紧凑，便于检修和更换线圈。它主要由触头装置、传动装置和灭弧装置等组成，具体结构如图 5 - 3 所示。

① 触头装置：动主触头中的动触桥为船形结构，因而具有较高的强度和较大的热容量。160 A 以下选用黄铜拉伸触桥。静主触头选用型材并配以铁质引弧角，使之既具有形状的稳定性又便于电弧的外运动，触头材料选用 Ag - CdO12，其特点是具有较好的抗熔焊性能和耐电磨损的性能。联锁触头安置在主触头两侧，采用无色透明聚碳酸酯做成封闭式结构，确保防尘，使接触可靠，160 A 及以下等级为 2 常开 2 常闭。

② 传动装置：采用具有双线的 U 形铁芯磁系统，衔铁为直动式，没有转轴，气隙置于

111

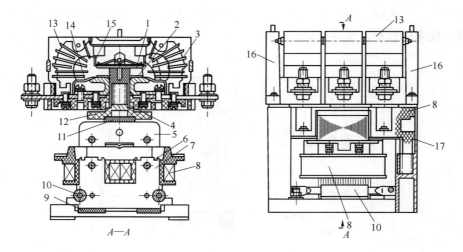

图 5 - 3　CJ20 型三相交流电磁接触器结构

1—动主触头；2—静主触头；3—灭弧栅片；4—压缩弹簧；5—衔铁；
6—分磁环；7—静铁芯；8—线圈；10—缓冲硅橡胶管；11、9—缓冲件；12—绝缘支架；
13—灭弧室；14、15—弧角；16—联锁触头；17—反力弹簧

静铁芯底部中间位置，因而释放可靠磁系统的缓冲装置采用新型的耐高温吸振材料硅橡胶，还选用了耐磨性能好的聚氨酯橡胶做停挡。

③ 灭弧装置：采用高强度陶瓷纵缝灭弧罩。

（4）动作原理。类似于电磁铁的工作原理，不再详述。

（5）参数。CJ20 系列三相交流电磁接触器主要技术参数见表 5 - 1。

表 5 - 1　CJ20 系列三相交流电磁接触器主要技术参数

| 型号 | | | CJ20 - 100Z | CJ20 - 160Z |
|---|---|---|---|---|
| 额定工作电压/V | | | 380 | 380 |
| 额定工作电流/A | | | 100 | 160 |
| 主触头 | 开距/mm | | 6 | 6.6 |
| | 超程/mm | | 2.5 ± 0.5 | 3 ± 0.6 |
| | 初压力/N | | 15.7 ± 1.6 | 24.5 ± 2.5 |
| | 终压力/N | | 19.6 ± 2 | 29.4 ± 3 |
| 辅助触头 | 额定发热电流/A | | 10 | 10 |
| | 额定工作电流/A | | 0.55 | 0.55 |
| | 开距/mm | | 4.5 | 4.5 |
| | 超程/mm | 常开 | 3 ± 1 | 3 ± 1 |
| | | 常闭 | 3 ± 0.5 | 3 ± 0.5 |
| | 初压力 | | 1.13 ± 0.12 | 1.13 ± 0.12 |
| | 终压力 | | 2.06 ± 0.21 | 2.06 ± 0.21 |

| 型号 | | CJ20 – 100Z | CJ20 – 160Z |
|---|---|---|---|
| 控制线圈 | 线径/mm | 0.41 | 0.55 |
| | 匝数 | 1 500 | 1 000 |
| | 20 ℃阻值/Ω | 29.0 | 15.3 |

（6）特点。其参数、特性出厂时已调好，一般可直接使用，不必调整。

2）3TB 系列三相交流电磁接触器

（1）型号：3TB5217 – OBF4 型、3TB4817 – OBF4 型。

其型号含义为：3TB——3TB 系列；52、48——级别代号；17——辅助触头规格与数量（17 代表 2 常开 2 常闭）；OB——直流操作（OA 表示交流操作）；F4——线圈电压与频率代号（4 为直流 110 V）。

（2）作用。曾用在 SS₄ 改型机车的辅助电路中，用来接通和断开三相异步电动机等电气设备。

（3）结构。3TB 系列三相交流电磁接触器采用体积小、质量轻的双断点、直动式结构，3TB 系列三相交流电磁接触器均采用单 U 形双绕组磁系统，主要由触头装置、传动装置、灭弧装置等组成，3TB5217 – OBF4 型三相交流电磁接触器结构如图 5 – 4 所示。

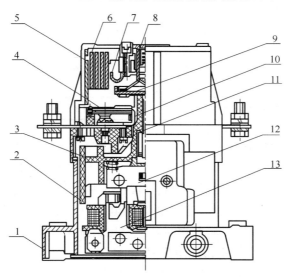

图 5 – 4　3TB5217 – OBF4 型三相交流电磁接触器结构

1—基座；2—线圈；3—弹簧；4—静触头；5—灭弧室；6—灭弧片；7—桥形灭弧导板；
8—指示件；9—触桥；10—触头支持件；11—反力弹簧；12—衔铁；13—磁轭

① 触头装置：采用接触电阻稳定、抗熔焊、耐磨的银氧化钢、银氧化锡及镍等材料，触头支持件用特别耐热耐弧的塑料制成。辅助触头安装在基座两侧，为 2 常开 2 常闭。

② 传动装置：采用单 U 形双绕组直流磁系统，线圈按长期工作制设计，寿命长、无噪声、无冲击电流。在单 U 形双绕组直流磁系统磁轭中部有一不变气隙，可保证衔铁可靠释放。

③ 灭弧装置：灭弧室中装有桥形灭弧导板，两旁各有带齿形的缺口栅片，使电弧能快

速拉出熄灭。

接触器采用机械强度高、导热性能好的铝合金基座。

（4）工作原理。类似电磁铁工作原理。

（5）参数。3TB 系列三相交流电磁接触器主要技术参数见表 5 - 2。

表 5 - 2　3TB 系列三相交流电磁接触器主要技术参数

| 型号 | | | 3TB4817 - OBF4 | 3TB5217 - OBF4 |
|---|---|---|---|---|
| 额定工作电压/V | | | 380 | 380 |
| 额定工作电流/A | | | 75 | 170 |
| 主触头 | 开距/mm | | 7.1 ± 1.3 | 9.3 ± 1.35 |
| | 超程/mm | | 2.6 ± 0.4 | 3.2 ± 0.35 |
| 辅助触头 | 额定发热电流/A | | 10 | 10 |
| | 额定工作电压/V | | 110 | 110 |
| | 额定工作电流/A | DC1 | 3.2 | 8 |
| | | DC11 | 1.8 | 2.4 |
| | 开距/mm 超程/mm | 常开 | 5.4 ± 2.4 | 9.4 ± 2.1 |
| | | | 4.9 ± 1.5 | 3.11 |
| | | 常闭 | 6.2 ± 1.9 | 7.2 ± 3.2 |
| | | | 4.11 | 5.3 ± 2.2 |
| 控制线圈 | 线径/mm | | 0.25 | 0.38 |
| | 匝数 | | 2X7839 | 2X5560 |
| | 20 ℃阻值/Ω | | 618 683 | 300 |

3）6C 系列交流电磁接触器

（1）型号：6C180 型、6C110 型。

其中，6——序号；C——接触器；180、110——主触头额定电流，A。

（2）作用。在动车组、SS₄型电力机车的辅助电路中，控制辅助电机等设备。

（3）结构。两种型号的结构基本相同，主要包括触头装置、传动装置、灭弧装置等，6C180 型交流电磁接触器外形及结构如图 5 - 5 所示。

① 触头装置：主触头采用常开直动式桥式双断点。

② 传动装置：磁系统为单 E 形直动式，具有较陡的吸力特性，控制线圈由启动线圈和保持线圈并联组成，并增加一个桥式整流器，使控制电源为交、直流两用，桥式整流器输入、输出端都加有压敏电阻进行过电压保护。控制线圈通电后，启动线圈和保持线圈同时工作，在接触器快吸合时，启动线圈断开，只有保持线圈工作。启动线圈的分断由接触器自身一常闭联锁触头完成。

③ 灭弧装置：灭弧罩采用高强度耐弧塑料制成，罩内设有割弧栅片。

6C180 型交流电磁接触器的灭弧室与触头支持件之间设有机械联锁装置，当灭弧罩取下后，机械联锁装置即将触头支持件销住，此时即使有人操作，触头系统也不会动作，能可靠

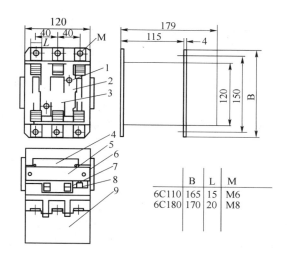

图 5 – 5　6C180 型交流电磁接触器外形及结构

1—灭弧罩安装螺钉；2—控制线圈；3—铁芯；4—机械联锁装置；5—桥式整流器；

6—联锁触头；7—线圈插座；8—红色指示器；9—灭弧罩

保证维修人员的安全。在控制线圈引线边有一红色指示器，指示接触器的闭合或断开。

（4）工作原理。类似电磁铁的工作原理。

（5）特点。6C180 型交流接触器具有操作频率高、主触头压力大、抗熔焊性好、耐电弧等优点，应用较多。在许多电力机车上，原用的 3TB 系列 6C110 型都改用 6C180 型。

6C 系列交流接触器结构为模块化设计，配件通用性大，便于维护及更换。

（6）参数。6C110 型、6C180 型交流接触器主要技术参数见表 5 – 3。

表 5 – 3　6C110 型、6C180 型交流接触器主要技术参数

| | | 型号 | | 6C110 | 6C180 |
|---|---|---|---|---|---|
| 主触头 | | 额定绝缘电压/V | | 1 000 | 1 000 |
| | | 运行电流频限/Hz | | 25 ~ 400 | 25 ~ 400 |
| | 运行电流 | $I$/A | | 160 | 260 |
| | | AC3（415F）/A | | 110 | 180 |
| | | 接通能力（均方根值） | | 1 100 | 1 800 |
| | | 分断能力（≤440 V） | | 1 300 | 1 800 |
| 辅助触头 | | 型号 | | 6CA21R | |
| | | 约定发热电流 $I_{th}$/A | | 15 | |
| | | 额定绝缘电压/V | | 660 | |
| | | 运行电流/A | | 16.5（DV24 V），15（DC110 V） | |
| 控制线圈 | | 型号 | | 6CC180/415 | |
| | | 控制电源 | | 交流或直流 | |
| | | 额定电压/V | | 110 | |

续表

| 型号 | | | 6C110 | 6C180 |
|---|---|---|---|---|
| 控制线圈 | 电阻 | 闭合/Ω | 46 | |
| | | 吸持/Ω | 1 240 | |
| 机械寿命/百万次 | | | 10 | 10 |
| 电器寿命/百万次 | | | 1.2 | 1.2 |
| 最大操作频率/（次/h） | | | 2 400 | 2 400 |

## 5.2.2  电空接触器

电空接触器因其具有较大的开断能力，在动车组中很少用到，一般用在电力机车上主电路里。

电空接触器的工作原理示意图如图 5-6 所示。其一般由触头装置、灭弧装置、传动装置等组成。当电空阀线圈得电时，其控制的压缩空气进入气缸，推动活塞，压缩开断弹簧而向上运动，使动、静主触头闭合。当电空阀线圈失电时，其控制的压缩空气排向大气，在开断弹簧的作用下，推动活塞带动活塞杆和动主触头下移，动、静主触头打开，同时灭弧。在主触头动作的同时，联锁触头也相应动作。

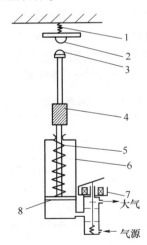

图 5-6  电空接触器工作原理示意图

1—缓冲弹簧；2—静主触头；3—动主触头；4—绝缘块及活塞杆；
5—开断弹簧；6—缸体；7—电空阀；8—活塞

### 1. TCK7-400/1500 型电空接触器

（1）型号：TCK7-400/1500 型。

其中，T——铁路用；C——接触器；K——压缩空气控制；7——设计序号；400——主触头额定电流，A；1 500——开断电压，V。

（2）作用。在 SS₄ 型和 SS₁ 型电力机车上，用于控制磁场削弱电阻。

（3）结构。由于磁场削弱电阻上的压降低，且又是电阻性负载，所以 TCK7-400/1500

型电空接触器不带灭弧装置，主要由触头装置和传动装置等组成，具体结构如图 5 - 7 所示。

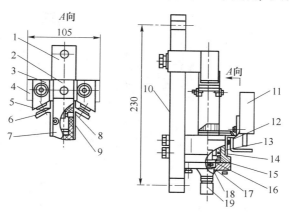

图 5 - 7 TCK7 - 400/1500 型电空接触器结构

1—支柱；2—静主触头座；3—静主触头；4—连接片；5—绝缘块；6、8—动主触头；7—绝缘杆；
9—弹簧；10—铭牌；11—联锁触头；12—联锁板；13—气缸座；14—铜套；
15—反力弹簧；16—活塞；17—皮碗；18—气缸盖；19—管接头

① 触头装置：主触头为直动桥式双断点，触头表面成 120°夹角，其材质为紫铜，其上焊有银片，且动、静主触头之间为面接触，有较好的导电性能。

联锁触头采用通用件，为一行程开关。

② 传动装置：采用的是薄膜传动装置，它主要由气缸、活塞、皮碗和反力弹簧等组成，本身不带有专门的电空阀。

（4）工作原理。当电空阀控制的压缩空气通过管接头进入气缸，鼓动皮碗推动活塞克服反力弹簧之反力，使活塞杆、绝缘杆上移，动、静主触头闭合，联锁触头相应动作。当电空阀失电时，气缸内的压缩空气经电空阀排向大气，在反力弹簧作用下，使活塞杆、绝缘杆下移，带动主触头打开。

**2. TCK7 - 600/1500 型电空接触器**

（1）型号：TCK7 - 600/1500 型。

其含义同 TCK7 - 400/1500 型电空接触器。

（2）作用。该型接触器主要控制机车主电路的有关励磁电流回路和牵引电机回路。

（3）结构。TCK7 - 600/1500 型电空接触器结构如图 5 - 8 所示。它主要由触头装置、灭弧装置和传动装置等组成。

① 触头装置：主要由主触头和联锁触头组成，主触头为 L 形，线接触，紫铜基面上镶有银碳化钨粉末冶金片，它有较好的抗熔焊、耐电弧、耐机械磨损和电磨损性能，且导电、导热性能好。联锁触头为 KY1 型盒式桥式双断点触头，材质为银，2 常开 2 常闭。

② 灭弧装置：主要由灭弧罩（短弧灭弧和长弧灭弧原理）、灭弧线圈等组成。

③ 传动装置：由电空阀、传动气缸、绝缘杆等组成。电空阀为 TFKIB - 110 型闭式电空阀。传动气缸竖放，绝缘杆用以隔离带电体。

（4）参数。TCK7 型电空接触器系列产品参数见表 5 - 6，电空接触器技术参数见表 5 - 7。

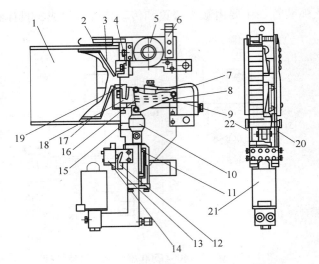

图 5 - 8　TCK7 - 600/1500 型电空接触器结构

1—灭弧罩；2—挂钩；3—静主触头弧角；4—静主触头；5—灭弧线圈；6—软连接；7—杠杆出线座；
8—杠杆支架；9—杠杆支架；10—绝缘杆；11—传动气缸；12—联锁板；13—联锁触头；14—联锁支架；
15—灭弧室支架；16—动主触头弹簧；17—动主触头弧角；18—动主触头座；19—动主触头；
20—右侧板；21—电空阀；22—左侧板

表 5 - 4　TCK7 型电空接触器系列产品参数

| 项目<br>型号 | 用于机车型号 | 额定电压/V | 额定电流/A | 灭弧方式 | 联锁触头数 |
|---|---|---|---|---|---|
| TCK7 | $SS_3$ | 1 500 | DC600 | 有灭弧罩 | 2 开 2 闭 |
| TCK7A | $DF_4$ | 1 500 | DC600 | 有灭弧罩 | |
| TCK7B | $SS_3$ | 1 500 | DC600 | 无灭弧罩 | 2 开 2 闭 |
| TCK7C | $SS_3$ | 1 500 | DC600 | 有灭弧罩 | 2 开 4 闭 |
| TCK7D | $SS_3$ | 1 500 | AC600 | 有灭弧罩 | 2 开 2 闭 |
| TCK7E | $DF_4$ | 1 500 | DC600 | 有灭弧罩 | 2 开 2 闭 |
| TCK7F | $SS_4$ | 1 500 | DC1 000 | 有灭弧罩 | 2 开 2 闭 |
| TCK7G | $SS_5$ | 1 500 | AC1 000 | 有灭弧罩 | 2 开 1 闭 |

表 5 - 5　电空接触器技术参数

| 型号 | NCK - 110<br>（TCK2 - 830/<br>150） | QC1 - 400<br>（TCK1 - 400/<br>1500） | TCK7B | NCK - 3<br>（TCK3 - 8<br>20/700） | QCK5 - 1 | TCK7<br>TCK7D | UP - 292<br>9A |
|---|---|---|---|---|---|---|---|
| 绝缘电压/V | 1 000 | 1 500 | 1 500 | 1 000 | 1 500 | 1 500 | 1 000 |
| 工作额定电压/V | 750 | 35 | 35 | 770 | 1 500 | 1 500 | 925 |
| 额定电流/A | 830 | 400 | 600 | 800/820 | 400 | 600 | 945 |
| 触头形式 | 单断点 | 双断点 | 单断点 | 单断点 | 单断点 | 单断点 | 双断点 |

续表

| 型号 | NCK-110<br>(TCK2-830/150) | QC1-400<br>(TCK1-400/1500) | TCK7B | NCK-3<br>(TCK3-8 20/700) | QCK5-1 | TCK7<br>TCK7D | UP-292 9A |
|---|---|---|---|---|---|---|---|
| 开距/mm | 16~19 | 单边 5+5.5 | >18 | 16~19 | 27~30 | 19~23 | 25.5±0.5 |
| 超程/mm | 6 | 2±1 | 4~6 | >0.5 | >3 | 7~14 | |
| 滚动距离/mm | | | >8 | | 8~12 | >8 | |
| 滑动距离/mm | | | 0.5~1.5 | | 1.5 | 0.5~1.5 | |
| 初压力/N | | 68.65±9.8 | 58.84~83.86 | | 68.65~88.26 | 58.54~83.86 | |
| 终压力/N | 31.37 | 98±9.8 | 156.9~196.1 | 392.2 | 147.1~196.1 | 156.9~196.1 | 558.6±78.4 |
| 宽度/mm | | 25 | | | 25 | | |
| 接触线宽度/mm | | 20 | | | 20 | | |
| 弧触头开距/mm | | | | | | | 15±1 |
| 弧触头压力/N | | | | | | | 107.8±29.4 |
| 数量 | 2 常开<br>2 常闭 | 同 CJ10 接触器辅助触头 | 2 常开<br>2 常闭 | 2 常开<br>2 常闭 | 2 常开<br>2 常闭 | 2 常开<br>2 常闭 | |
| 额定电压/V | 110 | 110 | 110 | 110 | 110 | 110 | 110 |
| 额定电流/A | 5 | | 10 | | 5 | 10 | 10 |
| 终压力/N | | | 3.138 | | 1.96~3.923 | 3.138 | 2.94±0.98 |
| 升距/mm | | | | | | | $3.5^{+0}_{-0.5}$ |
| 额定工作气压/MPa | 490 | 490 | 490 | 490 | 490 | 490 | 490 |
| 气缸直径/mm | | | 45 | | 45 | 45 | |
| 活塞行程/mm | | | 22~24 | | 29~30 | 22~24 | |
| 电空阀控制电压/V | 110 | 110 | 110 | 110 | 110 | 110 | 110 |

　　TCK7 型的派生产品很多，结构基本相同，如 TCK7B 型系列没有灭弧装置，TCK7C 型系列仅多了两对常闭联锁触头，TCK7D 型系列取消了灭弧线圈中的铁芯。

## 5.2.3　真空接触器

　　真空接触器由于其灭弧原理上的特点，比较适用于交流电路（若熄灭直流电弧，需采取适当的措施）。它比传统的空气交流接触器有更多的优点，具有耐压强度高，介质恢复速度快，接通、分断能力大，电气和机械寿命长等特点，可在重任务条件下供重要场合使用。

　　（1）型号：EVS630/1-110DC 型、EVS700/1-110DC 型。

　　其中，EVS——接触器；630、700——工作电流，A；1——极数；110——电源的电压值；DC——控制电源类型。

　　（2）作用。EVS630/1-110DC 型真空接触器在 SS$_4$ 改型电力机车主电路中用来接通或断开功率因数补偿装置（PFC）。

EVS700/1 – 110DC 型真空接触器在列车供电电路中，实现机车向列车供电的控制。

（3）结构。如图 5 – 9 所示，在真空接触器的基座上，电磁驱动机构 7 和装在其旁的辅助开关组件 8 位于真空开关管 2 的上方。真空开关管的动触头经联轴节组件 9 和电磁驱动机构 7 连接，并经软连接 5 和上连接板 6 连接。真空开关管的静触头支杆经连接卡圈 3 和下连接板 4 连接。在断开状态下，真空开关管的两触头拉开 1.5 mm。由于在真空中断开，这么小的距离已能完全开断电路。触头被拉开的状态是由驱动系统中的压力弹簧实现的。

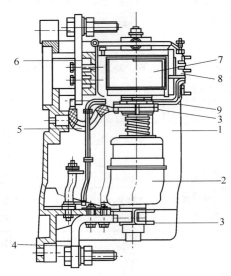

图 5 – 9　EVS630/1 – 110DC 型真空接触器结构

1—基座；2—真空开关管；3—连接卡圈；4—下连接板；5—软连接；
6—上连接极；7—电磁驱动机构；8—辅助开关组件；9—联轴节组件

（4）工作原理。真空接触器的电磁铁设计为带节能电阻的直流电磁铁。接通控制电源时，电磁铁对压力弹簧做功。释放动触头支杆，动触头支杆借助外部作用力使动、静触头闭合。

（5）特点。真空接触器具有接通、分断能力大，电气和机械寿命长等特点，可在重任务条件下供重要场合使用。但也易出现电弧在电流过零前熄灭，出现截流现象，因而在电感电路中产生过电压。

（6）参数。

EVS630 型真空接触器主回路技术参数如下。

额定工作电流：630 A。

额定工作电压：1 140 V。

额定工作频率：50 Hz。

额定接通能力：6 300 A。

额定分断能力：5 040 A。

额定短时耐受电流：8 000 A。

额定峰值耐受电流：13 600 A。

机械寿命（次）：$\geq 5 \times 10^6$。

电寿命：$0.6 \times 10^5$。

最大机械操作频率（次/h）：3 000。

辅助电路技术参数如下。

额定工作电流：DC0.4 A。

额定工作电压：DC220 V。

# 任务 5.3　继　电　器

## 5.3.1　继电器的定义及组成

继电器是一种根据输入量变化来控制输出量跃变的自动电器，可控制、保护有关电器设备，是一种应用非常多的电器。

所有继电器，不论其形状、工作原理有何不同，均可认为是由测量机构、比较机构和执行机构等组成的，其原理组成方框图如图 5-10 所示。

图 5-10　继电器原理组成方框图

输入量可以是电量，如电压、电流、阻抗、功率等，也可以是非电量，如压力、速度、温度等。输入量可以是一个量，也可以是两个或多个量。

测量机构（亦称环节或部分）的作用是反映输入量并进行物理量的相应转换。比如电磁继电器，测量机构是线圈和铁芯构成的磁系统，用来测量输入电量的大小，并在衔铁上将电量转换成相应的电磁吸力。

比较机构的作用是将输入量（或转换量）与其预设的整定值进行比较，根据比较结果决定执行机构是否动作，如电磁继电器的反力弹簧等。当电磁吸力大于反作用力时，衔铁吸合，接点（联锁触头）动作；当电磁吸力小于反作用力时，衔铁不吸合，接点不动作，没有输出。一般可以在比较环节上调整（整定）继电器的动作值。

执行机构的作用是根据比较结果决定是否动作，执行机构对有触点的继电器来说是接点。对无触点的继电器来说一般是晶体管的导通和截止。

输出量是根据比较结果来决定有无的。不管输入何种物理量，输出量往往是电量。需要说明的是，对于有触点的继电器来说，也可按电器基本理论所述，将其分为触头装置和传动装置（一般没有灭弧装置）。

## 5.3.2　继电器的分类

继电器的用途广，种类多，有时对同一种继电器，也常从不同的方面去说明它的特点，因此仅根据目前在电力机车上的使用情况来分类。

（1）按用途分，有控制用继电器和保护用继电器。

（2）按输入的物理量分，有电量继电器（如电压、电流继电器）和非电量继电器（如风压、风速继电器）。

（3）按动作原理分，有电磁式、电子式、机械式等。

（4）按输入电流性质分，有直流继电器和交流继电器。

（5）按接点情况分，有有触点继电器和无触点继电器。

（6）按作用分，有电流继电器、电压继电器、时间继电器、中间继电器、压力继电器等。

## 5.3.3 继电器的特点

在动车组或电力机车上，继电器一般不直接控制主电路（或辅助电路），而是通过其他较大的电器来控制主、辅电路。同接触器等较大的电器相比，继电器具有以下特点。

（1）继电器触头容量小，采用点接触形式，没有灭弧装置，体积和质量也比较小。

（2）继电器的灵敏度要求极高，输入量、输出量应易于调节。

（3）继电器能反应多种信号（如各种电量、速度、压力等），其用途广泛，外形多样化。

（4）继电器不能用来开断主电路及大容量的控制电路。

## 5.3.4 继电器的工作原理和继电特性

继电器的输入量与输出量之间有一特定的关系，这就是继电器最基本的输入—输出特性，亦称继电特性。

继电特性可以通过分析继电器的工作过程来得到。下面我们分析电磁继电器的工作过程（可参见项目4中电磁传动装置的工作原理）。

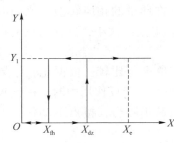

图 5 – 11　电磁继电器的继电特性

电磁继电器的继电特性如图 5 – 11 所示，输入量用 $X$ 来表示，输出量用 $Y$ 来表示。当输入量从零增加时，在 $X < X_{dz}$ 的过程中，衔铁不吸合，常开接点保持打开，继电器不动作，输出量 $Y = 0$；当 $X = X_{dz}$ 时，衔铁吸合，常开接点闭合，输出量即达到 $Y = Y_1$，继续增加 $X$ 到 $X_e$（额定输入量），输出仍保持 $Y_1$（常开接点继续闭合）。当输入量 $X$ 从 $X_e$ 减少时，在 $X > X_{fh}$ 过程中，常开接点继续闭合，输出保持 $Y_1$ 不变。当 $X = X_{fh}$ 时，输入量产生的吸力不足以吸合衔铁，衔铁释放，常开接点打开，继电器返回，输出量 $Y$ 为零，继续减少输入量到零，输出均保持在 $Y$ 为零状态。

因此，继电特性由连续输入、跃变输出的折线组成，只要某装置有该输入—输出特性就能称为继电器。图 5 – 11 中 $X_{dz}$ 称为接点动作值，$X_{fh}$ 称为接点的返回值。

## 5.3.5 继电器的基本参数

（1）额定值：是指输入量的额定值及输出量的额定值。如额定电压、额定电流、额定气压等。

（2）动作值：能使接点闭合的输入物理量中的最小值，有时也称整定值。

（3）返回值：能使接点打开的输入物理量中的最大值。需要注意的是衔铁的释放值不一定是继电器的返回值。

（4）返回系数。继电器的返回值 $X_{fh}$ 与动作值 $X_{dz}$ 之比，称为返回系数，用 $K_{fh}$ 表示，即

$$K_{fh} = \frac{X_{fh}}{X_{dz}} \qquad\qquad (5-1)$$

返回系数是继电器的重要参数之一。对继电器来说一般 $K_{fh} < 1$，$K_{fh}$ 越接近 1，继电器动作越灵敏，但抗干扰能力就越差，所以返回系数也不完全是越高越好，对控制继电器来说，返回系数要求不高，对保护继电器则要求有较高的返回系数。

（5）动作值的调整。继电器的动作值（或返回值）的调整，也称继电器参数的整定。电磁继电器的整定，可通过改变反力弹簧和工作气隙来实现。对电子继电器来说，可改变比较环节的电位器的阻值等来实现。

### 5.3.6　继电器在电路中的表示方法

继电器的符号表示方法，在电路图中一般都有说明，同一电器的输入（如线圈）和输出（如接点）往往不画在一起，但代号是相同的。以表示控制和被控制的关系。不同车型的代号编制方法是不同的。另外，国产车和进口车的常开、常闭接点的表示方法也相反。国产电力机车的电器接点表示方法为"上开下闭，左开右闭"。

# 任务 5.4　动车组继电器的结构和工作原理

### 5.4.1　电磁继电器

电磁继电器具有工作可靠，结构简单及易于制造等优点，所以在动车组及电力机车上被大量采用。

电磁继电器又分为直流和交流两种。为了与接触器对比认识，并利用电器基本理论，在介绍有关有触点继电器的组成时，会按传动装置和触头（接点）装置两部分来进行说明。

**1. 直流继电器**

1）JZ15-44Z 型中间继电器

（1）型号：JZ15-44Z 型。

其中，J——继电器；Z——中间；15——设计序号；44——4 常开、4 常闭接点数目；Z——直流控制。（SS 型电力机车上装有 JZ15—44Z 型中间继电器。）

（2）作用。该型继电器用在直流控制电路中，用来控制各种控制电器的电磁线圈，以使信号放大或用一个信号控制几个电器。

（3）组成。JZ15 系列中间继电器结构如图 5-12 所示，其主要由传动装置和触头（接点）装置组成。

① 传动装置：由直流螺管式电磁铁构成。铁芯和线圈布置在继电器中央，为了获得较平坦的吸力特性和足够的开距，铁芯采用锥形衔铁，衔铁上还有手动按钮，以供检查及故障

操作之用。

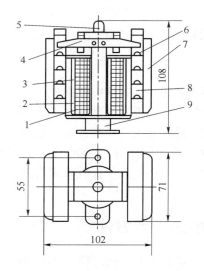

图 5 – 12   JZ15 系列中间继电器结构

1—线圈；2—磁轭；3—铁芯；4—衔铁；5—车动按钮；6—触头组；7—防尘罩；8—反力弹簧；9—支座

② 触头装置：接点为 8 对桥式，可根据需要任意组合成 2 常开 6 常闭、4 常开 4 常闭、6 常开 2 常闭的方式，但必须注意两个触头盒中的常开常闭接点数应对称布置。为了防尘和便于观察接点，继电器带有透明的防尘罩。

JZ15 系列中间继电器的接点容量为 10 A，为了使其体积小，结构紧凑，又保证大电流分断能力，静接点下采用永磁钢，以使电弧拉长熄灭。

JZ15 系列中间继电器还用在功率因数补偿装置（PFC）中，用来控制并联电阻，使电容尽快放电，但结构要有些不同，也称为放电接触器，型号为 JD15D – 22ZF 型。

2）JT3 – 21/5 型时间继电器

（1）型号：JT3 – 21/5 型。

其中，J——继电器；T——通用；3——设计序号；21——2 常开 1 常闭接点数目，5——表示动作值（延时时间），s。

（2）作用。该型继电器作为直流控制电路中的延时控制环节。有 3 个时间等级：1 s（0.3 ~ 0.9 s），3 s（0.8 ~ 3 s），5 s（2.5 ~ 5 s）。

（3）组成。JT3 系列时间继电器结构如图 5 – 13 所示。该型继电器的铁芯和磁轭采用圆柱整体电工钢，使铁芯与磁轭成为一体，再用铝机座浇铸而成，从而减小了装配气隙，降低磁阻，有利于提高继电器的灵敏度。极靴为一圆环，套在铁芯端部，衔铁制成板状，装在磁轭端部，可绕棱角转动，继电器在不通电释放状态情况下，借助于反力弹簧的作用使衔铁打开。铁芯上套有线圈，而在磁轭上套装有阻尼铜套（或阻尼铝套），可起延时作用。在衔铁内侧与铁芯相接触处，装有一非磁性垫片，可减少衔铁释放时剩磁的影响。触头采用标准的 CI – 1 型组件。

（4）工作原理（延时原理）。当时间继电器的线圈通电时，在磁路中产生磁通。当磁通增加到能使衔铁吸动的数值时，衔铁开始动作，随着衔铁与铁芯之间气隙的减小，磁通也增加。当衔铁与铁芯吸合以后，磁通最大（此时的磁通大于将衔铁吸住时所需的磁通）。在线

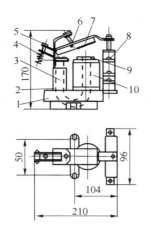

图 5 – 13   JT3 系列时间继电器结构
1—底座；2—阻尼套筒；3—铁芯；4—反力弹簧；5—反力调节螺母；
6—衔铁；7—非磁性垫片；8—触头组；9—极靴；10—线圈

圈通电时，因为磁通的增长和衔铁的动作时间很短，所以联锁触头的动作几乎是瞬时的。当线圈断电时，电流将瞬时下降为零。相应于电流的主磁通亦迅速减小，但因其变化率很大，根据楞次定律，在阻尼铜套（或阻尼铝套）内部将产生感应电动势，并流过感应电流，此电流产生与原主磁通方向相同的磁通以阻止主磁通下降。这样就使磁路中的主磁通缓慢地衰减，直到衰减到不能吸住衔铁时，衔铁才释放，联锁触头才相应地打开（或闭合），这样就得到了所需的延时。

延时时间的长短与阻尼铜套（或阻尼铝套）的电阻有关，电阻越小，延时越长，该型继电器的延时调整方法有两种，一种是更换不同厚度的非磁性垫片，亦即改变衔铁闭合后的工作气隙，增加垫片厚度可减少延时，反之将增加延时。非磁性垫片一般由磷钢片制成，厚度为 0.1 mm、0.2 mm、0.3 mm，这种延时调节为阶梯形，用于粗调。另一种是改变反力弹簧的松紧程度，反力弹簧越紧，延时越短，反之延时越长。但反力弹簧不能调得太松，否则有被剩磁粘住不释放的危险。这种方法可以平滑连续调节，用于细调。

3）TJJ2 – 18/20 型接地继电器

（1）型号：TJJ2 – 18/20 型。

其中，T——铁路；JJ——接地继电器；2——设计序号；18——动作值（18 V）；20——2 常开 0 常闭接点数目。

（2）作用。该型继电器用作直流主电路接地保护。

（3）组成。TJJ2 系列接地继电器结构如图 5 – 14 所示，主要由传动装置、触头装置、指示装置和机械联锁等组成。

① 传动装置：由拍合式电磁铁构成，带有吸引线圈。

② 触头装置：有两对主触头和一对联锁触头，均为桥式双断点，主触头由衔铁控制，联锁触头由指示杆带动。

③ 指示装置：带有恢复线圈、指示杆等。

④ 机械联锁：由钩子和扭簧组成。

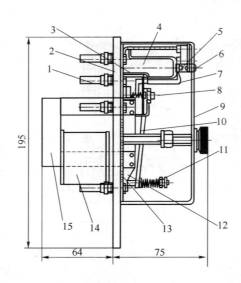

图 5 – 14　TJJ2 系列接地继电器结构简图

1—接线端子；2—底板；3—主触头；4—恢复线圈；5—联锁触头；6—指示杆；7—钩子；8—扭簧；
9—外罩；10—衔铁；11—反力弹簧；12—支座；13—非磁性垫片；14—吸引线圈；15—铁芯

（4）工作原理。正常工作时，接地继电器的控制线圈无电流，衔铁处于释放位置，指示杆被钩子勾住，接地继电器的联锁触头处于常开位置。当机车主电路发生接地故障时，电磁铁吸合动作带动触头切换有关电路，使主断路器跳闸切断机车总电源，保护了主电路。与此同时，衔铁与钩子的尾部相接触，迫使钩子克服扭簧的作用力，使其顺时针旋转，使得钩子不再勾住指示杆并在反力弹簧的作用下跳出外罩，显示机械信号，联锁触头也随之闭合，司机台上信号显示屏中显示主接地信号。

当故障消失时，衔铁在反力弹簧的作用下复位，但指示杆发出的机械信号仍保持。如需继续投入运行，则按主断路器合按钮，使恢复线圈短时得电，将指示杆吸入罩内，指示杆重新被钩子勾住，联锁触头也随之断开，于是接地继电器发出的机械信号和电信号一起消失。

**2. 过载继电器**

在 $SS_1$ 型电力机车上曾采用过 TJL1 型过载继电器，它包括牵引过载（过流）和制动过载（过流）继电器，用于牵引电动机的牵引过流保护和制动过流保护。

该继电器与接地继电器属同一系列，但它自己不带吸引线圈，牵引过流继电器的吸引线圈就是穿过铁芯窗口的一根母线（1 匝），制动过流继电器的吸引线圈为便于调整返回系数，选用 2 匝。

$SS_1$ 型、$SS_3$ 型、$SS_{3B}$ 型、$SS_4$ 型等电力机车也采用过 TJJ2 系列接地继电器，用作牵引电动机的过载保护，它是通过电流传感器接入牵引电机回路，但动作值不同。

现在 $SS_{3B}$、$SS_4$ 型和 $SS_8$ 型电力机车上，牵引电机的过载保护采用直流传感器采样送至电子柜或微机柜，通过中间继电器来断开主断路器或控制相应电路的电空接触器来切除故障电机。

## 5.4.2　交流继电器

以 JL14 – 20J 型交流继电器为例进行介绍。

（1）型号：JL14 – 20J 型。

其中，J——继电器；L——电流；14——设计序号；20——2 常开 0 常闭联锁触头数目；J——交流控制。

（2）作用。该型交流继电器用作主电路原边过流保护和辅助电路过流保护。

主电路原边过流保护采用 JL14 – 20J/5 型交流继电器，辅助电路过流保护采用 JL14 – 20J/1200 型交流继电器。其动作电流分别是 5 A 和 1 200 A。

（3）组成。JL14 系列交流继电器结构如图 5 – 15 所示。

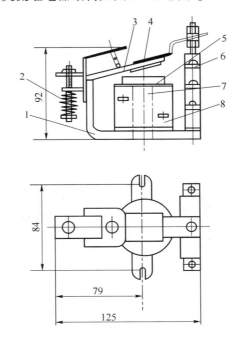

图 5 – 15　JL14 系列交流继电器结构
1—磁轭；2—反力弹簧；3—衔铁；4—非磁性垫片；5—极靴；
6—触头组；7—铁芯；8—线圈

JL14 系列交流继电器磁系统是由呈角板形的磁轭、固定在磁轭上的圆形铁芯、平板形衔铁所组成。衔铁绕磁轭棱角支点转动而成拍合式动作。磁系统上部衔铁一端装有反力弹簧，继电器不通电时，借助于反力弹簧的反力使衔铁打开。同样也利用改变反力弹簧的压力大小来调节继电器动作电流整定值。在磁系统下部装有触头组，与衔铁支件连接，并由衔铁带动触头开闭。在铁芯端的衔铁上装有非磁性垫片，利用调整非磁性垫片的厚薄来调节继电器的释放电流值，即调整返回系数。另外，JL14 – 20J/5 型交流继电器自带线圈，JL14 – 20J/1200 型交流继电器不带专门线圈，而是一根母线。

### 5.4.3　风道（风速）继电器

以 TJV1 – 7/10 型风速继电器为例进行介绍。

（1）型号：TJV1 – 7/10 型。

其中，T——铁路；J——继电器；V——速度；1——设计序号；7——动作值（m/s）；10——1 常开 0 常闭联锁触头数目。

（2）作用。TJV1 – 7/10 型风速继电器装在各通风系统的风道里，用来反映通风系统的工作状态是否正常，以确保通风系统有一定的风量，保护发热设备。

（3）组成。TJV1 – 7/10 型风速继电器主要由测量、比较、执行 3 个环节组成，具体结构如图5 – 16 所示。测量环节由风叶组成，用以感测风速。比较环节由扭簧和反力弹簧等组成，以决定继电器是否有输出（动作）。执行环节由（LW – 11 型）微动开关来担任。在风叶轴上铆有传动块，并套有轴套，在轴套上套有扭簧，通过扭簧和传动块将风叶片上的力矩传到传动组件。传动组件由传动板、滚轮和弹性传动组件组成。传动块固定在轴套上，通过传动板上的拨杆，传动块又与扭簧相连，弹性传动组件上端套在微动开关的支架上，下端装有滚轮，通过滚轮与传动板接触。

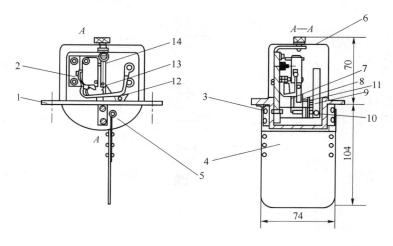

图 5 – 16　TJV1 –7/10 型风速继电器结构

1—底座；2—微动开关；3—挡块；4—风叶；5—转轴；6—盖；7—反力弹簧；8—传动组件；
9—传动块；10—扭簧；11—拨杆；12—滚轮；13—弹性传动组件；14—微动开关按钮

（4）工作原理。当风叶片在风压力作用下转动时，传动块随着转动，传动块通过扭簧拨动传动组件，克服反力弹簧的作用，压迫微动开关动作，使其常开触头闭合，接通相应的控制电路正常工作。

当通风系统发生故障无风量或风量很小时，风叶片在扭簧和反力弹簧的作用下恢复到原位，使继电器返回，微动开关释放，其常开触头打开，从而切断相应的控制电路。

继电器的动作值（风速）靠调节反力弹簧来整定，其返回值约为 6 m/s。

（5）参数。

TJV1 – 7/10 型风速继电器主要技术参数如下。

触头额定电压：DC110 V。

触头额定电流：3 A。

触头数量：1 常开。

风速整定值：6.3～7.7 m/s。

### 5.4.4　风压继电器

（1）型号：TJY3-1.5/11 型、TJY3A-4.5/11 型。

其中，T——铁路；J——继电器；Y——压力型；3（3 A）——设计序号；1.5（4.5）——动作值，（kPa/cm²）；11——1 常开 1 常闭联锁触头数目。

（2）作用。

TJY3-1.5/11 型风压继电器作为电力机车电阻制动和空气制动间的安全联锁，在电阻制动时，空气制动不能太强，以免车轮被抱死。

TJY3A-4.5/11 型风压继电器作为主断路器的欠气压保护，防止在低气压下分、合主断路器。

（3）组成。TJY3-1.5/11 型和 TJY3A-4.5/11 型风压继电器结构基本相同，主要由传动装置和联锁触头装置组成（当然亦可分为测量、比较和执行三部分）。TJY3-1.5/11 型风压继电器结构如图 5-17 所示，传动装置由橡皮薄膜、活塞、反力弹簧、调节螺母及拉力弹簧等组成。反力弹簧套装在铜质活塞上，其一端压装在基座上，另一端与调节螺母相接。可旋转调节螺母来调整反力弹簧对活塞的作用力，从而达到对该继电器的整定值的调整。

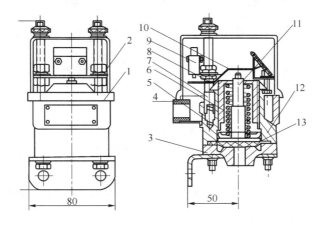

图 5-17　TJY3-1.5/11 型风压继电器结构
1—壳体；2—上盖；3—下盖；4—橡皮环；5—拉力弹簧；6—反力弹簧；7—止销；8—调节螺母；
9—行程开关；10—支架组装；11—活塞；12—阀体；13—橡皮薄膜

当调节好后，止销弹出，防止调节螺母的误动，影响整定值。

联锁触头装置采用 LX19K 行程开关。

TJY3A-4.5/11 型的结构与 TJY3-1.5/11 型的结构相似，只是行程开关换成微动开关，安装支架、反力弹簧和阀体也略有不同。

（4）工作原理。当气压达到动作值时，空气压力大于反力弹簧的反力，推动橡皮薄膜及活塞上行，通过传动件使接点动作。

在 SS 型机车上：TJY3-1.5/11 型风压继电器，是电阻制动和空气制动间的安全联锁。

TJY3A－4.5/11 型风压继电器，作主断路器的欠气压保护。

TJY3A－4.5/11 型风压继电器，用来检测机车蓄能制动器供风的停车制动风管的风压，当停车制动风管压力低于 450 kPa 时，蓄能制动器会上闸抱轮，若司机不注意就会引起动轮弛缓。当停车制动风管风压低于 450 kPa 时，TJY3A－4.5/11 型风压继电器触头闭合，司机台上"停车制动"信号灯亮，提醒司机现在风管压力偏低应采取措施。

### 5.4.5　油流继电器

（1）型号：TJV2 型。

其中，T——铁路用；J——继电器；V——速度；2——序号。

此外还有 LJ－38 和 YJ－100 等型号，结构基本相同。

（2）作用。该型油流继电器用来监视主变压器油循环冷却系统的工作状况，当油流停止或不正常时，给司机发出警告信号。

（3）组成。TJV2 型油流继电器结构如图 5－18 所示，由叶片、扭簧和接线柱等组成。

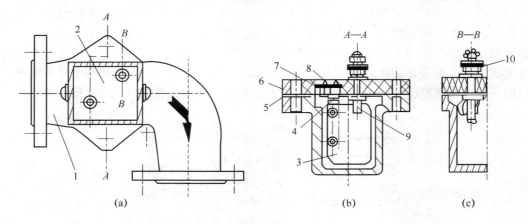

图 5－18　TJV2 型油流继电器结构
1—连管；2—外罩；3—叶片；4—扭簧；5—橡皮垫；6—底板；7—球轴承；8—转轴；9、10—接线柱

（4）工作原理。

油流正常循环时，油流推动叶片克服扭簧的扭力而转动，使其常闭联锁触头（叶片和接线柱）断开，从而使司机台上油流信号不显示。

当油流停滞时，叶片在扭簧的作用下返回，其常闭联锁触头接通，司机台上油流信号显示，表示油流不正常。该型油流继电器管体上标有油流方向箭头，分左、右两方向，不能装错。

近几年来，在电力机车上还采用了新型的电子继电器（晶体管保护装置），它具有功能好、体积小、动作灵敏、可靠等优点。其组成亦可分为测量环节、比较环节和执行环节 3 大部分。通过触发器的翻转状态变化（晶体管的导通和截止）来完成控制电路的通和断，由于电路的通或断是靠晶体管的导通和截止来实现，无明显的开断点，所以也称无触点继电器（实际上，为了扩大输出功率，有时晶体管继电器的最终输出用的是小型中间继电器）。一般电子继电器中还采用了大量的电阻、电容和二极管等，用来组成各功能电路。

## 任务单

| 任务名称 | 动车组低压电器 |
| --- | --- |
| 任务描述 | 　　识别动车组低压电器设备符号；识别几种常用的低压电器设备；熟悉接触器和继电器的区别及在动车组电路中所起到的作用。 |
| 任务分析 | 　　动车组低压电器是动车组电器的组成部分，也是构成动车组主电路及辅助电路的重要环节。它的性能及选择决定了整个电路的寿命及安全性。 |
| 学习任务 | 【子任务1】通过拆分接触器说明接触器的类型、组成部分及各部分的作用。<br><br>【子任务2】画出串励电动机启动控制的电路图。<br><br>【子任务3】画出串励电动机反接制动的电路图。 |
| 学习任务 | 【子任务4】叙述下面电路图的工作原理。 |

续表

| 劳动组合 | （1）拆分实训室电磁接触器及电空接触器； （2）查看实训室 DF$_{4B}$ 电路板，说明接触器及继电器的用途。 | | | | | | |
|---|---|---|---|---|---|---|---|
| 成果展示 | 通过查看 DF$_{4B}$ 电路板，写出 DF$_{4B}$ 所用到的接触器、继电器及其在整个电路中所起的作用。 | | | | | | |
| 学习小结 | | | | | | | |
| 自我评价 | 项目 | A—优 | B—良 | C—中 | D—及格 | E—不及格 | 综合 |
| | 安全纪律（15%） | | | | | | |
| | 学习态度（15%） | | | | | | |
| | 专业知识（30%） | | | | | | |
| | 专业技能（30%） | | | | | | |
| | 团队合作（10%） | | | | | | |
| 教师评价 | 简要评价 | | | | | | |
| | 教师签名 | | | | | | |

# 学习引导文

### 1. 机车接触器故障预防及检测方法

机车接触器的联锁触头在使用上存在超出容量现象和触点接触压力不够的问题。我们从以下几个方面入手，来提高联锁触头工作的可靠性、稳定性。

1）机车接触器故障的预防措施

（1）对有触点电路的检修、清扫工作要进一步加强。辅修修程中必须用毫欧表测量主要电器线路中的触头电阻，以此来判断电路中触点是否良好，严格按照工艺要求对接触器进行清扫检查。

（2）机车日常运用中，要求乘务员定期对接触器使用不高于 2 kg/cm$^2$ 的干燥风进行吹扫，定期清扫电器间百叶窗滤清器，保证滤清效果。进入修程时，使用丙酮毛刷对接触器清洗、吹扫，发现触头、联锁烧损严重者，及时进行打磨更换。

（3）根据实际情况和电路需要使用大容量的联锁触头。

（4）对于封闭式的联锁触头，如电磁接触器的联锁触头，对外壳及内部绝缘体应尽量选用不易分解出气体分子的绝缘材料。将十字盖板由普通塑料更改为硬质透明度好的有机塑料。

（5）在电路上采取一些改善触头工作条件的措施。当触头分断时，在触头间会产生过电压及电弧，这是由于它们的负载（电感线圈）的储能在触头分解时释放出来所造成的。一般做法是在触头或线圈两端并联阻容元件，也可以在线圈两端并联压敏电阻及在线圈两端并联整流元件等，使线圈的能量消耗在别的地方，以减少触头间的过电压及电弧，从而保护触头不致过快地烧损。

2）机车接触器故障的分析判断及检测方法

在机车运用过程中，通过采取以上几项预防检测措施，接触器故障率明显下降。为了有效缩短接触器故障判断时间，降低机车临修率，建议从以下几个方面入手，完善接触器故障检测手段。

（1）用测量各电器动作线圈前电压降的方法，判断联锁触头接触电阻是否符合标准。具体方法是，使机车处于牵引或制动工况，通过设置测量插孔，用电压表检测接触器动作线圈前与辅助发电机正端，即线圈前所有触点的电压的压降，作为触点检修清扫质量的评定依据。通过对所测数据的比较，及时发现接触器故障隐患，将其消灭在萌芽状态。

（2）建议将牵引机车回路的接触器动作线圈两端各并联一个指示灯，按电器动作的先后次序排列，集中安装，直观地将控制电路的工作情况显示出来，便于机车乘务员在运行途中，及时发现因接触器原因造成的电气故障，指导乘务员采取应急处理措施，维持列车运行。

（3）条件成熟时，可接入微电脑，检测各触点、电路的电阻值，显示电路状态。

**2. 继电器常见故障及检修方法**

继电器是一种根据外界输入的信号，如电量（电压、电流）或非电量（热量、时间、转速等）的变化接通或断开控制电路，以完成控制或保护任务的电器，它有三个基本部分，即测量机构、比较机构和执行机构，以下是它们产生故障的检修方法。

1）测量机构的检修

对于电磁式（电压、电流、中间）继电器，其测量机构即为电磁系统。电磁系统的故障主要集中在线圈及动、静铁芯部分。

（1）线圈故障检修。

线圈故障通常有线圈绝缘损坏；受机械损伤形成匝间短路或接地；由于电源电压过低，动、静铁芯接触不严密，使线圈通过电流过大，线圈发热以致烧毁。其修理时，应重绕线圈。如果线圈通电后衔铁不吸合，可能是线圈引出线连接处脱落，使线圈断路。检查出脱落处后焊接上即可。

（2）铁芯故障检修。

铁芯故障主要有通电后衔铁吸不上。这可能是由于线圈断线，动、静铁芯之间有异物，电源电压过低等造成的，应区别情况修理。通电后，衔铁噪声大。这可能是由于动、静铁芯接触面不平整，或有油污造成的。修理时，应取下线圈，锉平或磨平其接触面；如有油污应进行清洗。噪声大可能是由于短路环断裂引起的，修理或更换新的短路环即可。

断电后，衔铁不能立即释放，这可能是由于动铁芯被卡住、铁芯气隙太小、弹簧劳损和铁芯接触面有油污等造成的。检修时应针对故障原因区别对待，或调整气隙使其在 0.02～0.05 mm 内，或更换弹簧，或用汽油清洗油污。对于热继电器，其测量机构是热元件。其常见故障是热元件烧坏，或热元件误动作和不动作。

（1）热元件烧坏。这可能是由于负载侧发生短路，或热元件动作频率太高造成的。检修时应更换热元件，重新调整整定值。

（2）热元件误动作。这可能是由于整定值太小、未过载就动作，或使用场合有强烈的冲击及振动，使其动作机构松动脱扣而引起误动作造成的。

（3）热元件不动作。这可能是由于整定值太小，使热元件失去过载保护功能所致。检修时应根据负载工作电流来调整整定电流。

2）比较机构的检修

（1）对空气式时间继电器，其比较机构主要是气囊。其常见故障是延时不准。这可能是由于气囊密封不严或漏气，使动作延时缩短，甚至不延时；也可能是气囊空气通道堵塞，使动作延时变长。修理时，对于前者应重新装配或更换新气囊，对于后者应拆开气室，清除堵塞物。

（2）对速度继电器，其胶木摆杆属于比较机构。如反接制动时电动机不能制动停转，就可能是胶木摆杆断裂。检修时应予以更换。

3）执行机构的检修

大多数继电器的执行机构都是触点系统。通过它的"通"与"断"，来完成一定的控制功能。触点系统的故障一般有触点过热、磨损、熔焊等。引起触点过热的主要原因是容量不够，触点压力不够，表面氧化或不清洁等；引起触点磨损的主要原因是触点容量太小，电弧温度过高使触点金属氧化等；引起触点熔焊的主要原因是电弧温度过高，或触点严重跳动等。触点的检修顺序如下：

（1）打开外盖，检查触点表面情况。

（2）如果触点表面氧化，对银触点可不做修理，对铜触点可用油光锉锉平或用小刀轻轻刮去其表面的氧化层。

（3）如果触点表面不清洁，可用汽油或四氯化碳清洗。

（4）如果触点表面有灼伤烧毛痕迹，对银触点可不必整修，对铜触点可用油光锉或小刀整修。不允许用砂布或砂纸来整修，以免残留砂粒，造成接触不良。

（5）触点如果熔焊，应更换触点。如果是因触点容量太小造成的，则应更换容量大一级的继电器。

（6）如果触点压力不够，应调整弹簧或更换弹簧来增大压力。若压力仍不够，则应更换触点。

## 任务实施与评价

（1）下发任务单，明确学习任务、主要内容、知识目标、能力目标、素质目标要求；

（2）学生按任务单要求制订学习计划，完成预习任务及相关知识准备；

（3）某动车组电路图引入；

（4）学生根据动车组电路图说明低压电器所起的作用；

（5）对比几种接触器说明它们各自的特点及用途；

（6）教师组织抢答识别接触器及继电器的组成部件；

（7）学生识别几种常用的低压电器，教师辅导答疑，学生以个人或学习小组方式进行学习小结及反思；

（8）学生进行学习自我评价及学习小组成员互评，教师及小组长（副组长）进行学习他人评价，检查任务完成情况。

# 项目 6  动车组高压电器

项目描述

高压电器是指主电路中使用的电气设备，包括受电弓、真空断路器、避雷器、高压电压互感器、高压电缆及高压电缆连接器、保护接地开关、高压隔离开关、高压电流互感器、接地电阻器等。

本项目主要认识动车组高压电器及高压电器工作原理，为掌握动车组电器主电路打下扎实的理论基础。

【本项目任务】

任务 6.1　受电弓

任务 6.2　高压设备箱

任务 6.3　真空断路器

任务 6.4　避雷器

任务 6.5　高压互感器

任务 6.6　动车组其他高压电器

教学目标

**1. 知识目标**

（1）了解动车组高压电器相关理论知识；

（2）熟悉动车组高压电器的结构组成及工作原理；

（3）掌握动车组高压电器的检修、检测和维护保养方法。

**2. 能力目标**

（1）能够区分动车组各型高压电器；

（2）能够正确使用动车组高压电器并进行一般维修；

（3）能够判断动车组高压电器的简单故障；

（4）能够制订一般的维修计划，提出维修措施；

（5）能够对动车组高压电器进行分解、检修组装及试验。

**3. 素质目标**

（1）培养学生利用网络自学的能力；

（2）在项目完成过程中培养学生严谨认真的态度、企业经济效率意识、创新和挑战意识；

（3）能客观、公正地进行学习自我评价及对小组成员的评价。

# 任务 6.1 受 电 弓

## 6.1.1 概述

受电弓是动车组从接触网导线上受取电流的一种受流装置。列车运行时压缩空气通过车的各阀进入受电弓升弓装置气囊，升起受电弓，使受电弓滑板与接触网接触；降弓时，排出升弓装置气囊内的压缩空气，使受电弓落下。它通过绝缘子安装在动车组的车顶上，当受电弓升起时，其滑板与接触网导线直接接触，从接触网导线上受取电流，通过车顶母线传送到动车组内部，供动车组使用。

受电弓靠滑动接触而受流，是动车组与固定供电装置之间的连接环节，其性能的优劣直接影响到动车组工作的可靠性。随着动车组运行速度的不断提高，对其受流性能也提出了越来越高的要求。

CRH$_2$ 型动车组受电弓采用 DSA250 型（北京赛德公司生产），其适合中国既有线路和客运专线接触网。每列动车组（8 辆）设两台受电弓，安装高度距轨面 5 300 ~ 6 500 mm，其间用特高压配线连接，最高运行速度为 250 km/h。受电弓安装自动降弓装置。动车组正常运行时，采用单弓受流，另一台备用，处于折叠状态。

（1）用于高速列车的受电弓（高速受电弓）应满足以下基本条件。

① 高速受电弓的滑板与接触网导线之间要保持恒定的接触压力，以实现比常规受电弓更为可靠的连续电接触。受电弓的滑板与接触网导线之间的接触压力不能过大或过小。因此，受电弓的结构应保证滑板与接触网导线在规定的受电弓工作高度范围内保持恒定不变的、大小合适的接触压力。

② 与常规受电弓相比，高速受电弓要尽可能减轻受电弓运动部分的重量，以保证与接触网导线有可靠的电接触。运行中，受电弓将随着接触网导线高度变化而上下运动，在高速条件下，这种运动更为频繁，从而直接影响滑板与接触网导线之间接触压力的恒定。由于接触压力除与接触网的结构、性能有关外，还与受电弓的静态特性（静止状态下接触压力与受电弓高度关系）和动态特性（运行状态下受电弓上下运动的惯性力）有关，因此对于高速受电弓，除必须保证机械强度和刚度外，应尽可能降低受电弓运动部分的重量，从而减小运动惯性力。这样才能使受电弓滑板迅速跟上接触网导线高度的变化，保证良好的电接触。

③ 由于高速运动时空气阻力很大，因此高速受电弓在结构设计上要考虑充分，力求使作用在滑板上的空气制动力由别的零件承担，从而使受电弓滑板在其垂直工作范围内始终保持水平，以减小甚至消除空气制动力对滑板与接触网导线间接触压力的影响。

④ 滑板的材料、形状、尺寸应适应高速的要求，以保证良好的接触状态及更高的耐磨

性能。

⑤ 要求受电弓在其工作高度范围内升降弓时，初始动作迅速，终了动作较为缓慢，以确保在降弓时快速断弧，并防止升降弓时受电弓对接触网和底架有过大的冲击载荷。

（2）弓网故障时，为避免弓网事故的进一步扩大，受电弓设置自动降弓装置，主要功能如下。

① 受电弓出现滑板断裂、沟槽拉大、磨耗到限等损坏或绝缘导管断裂时，实现快速降弓。

② 降弓动作的同时，自动切断真空断路器，避免带负载降弓产生拉弧火花而损坏受电弓滑板和接触网导线。

③ 自动降弓的同时，可实现声响和指示灯报警等功能，便于乘务员了解情况，及时采取措施。

## 6.1.2  受电弓的分类

### 1. 双臂式

双臂式受电弓是最传统的受电弓，如图 6 - 1 所示，因其形状为菱形，也可称 "菱" 形受电弓。但现因保养成本较高，加上故障时有扯断电车线的风险，目前部分新出厂的铁路车辆已改用单臂式受电弓；还有部分铁路车辆（如新干线 300 系列车）从原有的双臂式受电弓，改造为单臂式受电弓。

### 2. 单臂式

除了双臂式，还有单臂式受电弓，如图 6 - 2 所示，也可称为 "之"（Z、<）字形受电弓。此款受电弓的好处是比双臂受电弓噪声低，故障时也较不易扯断电车线，为目前较普遍的受电弓类型。而依据各铁路车辆制造厂的设计方式不同，在受电弓的设计上会有些差异。

图 6 - 1  双臂式受电弓

图 6 - 2  单臂式受电弓

### 3. 垂直式

除了上述两款受电弓，还有某些受电弓是垂直式设计的，也可称为 "T" 形（翼形）受电弓，如图 6 - 3 所示，其低风阻的特性特别适合高速行驶，以减少行车时的噪声。所以此款受电弓主要用于高速铁路车辆。但是由于成本较高，垂直式受电弓已经不再使用（日本新干线 500 系改造时由垂直式受电弓改为单臂式受电弓）。

图 6 - 3　垂直式受电弓

**4. 石津式**

石津式受电弓由日本冈山电气轨道的第六代社长——石津龙辅 1951 年发明，又称为"冈电式""冈轨式"受电弓。

## 6.1.3　CRH$_2$ 型动车组受电弓的机构及参数

**1. 结构**

DSA250 型受电弓构成如图 6 - 4 所示。升弓装置安装在底架上，通过钢丝绳作用于下臂。下臂、上臂和弓头由较轻的铝合金材料结构设计而成。

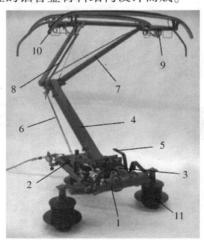

图 6 - 4　DSA250 型受电弓构成
1—底架；2—阻尼器；3—升弓装置；4—下臂；5—弓装配；6—下导杆；7—上臂；
8—上导杆；9—弓头；10—滑板；11—绝缘子

滑板安装在 U 形弓头支架上，弓头支架垂悬在 4 个拉簧下方，两个按钮安装在弓头和上臂间，这种结构使滑板在机车运行方向上移动灵活，而且能够缓冲各方面的冲击，达到保护滑板的目的。

对于不同型号和不同速度等级的机车，受电弓的空气动力可以通过安装弓头翼片来进行调节。

气动元件安装在位于底架的控制盒内，自动降弓装置（ADD 装置）可以检测到滑板的使用情况，如果滑板磨耗到极限或受冲击断裂后，受电弓会迅速自动降下，防止弓网事故进一步扩大。当重联运行时，一旦前弓因故障自动降弓后，滑板监测装置可以通过 TCMS 系统，实现后弓的联锁降弓，从而保护后弓免受损坏。ADD 关闭阀置于车内，当受电弓自动降弓后，如果对接触网没有造成损坏，而且对受电弓性能没有影响时，可关闭 ADD 关闭阀，重新升起受电弓。更换滑板后，应重新启动 ADD 装置。

**2. 部件的特点**

（1）底架由高级合金钢焊接成方框结构，具有很高的机械结构强度和抗振性能。该部件直接安装在车顶上，在受电弓的四臂连杆机构当中作为静臂杆，同时也是驱动装置系统、ADD 装置及其他连杆机构的安装和连接枢纽。

（2）阻尼器采用的是单向阻尼器。根据不同的接触网类型及速度要求，合适的阻尼匹配值可有效地改善受电弓的速度运行范围。

（3）DSA250 型受电弓升弓装置为气囊装置，ADD 装置可以使受电弓滑板在磨损到位或者因刮弓等原因导致滑板破损时，立即降弓，避免受电弓和接触网继续损坏从而扩大故障。

（4）下臂杆由圆管合金钢焊接而成，该部件作为四臂连杆机构中的主动杆，传递驱动装置的输出力矩给上框架系统，并最终作用于弓头系统，保证所需的弓网接触压力，同时也是 ADD 装置气路保护传输的通道。

（5）弓头结构大量采用铝合金结构，并采用铝托架整体滑板，大大降低了弓头的归算质量，保证了良好的弓网动力学性能。

**3. 技术参数**

（1）名称：单臂式受电弓。

（2）型号：DSA250 型。

（3）设计速度：250 km/h。

（4）额定电压/电流：25 kV/1 100 A。

（5）标称接触压力：70 N（可调整）。

（6）空气动力调整：通过弓头翼片调节（根据用户需要选装）。

（7）升弓驱动方式：气囊装置。

（8）输入空气压力：0.4～1 MPa。

（9）静态接触压力为 70 N 时的标称工作压力：约 0.35 MPa。

（10）弓头垂向移动量：60 mm。

（11）精密调压阀耗气量：输入压力小于 1 MPa 时不大于 11.5 L/min。

（12）材料：

① 滑板：整体碳滑板（铝托架/碳条）。

② 弓角：钛合金。

③ 上臂/下臂：高强度铝合金。

④ 下导杆：不锈钢。

⑤ 底架：低合金高强度结构钢。

（13）质量：约 115 kg（不包含绝缘子）。

注意：必须要由专业技术人员和乘务员来使用和维护受电弓。在任何情况下，必须采取必要的安全和防护措施。

## 6.1.4　CRH$_2$ 型动车组受电弓工作原理

### 1. 受电弓工作原理及气路组装

受电弓是通过压缩空气来实现升降控制的，其压缩空气的空气管路原理图如图 6-5（a）所示。压缩空气通过电空阀（1），经空气过滤器（2）—单向节流阀（升弓）G1/4（3）—精密调压阀 Rc1/2（4），精密调压阀 Rc1/2 将压缩空气调整到正常升弓压力值约为 0.35 MPa，相当于接触压力 70 N，由精密调压阀 Rc1/2 向受电弓提供恒定的压缩空气，其调节精度为 ±0.002 MPa。气压每变化 0.01 MPa（约 0.1 kgf/cm$^2$），接触压力变化 10 N。然后经气压表（5）—单向节流阀（降弓）G1/4（6）—安全阀（7）—压缩空气绝缘管（8）—升弓气囊（9）。

精密调压阀 Rc1/2 在工作过程中，为保证输出压力稳定，溢流孔和主排气孔始终有压缩空气间歇性排出，属正常现象。

气压表（5）显示值仅作为参考，应以实测接触压力为准。单向节流阀（升弓）G1/4（3）用于调节升弓时间，单向节流阀（降弓）G1/4（6）用于调节降弓时间。如果精密调压阀 Rc1/2 出现故障，安全阀（7）会起到保护气路的作用。

精密调压阀 Rc1/2 运用中不得随意改变其调整值，为保证各种控制阀正常使用，应严格防止水和其他杂质渗入（注意机车上部件管接头的密封，并及时检查清理空气过滤器。精密调压阀 Rc1/2 的更换应采用原厂配件或装备部指定的产品，否则引起质量事故，后果由用户承担）。

### 2. 自动降弓装置（ADD）

自动降弓装置（ADD）的工作原理图如图 6-5（b）所示。经过调压后的压缩空气进入到带有风道的滑板（1），如果滑板（1）出现空气泄漏，达到一定的压力差值后，快速降弓阀（4）动作，升弓装置（7）中的气体会从快速降弓阀中（4）迅速排出，从而实现自动降弓。

滑板若存在微小裂缝和少量的漏气，受电弓仍能升起，则属于正常允许范围，滑板可继续使用。

装有主断分断装置的受电弓，当滑板受到冲击泄漏时，压力差值同时使得压力开关（5）产生一个电信号传输给机车主断分断装置，机车控制器会切断主断路器。同时切断电磁阀（6），停止供气，压缩空气会快速从机车主断分断装置的快排阀及受电弓的快速降弓阀（4）排出，迅速降弓，这样可避免在下降的过程中电弧对网线和受电弓的损坏。

在正常的升弓条件下，压力开关有延时功能，延时设置为 15 ~ 20 s。如果快速降弓阀（4）和滑板（1）间的气管断裂，自动降弓装置可以通过 ADD 关闭阀（3）停止使用。重新连接后注意清理渗水。

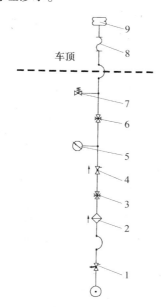
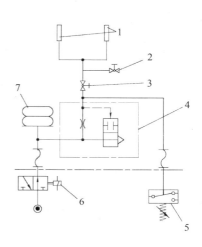

（a）空气管路原理图　　　　　　　　（b）自动降弓装置（ADD）的工作原理图

图 6 - 5  受电弓工作原理图

（a）1—电空阀；2—空气过滤器；3—单向节流阀（升弓）G1/4；4—精密调压阀 Rc1/2；5—气压表 R1/8；
6—单向节流阀（降弓）G1/4；7—安全阀；8—压缩空气绝缘管；9—升弓装置（气囊）；
（b）1—滑板；2—ADD 试验阀；3—ADD 关闭阀；4—快速降弓阀；
5—压力开关；6—电磁阀；7—升弓装置

## 6.1.5  受电弓的使用

受电弓使用时应注意以下条件。

（1）环境温度：–40 ℃ ~ +40 ℃，注意阀板尽可能装在车内。

（2）压缩空气压力值：必须使用干燥的空气，正常升弓空气压力值为 0.34 ~ 0.38 MPa（接触压力为 70 N 时）。

（3）接触压力调整：受电弓在正常工作高度，接触压力可在机车顶部用弹簧秤测量，如果需要可由专业技术人员通过精密调压阀调节，调整好的精密调压阀在使用边程中禁止随意人为调整。更换受电弓时，应重新检测受电弓的接触压力。

## 6.1.6  维护说明

### 1. 检查

使用前，在降弓位置检查钢丝绳的松紧程度，两侧张紧程度应一致。清理阀板上的过滤器，拧开滤清器的外罩，清理尘埃和水。

（1）间隔 4 周的维修内容。

目测整个受电弓。若存在损坏的绝缘子，破损的软连接钱，损坏的滑动轴承和变形的部件都应更换。若磨耗部件超过其磨损极限，也应当及时更换。清洁车顶与受电弓之间的绝缘管，可用中性清洁剂，不得使用带油棉纱。每天用干棉纱擦拭，防止灰尘吸附，导致一次短路。

（2）间隔 6 个月的维修内容。

整个受电弓性能检测。目测软连接线，用卡尺测量滑板厚度，若磨损到限则应更换。

（3）间隔 1 年的维修内容。

紧固件的检测，尤其是整个弓头弹性系统的零部件。如果需要拧紧螺母，应注意保证相应的扭矩。M8 螺栓扭矩为（12 ±2）N·m。

（4）间隔 2 年的维修内容。

轴承的润滑。滑动轴承可自润滑，对于下导杆两端的关节轴承，以及升弓装置销轴处的润滑，可用注油枪向润滑油杯内注 SHELLALVANIA R3 型润滑脂。注完后用油杯帽密封。下臂上的 6 个滚动轴承的润滑，需拆下下臂，从有弹性挡圈一端将轴拆下，衬套内注 SHELLALVANIA R3 型润滑脂后，装上下臂。拆装下臂时请向厂家索取拆装工艺。

（5）间隔 4 年的维修内容。

更换软连接线。

（6）间隔 8 年的维修内容。

更换轴承。

**2. 润滑**

润滑滚动轴承是为了提高其使用寿命。在最初安装时、两年一次的维修期或常规维修时油杯应注意密封以防尘土和水。滑动轴承可自润滑，保养方便。

**3. 清理**

阀板上的过滤器应 1~2 周清理一次。

**4. 更换滑板**

出现下列情况时，必须更换滑板。

（1）碳条磨耗后高度小于 5 mm 或滑板总高度小于 22 mm。

（2）由于产生电弧，发生变形或缺陷。

（3）滑板碎裂或出现一定深度的凹槽。

如果仅需更换一个滑板，新滑板与另一个旧滑板的高度差应不超过 3 mm。

特别注意：安装滑板压缩空气进气接口时，套紧螺母的拧紧力矩不大于 3 N·m，用手旋入或小型扭力扳手即可。

**5. 调试更换阻尼器**

阻尼器在安装受电弓前必须经过调试，其调试说明如图 6 - 6 所示。如果受电弓实际动作特性与额定值之间有较大差别，就有必要检查阻尼器的安装情况。磨损、动作不灵活、漏油时，须更换阻尼器。

具体操作如下：先把阻尼器拉伸、压缩 5 次，长度 = 54 mm，落弓位置的安装长度 = （480 ± 1.5） mm。

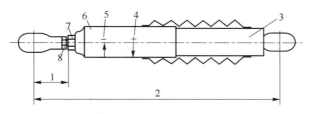

图 6 - 6　阻尼器调试说明

1—长度 = 54 mm；2—长度 = （480 ± 1.5） mm；3—阻尼器；4—右；5—左；

6—防坐盖；7—锁紧螺母（气缸）；8—锁紧螺母（接头）

**6. 检查升弓装置**

建议每 4 ~ 6 周在落弓位置检查一次钢丝绳的松紧。如需要，则把钢丝绳拉紧，但两螺母拧紧量要相同，避免升弓装置松弛（在落弓位置）。装有升弓装置的底架如图 6 - 7 所示。

图 6 - 7　装有升弓装置的底架

1—弓装配；2—升弓装置；3—钢丝绳；4—销轴；5—主通气管；6—线导向

## 6.1.7　弓网故障后的检修、检测

当发生弓网故障，造成受电弓滑板、弓头、上臂等零部件变形或损坏时，应将受电弓从车顶拆下，进行全面调修或更换零部件，检修完成后在专用试验台上对受电弓进行例行试验（包括动作试验、弓头自由度测量、气密性试验、静态压力特性试验等），试验合格后方可重新装车投入使用。对于较轻的刮弓，可在车顶调试升降弓时间、进行静态压力特性试验等。关于受电弓的一些常见故障和维修，可以参见《$CRH_2$ 型动车组途中应急故障处理手册》中相关部分和《$CRH_2$ 型动车组一、二级检修作业暂行办法》的受电弓专项修办法部分。

# 任务 6.2 高压设备箱

高压设备箱安装在 2、6 号车底架下，真空断路器、避雷器、地板下电缆接线盒及指示灯安装在高压设备箱内。高压设备箱内安装的各部件可单独装卸，也可根据需要进行整体装卸。

高压设备箱使用铝合金型材，采用密封结构，避免其内安装的部件受到污损。为适应通过隧道时压力的变化，设有过滤器，以便与外界大气进行交换。此外，为降低避雷器的限压抑制，空中绝缘距离设为 230 mm。高压设备箱按照确保大地绝缘距离为 230 mm 以上的要求来配置其内安装的部件。高压设备箱上装有避雷器，侧面安装真空断路器、地板下电缆接线盒及指示灯。为安全起见，在接地保护开关接通时，设置指示灯加以确认。

高压设备箱底部设置检查盖，通过锁闭装置进行锁闭。内部各部件的安装全部在箱内进行。实施作业及检查时，操作锁闭装置后可以打开检查盖。

高压设备箱设置与车顶保护接地开关联锁的锁闭装置，是为了在检查高压设备箱内部件时，防止触电。锁闭装置由辅助空气压缩机（装在 M2 车底架下）单元内管座上的钥匙和高压设备箱的锁装置组成。各车厢的高压设备箱使用的钥匙不同（钥匙上标有号码）。

# 任务 6.3 真空断路器

主断路器连接在受电弓与牵引变压器原边绕组之间，安装在车顶或高压电器箱内，它是动车组电源的总开关和动车组的总保护电器。当主断路器闭合时，动车组通过受电弓从接触网导线上获得电源，投入工作；当动车组主电路和辅助电路发生短路、超载、接地等故障时，故障信号通过相关控制电路使主断路器自动开断，切断动车组总电源，防止故障范围扩大。

主断路器属于高压断路器的一种，按其灭弧介质不同可分为油断路器、空气断路器、$SF_6$ 断路器和真空断路器等。

动车组采用的是真空断路器。真空断路器以真空作为绝缘介质和灭弧介质，利用真空耐压强度高和介质强度恢复快的特点进行灭弧。与空气断路器相比，真空断路器具有结构简单、工作可靠、分断容量大、动作速度快、绝缘强度高、整机检修工作量小等诸多优点，因而在电力工业中得到广泛应用。

BVAC - N99 交流真空断路器用于开断、接通动车组主电路，同时用于动车组的过载、短路和接地保护。BVAC - N99 交流真空断路器是利用压缩空气进行操作并利用真空进行灭弧的高压电器。它的特点是：绝缘性高；采用真空灭弧，环境稳定性好；结构简单；开断容量大；机械寿命长；维护保养简单；与空气断路器有互换性。本节以 BVAC - N99 交流真空断路器为例介绍真空断路器的结构及工作原理。

**1. 结构及主要部分作用**

BVAC – N99 交流真空断路器结构如图 6 – 8 所示。该真空断路器有 3 个主要的组成部分：上面是高压电流部分；中间是与地隔离的绝缘部分（中间绝缘部分）；下面是电空机械装置和低压电流部分（控制部分）。

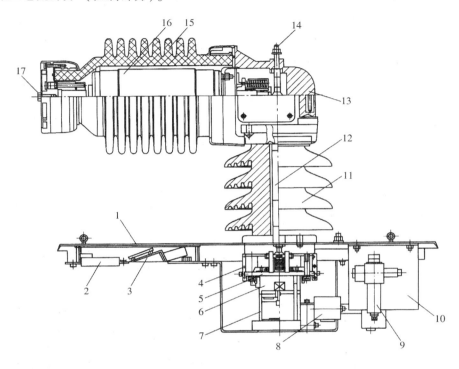

图 6 – 8 BVAC – N99 交流真空断路器结构

1—底板；2—插座连接器；3—110 V 控制单元；4—辅助触头；5—肘节机构；6—保持线圈；7—压力气缸；
8—电磁阀；9—调压阀；10—储风缸；11—垂直绝缘子；12—绝缘操纵杆；13—传动头组装；
14—高压连接端（HV1）；15—水平绝缘子；16—真空开关管组装；17—高压连接端（HV2）

1）高压电流部分

高压电流部分包括水平绝缘子、真空包组装和传动轴头组装等，如图 6 – 9 所示。真空包组装安装于水平绝缘子内部，构成动车组顶上的高压回路。真空包组装包括动触头、静触头和瓷质外罩、金属波纹管等，如图 6 – 10 所示。

金属波纹管的设置既可保持密封，又可使动触头在一定范围内移动，保证动、静触头在一定的真空度下断开。真空度是真空包组装最重要的参数之一，与真空包组装的开断能力成一定关系。

真空包组装的分、合闸操作体现了整个主断路器的分、合闸状况，具体表现为对动触头的操作，通过右端传动轴头组装导向来自气动部分产生的机械动力来完成，这样就可以保证它的轴向运动。

2）中间绝缘部分

中间绝缘部分包括垂直绝缘子和底板，以及安装于车顶与断路器之间的 O 形密封圈。

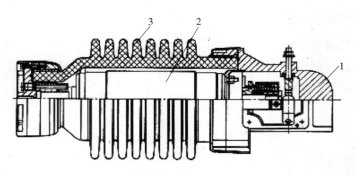

图 6-9 真空断路器高压电流部分

1—传动轴头组装；2—真空包组装；3—水平绝缘子

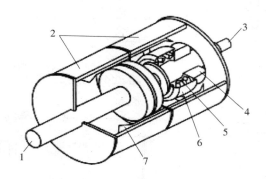

图 6-10 真空包的组装

1—静触头；2—瓷质外罩；3—动触头；4—导套；5—金属波纹管；6—波纹管罩；7—金属罩

垂直绝缘子安装在底板上用以提供 30 kV 的绝缘要求，同时绝缘操纵杆通过垂直绝缘子的轴向中心孔，连接电空机械装置和真空包组装的动触头。底板安装于车顶，O 形密封圈用以保证断路器与车顶之间的密封。

3）控制部分

控制部分包括储风缸、调压阀、电磁阀、压力气缸、保持线圈、肘节机构、110 V 控制单元等操纵控制部件。

BVAC-N99 交流真空断路器采用电空控制。该控制通过空气管路，在动触头快速合闸过程中提供必需的压力。储风缸是实现断路器气动控制的气压源，能够满足在动车组对断路器不供气的状态下，其残存压缩空气至少能使断路器完成一次动作。调压阀安装在断路器进气口与储风缸之间，通过对其气压值的整定，保证进入储风缸内的气压值，同时，调压阀上安装有一空气过滤阀，以保证进入储风缸气体的清洁与干燥。电磁阀控制储风缸内的气流的通断。压力气缸把空气压力转化为机械作用力。保持线圈安装于压力气缸上部，通过对压力气缸活塞的吸合，实现对断路器合闸状态的保持。肘节机构用以实现断路器分闸时的快速脱扣，保证断路器快速地分断。110 V 控制单元安装在断路器底板下部，通过其对断路器的动作进行整体控制。

**2. 工作原理**

1）合闸装置

合闸装置带有空气管路，在动触头快速合闸过程中提供必需的压力。压力开关监控断路器合闸的最小压力。电磁阀控制气缸内的气流量，操作机械装置气缸把空气压力转化为机械作用力。调压阀通过控制气流量来保证合适的合闸速度。

断路器合闸状态通过保持线圈来保证。电磁阀得电后允许高压气体由压力气缸泄放。

合闸操作（BVAC－N99交流真空断路器在断开状态）需满足以下条件：

（1）断路器必须是断开的。

（2）必须有充足的气压。

（3）保持线圈必须处于得电状态。

真空断路器工作过程示意图如图6－11所示。

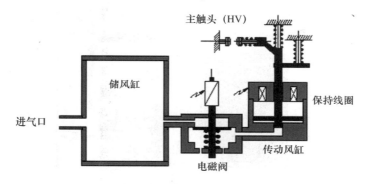

图6－11 真空断路器工作过程示意图

2）合闸步骤

（1）按"开/关"键。

（2）电空阀得电，气路打开，如图6－12所示。

压缩空气由储风缸经电空阀流入压力气缸，推动活塞向上运动，主动触头随着活塞的移动而运动。

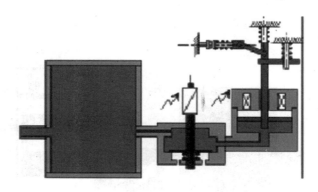

图6－12 电空阀得电

（3）恢复弹簧压缩，主触头闭合，触头压力弹簧压缩，如图6－13所示。

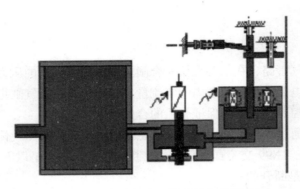

图 6 – 13　主触头闭合，触头压力弹簧压缩

（4）活塞到达行程末端，保持线圈在保持位置得电，电空阀失电，压力气缸内的空气排出，如图 6 – 14 所示。经过上述几步骤 BVAC – N99 交流真空断路器闭合。

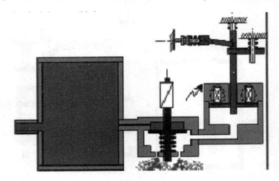

图 6 – 14　活塞到达行程末端

3）分闸装置

当保持线圈电流切断（控制电源失电）断路器，断路器分闸，快速脱扣通过恢复弹簧、触头压力弹簧来实现。通过此系统，在失电和停气时保证断路器的开断。为了限制脱扣装置的振动，冲程结束时，必须通过空气的压缩来实现缓冲。

4）分闸步骤

真空断路器分闸如图 6 – 15 所示。

（1）保持线圈失电。

（2）活塞在弹簧力下移动（触头压力弹簧和恢复弹簧）。

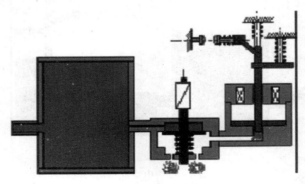

图 6 – 15　真空断路器分闸

（3）主触头打开，真空室灭弧。

（4）行程结束，活塞缓冲。BVAC - N99 交流真空断路器断开。

**3. 维护**

（1）各紧固件齐全、完好、紧固，插头、插座完好。

（2）绝缘子不许有裂痕，并保持其清洁干净。

（3）调压阀、储风缸、管道、阀门不许有漏气现象，应及时排净调压阀、储风缸内的水分。

（4）检查真空开关的主触头磨损状态及开距。

# 任务 6.4　避　雷　器

## 6.4.1　概述

避雷器是一种限制过电压的保护装置，通常由火花间隙和非线性电阻组成，其工作原理图如图 6 - 16 所示。它与被保护物并联，当出现的过电压危及被保护物时，避雷器放电，使高压冲击电流泄入大地后，它仍能恢复原工作状态，截止伴随而来的正常工频电流，使电路与大地绝缘。过电压越高，火花间隙击穿越快，从而限制了加于被保护物上的过电压。击穿电压的幅值同击穿时间的关系称为伏秒特性。为使避雷器能可靠地保护被保护物，避雷器伏秒特性至少应比被保护物绝缘子的伏秒特性低 20% ~ 25%，如图 6 - 17 所示。另外，避雷器在放电时，应能承受热及机械应力等变化而本身结构不致损坏。

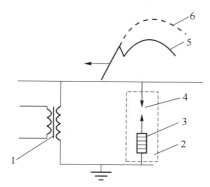

图 6 - 16　避雷器的工作原理

1—被保护变压器；2—避雷器；3—非线性电阻；
4—火花间隙；5—被限制的过电压波；
6—未被限制的过电压波

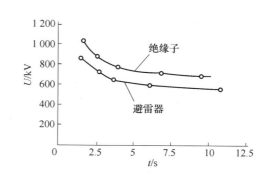

图 6 - 17　避雷器的伏秒特性

避雷器的主要类型有保护间隙避雷器、管形避雷器、阀形避雷器和氧化锌避雷器等。$CRH_2$ 型动车组采用的是 LA205 型氧化锌避雷器。

## 6.4.2　氧化锌避雷器

LA205 型氧化锌避雷器由采用聚合物制成的瓷管与氧化锌组件组成。氧化锌组件由 14

个采用弹簧强力固定、带有止振橡胶的元件构成。在瓷管内部装有氧化锌组件，用氮气密封。如果避雷器因大电流而短路，则内部压力上升异常，需通过特殊薄金属板的放压装置向外释放高压气体。

### 1. 工作原理

避雷器是一种保护电器，用于限制电气设备运行过程出现的大气过电压及操作过电压，使电气设备免受过电压损害，减少系统的跳闸率及事故率。

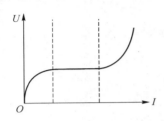

图 6 – 18　氧化锌避雷器
工作原理图

氧化锌避雷器是采用 ZnO 等多种金属氧化物制成的，具有相当理想的伏安特性，其工作原理图如图 6 – 18 所示。ZnO 等多种金属氧化物线性系数只有 0.025 左右，使得避雷器在正常工作电压下，流过的电流非常小，可认为是一种绝缘体；而当电压值超过某一动作值时，电流急剧增加，电流的增加反过来抑制电压的上升，从而保护了机车的绝缘设备不被击穿。待电压恢复到正常工作范围时，电流相应恢复极小值，避雷器仍呈绝缘态，不影响系统的正常工作。

一般来讲，避雷器的选择既要保证在正常工作电压下电流很小，且产品不易老化，又要保证在过电压下正常释放能量，使电压不会上升到损坏绝缘的程度，因此，考核避雷器主要有 3 个参数：大电流下残压、工作电压下续流和通流容量。

### 2. 主要技术参数

（1）额定电压：AC42 kVrms。

（2）标称放电电流：10 kA（$8 \times 20 \mu s$）。

（3）持续运行电压：AC33 kVrms。

（4）动作电压：≥AC57 kV；

（5）限制电压：≤AC100 kV。

　　　　　　　　≤DC107 kV。

（6）耐放电量：

冲击电流：100 kA（$8 \times 20 \mu s$）。

矩形波：400 A，2 周。

（7）质量：21 kg。

### 3. 产品结构及特点

LA205 型氧化锌避雷器结构如图 6 – 19 所示，它主要由弹簧、氧化锌元件、法兰及固定针等组成。

氧化锌避雷器具有以下特点。

（1）它是理想的全天候避雷器。与保护间隙避雷器相比，不存在间隙放电电压随气候变化而变化的问题。

（2）防污性能好，适用范围广。因为设计了防污型瓷套，保证了足够的爬电距离，故污秽不影响间隙电压，所以在重污秽地区比传统避雷器有很大的优越性。

（3）防震性能好。对芯体采取了防震及加固措施，减少了各部件之间的相对位移，使芯体牢固地固定在瓷套内，满足了机车运行中振动频繁的要求。

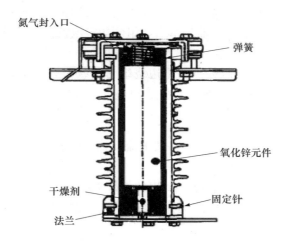

图 6 – 19　LA205 型氧化锌避雷器结构

（4）防爆性好。使用了压力释放装置，在法兰侧面开一缺口，使气体定向释放。当避雷器在超负载动作或意外损坏时，瓷套内部压力剧增，使得压力释放装置动作，排出气体，从而保护瓷套不致爆炸，确保即使出现意外情况，车顶设备仍然完好，并能可靠运行。

（5）非线性系数好，阀片电荷率高，保护性能优越，它不但能抑制雷电过电压，而且对操作过电压也有良好的抑制作用。

（6）无续流，不存在灭弧问题，使地面变电站因机车引起的不明跳闸故障大为减少。

（7）体积小，重量轻，通流容量大，抗老化能力强，运行寿命长。

**4. 安装**

避雷器的安装应自下而上进行。在安装过程中，首先安装连接过渡板，要确保气体释放方向朝向机车外侧未安装电气设备的空旷区。高压端用软连接线与车顶母线连接，地线接在接地连接片上。避雷器退出运行时，其拆卸方向与安装方向逆向而行。

**5. 一般性维护保养**

（1）在使用氧化锌避雷器的过程中，要始终保持瓷套表面干燥、光洁、无裂痕。每次回库定修时，需用干净软布擦拭瓷套，清除污垢。

（2）每次回库定修时需检查喷口，不允许有开裂或裂开。

（3）每次回库定修时需检查导线和编织线，导线需连接紧固，编织线折损面积不得超过原截面的 10%。

（4）运行过程中，原有刷漆部分每隔 1 ~ 2 年补漆一次。

# 任务 6.5　高压互感器

互感器是一种测量用设备，有电流互感器和电压互感器两种，其作用原理和变压器相同，示意图如图 6 – 20 所示。

使用互感器有两个目的：一是为了工作人员的安全，使测量回路与高压电网隔离；二是可以使用小量程的电流表测量大电流，用低量程电压表测量高电压；三是用于各种继电保护装置的测量系统。通常，电流互感器的牵引绕组侧额定电流为 5 A 或 1 A，电压互感器的牵引绕组侧额定电压为 100 V。

图 6 – 20 中，电流互感器匝数少的原边绕组与负载串联，匝数多的副边绕组与电流表相连。当铁芯未饱和时，互感器的电流比和电压比可以用式（6 – 1）和式（6 – 2）来计算。

$$K_1 = \frac{I_1}{I_2} \approx \frac{W_2}{W_1} \quad （一般电流互感器的 I_2 = 5 \text{ A}） \qquad (6-1)$$

$$K_2 = \frac{U_1}{U_2} \approx \frac{W_2}{W_1} \quad （一般电压互感器的 U_2 = 100 \text{ V}） \qquad (6-2)$$

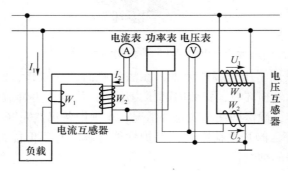

图 6 – 20　互感器的工作原理示意图

由此可见，我们只需要一只考虑放大 $K_1$ 或 $K_2$ 倍值刻度的电流表或电压表同一个专用的电流互感器或电压互感器配套使用，即可直接读出大电流或高电压值，即

$$I_1 = K_1 I_2 \qquad (6-3)$$

$$U_1 = K_2 U_2 \qquad (6-4)$$

互感器虽与变压器相似，但从两者的用途来看，变压器除了用来变压和有时变相外，主要用于传输电能，而互感器则是把原边电路的电压、电流准确地反映给副边电路。所以，电力机车上的互感器在结构和要求上都与电力变压器有所区别。其主要特点如下。

（1）电流互感器的原边绕组同主电路串联，通过原边的电流就是主电路的负载电流 $I_1$，与副边电流 $I_2$ 无关；而电力变压器的原边电流却是随副边电流的改变而改变的。

（2）由于串接在电流互感器副边的测量仪表或继电器电流线圈的阻抗都很小，所以，电流互感器的正常工作状态接近于短路状态，这也是同变压器不同的。

## 6.5.1　电流互感器

与普通的变压器相比，电流互感器的一次绕组由一匝或几匝截面较大的导线构成，并串入需要测量电流的电路中；牵引绕组的匝数较多，导线截面较小，并与阻抗很小的仪表（如电流表、功率表的电流线圈等）接成回路。电流互感器的运行情况相当于变压器的短路情况，必须注意以下两点。

（1）电流互感器的二次绕组绝对不允许开路。

（2）必须将电流互感器的外壳和二次绕组的一端可靠接地，以防原边、副边绕组间绝缘损坏，原边电压窜入二次侧，引起触电和仪表损坏。

CRH$_2$型动车组采用 BB - S 隔离型高压电流互感器，用于检测牵引变压器原边电流值。一个基本动力单元配置一个电流互感器，全列共设置两个电流互感器。

其技术参数如下。

（1）额定工作电压：25 kV。

（2）变流比：200/5。

（3）额定频率：50 Hz。

（4）额定负载：20 VA。

（5）质量：35 kg。

## 6.5.2　电压互感器

电压互感器工作时，原边绕组直接接到被测的高压电路，牵引绕组接电压表或功率表的电压线圈。由于电压表和功率表的电压线圈内阻抗很大，所以电压互感器的运行情况相当于变压器的空载情况。忽略漏阻抗压降时，其原边绕组、牵引侧绕组之比就等于原边绕组、牵引绕组的电压之比，而电压互感器在设计时，为了保证其准确度，一般都采用高性能的硅钢片，以减小励磁电流和原边、牵引侧绕组的漏电抗。

电压互感器在使用时，必须注意以下三点。

（1）电压互感器牵引侧绝对不能短路。

（2）电压互感器的二次绕组连同铁芯一起，必须可靠接地。

（3）电压互感器有一定的额定容量，使用时牵引绕组侧不宜接过多的仪表。

CRH$_2$型动车组采用高压电压互感器检测接触网电压。一个基本动力单元配置一个电压互感器，全列车共配置两台。

电压互感器参数如下。

（1）电压互感器变比：25 kV/100 V。

（2）额定负载：100 VA。

（3）输出精度：1.0 级。

# 任务 6.6　动车组其他高压电器

## 6.6.1　高压电缆及高压电缆连接器

动车组正常情况下只有一台受电弓升弓受流，而整列动车组有两台牵引变压器同时工作，因此为了将 25 kV 高压电送至牵引变压器就需要使用高压电缆和高压电缆连接器。在 2号车后部、3 号车前后部、4 号车前部、5 号车后部、6 号车后部的车顶上设置特高压电缆连接器。为方便摘挂，在 4 号车后部、5 号车前部的车顶上，设置高压电缆用倾斜型电缆连接器，通过此高压电缆连接器接通特高压电缆。车顶高压电缆如图 6 - 21 所示。

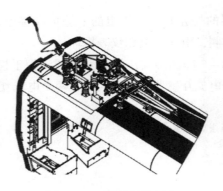

图 6 – 21　车顶高压电缆

## 6.6.2　保护接地开关

### 1. 作用

CRH$_2$ 型动车组采用 SH2052C 型接地开关，一个基本动力单元配置一台，全列车共配置两台。接地开关采用电磁控制空气操作，设置安全联锁，结构如图 6 – 22 所示。

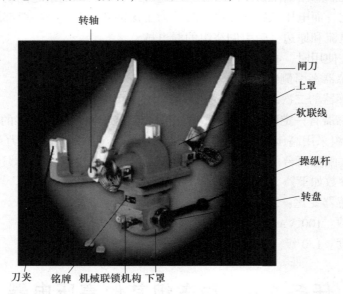

图 6 – 22　接地开关结构

### 2. 技术参数

（1）结构：耐寒耐雪结构，设防冻电热器。

（2）额定电压：30 kV，单相。

（3）额定频率：50 Hz。

（4）额定瞬时电流：6 000 A（15 周）。

（5）额定操作空气压力：785 kPa（8 kgf/cm$^2$）。

（6）额定操作电压：DC100$^{+10}_{-30}$ V。

（7）最低开关动作电压：DC60 V。

（8）最低开关动作气压：0.628 MPa（6.4 kgf/cm²）。

（9）投入操作压力变动范围：0.628~0.949 MPa（6.4~9.6 kgf/cm²）。

（10）主接触压力：（8.0±0.8）N（0.82 kgf±0.08 kgf）。

（11）接通容量：15 kA（峰值）1 次。

（12）闭合时间：≤0.5 s（气压 0.785 MPa（8 kgf/cm²），操作压力 100 V）。

## 6.6.3　高压隔离开关

### 1. 作用

高压隔离开关的作用是优化配置 25 kV 电路内高压设备的运行工况，当车顶设备发生故障时，能将故障部分隔离，维持动车组运行。它的存在可大大减少因车顶设备故障而造成的事故，保证动车组的安全运行。CRH₂ 型动车组采用 BT25.04 型高压隔离开关。

### 2. 结构

高压隔离开关主要由隔离闸刀、支撑瓷瓶和转动瓷瓶、底座安装板、传动机构、锁固机构、辅助接点、手柄等组成。高压隔离开关结构如图 6 – 23 所示。

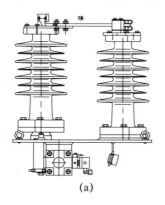
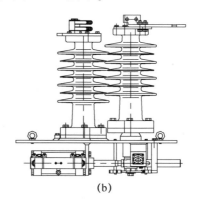

（a）　　　　　　　　　　（b）

图 6 – 23　高压隔离开关结构

### 3. 技术参数

（1）标称电压：25 kV。

（2）额定电压：30 kV。

（3）额定电流：400 A。

（4）额定频率：50 Hz。

（5）短时耐受电流：8 kA×1 s。

（6）控制电压：DC 110 V。

（7）最小动作电压：DC 77 V。

（8）额定工作气压：400~1 000 kPa。

（9）最小动作气压：350 kPa。

（10）质量：50 kg。

### 6.6.4 接地电阻器

**1. 作用**

动车组设置接地电阻器，其作用是防止接地刷的异常磨损、轴承电腐蚀，使接地电流均匀。动车组采用 MR139 型接地电阻器，在通以最大负载电流时，即使电阻体或绝缘发生局部破坏也不会导致电阻开路。并依此原则设计电阻器的容量、电阻和框架绝缘等所需的最小值，以实现结构的小型化、轻量化。

**2. 技术参数**

（1）电阻值：0.5 Ω（20 ℃）。

（2）连续电流：20 A。

（3）最大负载电流：300 A（0.25 s）。

（4）冷却方式：自冷。

（5）材质：铁铬铝合金。

（6）电阻体厚度：18.8 mm。

（7）质量：约 17.5 kg。

## 📋 任务单

| 任务名称 | 动车组高压电器 |
|---|---|
| 任务描述 | 高压电器是指主电路中使用的电气设备，包括受电弓、真空断路器、避雷器、高压电压互感器、高压电缆及高压电缆连接器、保护接地开关、高压隔离开关、高压电流互感器、接地电阻器等。 |
| 任务分析 | 本项目主要认识动车组高压电器及高压电器工作原理，为掌握动车组电器主电路打下扎实的理论基础。 |
| 学习任务 | 【子任务1】简述 DSA250 型受电弓工作原理。<br><br>【子任务2】真空断路器的结构包括哪几部分。<br><br>【子任务3】电流互感器有什么作用，又有什么特点。<br><br>【子任务4】避雷器有什么作用？ |

| 劳动组合 | 各组长分配任务，组员查资料、讨论动车组各型高压电器有哪些区别。 | | | | | |
|---|---|---|---|---|---|---|
| 成果展示 | （1）绘制的 DSA250 型受电弓升弓电路简图；<br>（2）主断路器的组成部分；<br>（3）动车组各型高压电器的比较结果 | | | | | |
| 学习小结 | | | | | | |
| 自我评价 | 项目 | A—优 | B—良 | C—中 | D—及格 | E—不及格 | 综合 |
| | 安全纪律（15%） | | | | | | |
| | 学习态度（15%） | | | | | | |
| | 专业知识（30%） | | | | | | |
| | 专业技能（30%） | | | | | | |
| | 团队合作（10%） | | | | | | |
| 教师评价 | 简要评价 | | | | | | |
| | 教师签名 | | | | | | |

# 学习引导文

**1. CRH$_2$ 型动车组运行途中受电弓异常降下快速处理**

2008 年 8 月 24 日，D125 次 CRH$_2$ 型动车组（以下简称动车组）在石家庄—元氏区间，发生受电弓因接触网原因滑板破损折断故障，受电弓异常降下。故障发生时，因对原因判断不准确，处理措施不合适，导致处理时间延长。为快速处理动车组运行途中受电弓异常降下故障，提出如下要求。

动车组运行途中受电弓异常降下时，司机应立即采取措施停车，操作断开 VCB、降下受电弓，并通知随车机械师异常降弓现象和车厢号；通知客运车长和随车乘警按有关预案采取措施。

1）动车组状态检查

动车组司机对驾驶室设备、随车机械师对车辆设备进行快速检查。

（1）司机检查驾驶台故障显示灯区显示、MON 屏故障信息、司机室后开关盘各开关状态，特别是"准备未完"灯是否亮，MON 屏是否远程切除受电弓。若"准备未完"灯亮，右旋"辅助空气压缩机控制"旋钮，并保持 3 秒，在 MON 屏"配电盘信息"中分别检查 4、6、12、14 车"准备未完"菜单，是否存在个别车厢始终突出显示不灭的情况。

（2）随车机械师须对异常降下的受电弓进行目视检查，必要时手动打开降弓车厢非邻线侧车门或下到地面检查，客运列车员配合防护车门。

（3）随车机械师检查降弓车厢运行配电盘开关位置是否正常，手动断开、闭合"升弓"

"降弓"开关1次。

2）应急处理

（1）若受电弓受损，影响运行安全，随车机械师按应急预案申请接触网断电、设置防护、登顶处理；处理完毕通知司机换弓作业，通过 MON 屏操作切除受损受电弓。

（2）若受电弓受损，可以继续运行，通知司机换弓作业，通过 MON 屏操作切除受损受电弓。

（3）若受电弓外观检查良好，配电盘、司机室检查正常，司机按正常程序重新升弓，若受电弓升起，恢复运行；若升弓失败，司机操作换弓作业。

（4）若检查辅助（空压机）供风系统异常，司机通知随车机械师从 MON 屏上确认，断开该车运行配电盘"辅助空气压缩机"开关，拉出"小型压缩机断开"短路钮。处理完毕通知司机换弓作业。

（5）换弓作业失败，按以下步骤操作。

① 通知司机通过 MON 屏操作切除包括异常降下在内的所有受电弓；

② 确认"准备未完"灯熄灭，若亮起，操作辅助空气压缩机打风，通过 MON 屏"配电盘信息"检查预备升弓车"准备未完"菜单，若显示白色即可操作升弓，无须等待故障显示灯区"准备未完"灯熄灭；

③ 通过 MON 屏"远程控制切除"界面逐个选择升起受电弓，可以选择 4~12 车、4~16 车、6~16 车三种组合升弓方式，操作受电弓升起。不得选用受损受电弓和 6~12 车组合；

④ 若重联动车组只能升起 1 架受电弓，可申请运行至前方车站停车继续处理或按《重联动车组单组故障情况下应急运行办法》处理。

3）司机每次操作换弓作业要点

（1）受电弓以 4~12 车为 1 组，6~14 车为 1 组，换弓作业时，须按组进行。

（2）通知随车机械师，即将进行换弓作业和准备升起的受电弓组号。

（3）依次按下"VCB 断""受电弓折叠"按钮，并保持 3 秒，选择要升起的受电弓组。

（4）确认"准备未完"灯熄灭，若亮起，操作辅助空气压缩机打风，通过 MON 屏"配电盘信息"分别检查预备升弓车"准备未完"菜单，若显示白色即可操作升弓，无须等待故障显示灯区"准备未完"灯熄灭。

（5）操作升起受电弓，通过 MON 屏确认；若有异常，通知随车机械师目视确认。

**2. VCB 不能闭合故障处理**

广铁集团担当的 G××××次（长沙南—广州南）CRH3049C 动车组，在 9：08，HMI 报：304906 车 TCU 真空断路器 = 10 - Q01 故障，代码 24E6。动车组主断路器跳开，切除 304906 车牵引后闭合主断路器，限速 300 km/h 运行。此后 CRH3049C 动车组在试运过程中多次报 304906 车 TCU 真空断路器 = 10 - Q01 故障，故障代码 24E6。

1）原因分析

动车组的每个 TCU 均对两个牵引单元的主断路器的状态进行检测，当检测值与实际情况不符时，TCU 就会跳主断路器，封锁牵引并发出 24E6 故障报告。

动车组在下行运行过程中，动车组升 TC07 车受电弓，闭合 TC07 主断路器。由于主断路器辅助触点 W106、W110 接线松，在动车组高速运行过程中出现振动时 TCU 无法正常检测到主断路器工作状态。动车组入分相区后主断路器自动断开，出分相区后 TCU 无法检测到主断路器的断开状态，造成无法闭合主断路器。在主断路器正常闭合时，TCU 无法检测到主断路器的闭合状态，造成 TC06 车牵引丢失。

2）故障可能原因

（1）车端连接大线插头进水，插针腐蚀，通信中断。

（2）真空断路器本身故障，如触点接线松动。

（3）真空断路器反馈信号通信故障。

3）途中应急处理

（1）闭合主断路器。

（2）如果无法闭合，则换弓运行。

（3）如果故障频繁发生，切除故障车的牵引变流器运行。

注意事项：如果切除一个牵引变流器不能闭合，再切除同一单元的另一个牵引变流器。

4）库内处理

动车组入库后，检测主断路器各辅助触点工作状态，初步判断为 TCUC071 板卡故障，将 304906 车与 304900 车 TCU 的 C071 板卡对调后，动车组上线试运行至武汉，再报 24E6 故障，对 304906 车与 304903 车的 TCU 的 C035 板卡进行对调、304906 车与 304900 车 C095 板卡进行对调后试运行，再报 24E6 故障。

再次入库后，打开 304907 车主断路器外壳时发现其辅助触点 W106、W110 接线松动，将其紧固后故障消除。

### 3. EGS 合上后无法断开

1）原因

（1）司机室配电盘中的"保护接地"断路器处于断开位。

（2）司机室的"保护接地合"按钮或旋钮处于闭合位。

（3）辅助风缸风压过低。

（4）运行配电盘中的"保护接地断"断路器处于断开位。

2）处理过程

（1）司机确认主控端司机室配电盘中的"保护接地"断路器是否处于闭合状态，若断开，则闭合；确认司机室的"保护接地合"按钮或旋钮是否处于闭合状态，若闭合，则断开；确认"准备未完"灯是否熄灭，若灯亮，则右旋"辅助空气压缩机控制"旋钮，启动辅助空气压缩机打风，直到"准备未完"灯灭。右旋司机室配电盘中的"保护接地切除"旋钮 3～4 秒，若 EGS 仍不能切除，通知随车机械师。

（2）随车机械师立即确认"04、06 车（CRH₂A、CRH₂C）"/"04、13 车（CRH₂B、CRH₂E）"运行配电盘中的"保护接地断"断路器是否处于闭合状态，若断开，则闭合。确认完毕，通知司机。

（3）司机再次右旋司机室配电盘中"保护接地切除"旋钮 3～4 秒。若 EGS 断开，将司机室配电盘中的"保护接地"断路器置于断开位，维持运行；若 EGS 仍不能断开，通知随车机械师。随车机械师按规定程序登车顶，手动断开 EGS。

（4）随车机械师按规定程序登车顶，手动断开 EGS。处理完毕，通知司机。

（5）司机通过 MON 屏确认 EGS 断开。

将司机室配电盘中的"保护接地"断路器置于断开位，维持运行。

## 任务实施与评价

（1）下发任务单，明确学习任务、主要内容、知识目标、能力目标、素质目标要求；

（2）学生按任务单要求制订学习计划，完成预习任务及相关知识准备；

（3）某型动车组受电弓故障案例引入；

（4）学生查阅资料说明受电弓出现故障时该如何处理；

（5）对比说明动车组几种高压电器的不同，并说明各自的特点；

（6）教师组织抢答各类高压电器的各部件名称；

（7）学生进行学习自我评价及学习小组成员互评，教师及小组长（副组长）进行学习他人评价，检查任务完成情况。

# 项目 7　动车组高低压转换电器

## 项目描述

　　动车组上的牵引变压器（高低压转换电器）是用来把接触网上取得的 25 kV 高压电变换为供给牵引变流器及其他电器工作所适合电压的电器，其工作原理与普通的变压器相同，所以掌握变压器的基本结构及工作原理为识别及维修动车组牵引变压器奠定了理论基础。

　　本项目主要学习变压器的基本结构；变压器的工作原理；CRH$_2$ 型动车组牵引变压器的结构及特点；能找出并处理牵引变压器出现的简单故障。

【本项目任务】

任务 7.1　变压器的分类、铭牌及基本结构

任务 7.2　变压器的工作原理及运行分析

任务 7.3　CRH$_2$ 型动车组牵引变压器的检查与维护

## 教学目标

**1. 知识目标**

（1）了解变压器基本理论知识；

（2）熟悉变压器的组成、分类及工作原理；

（3）掌握动车组牵引变压器的检查与维护方法。

**2. 能力目标**

（1）能够正确使用与维护动车组牵引变压器；

（2）能够判断动车组牵引变压器的简单故障；

（3）能够对动车组牵引变压器进行分解、检修、组装及试验。

**3. 素质目标**

（1）培养学生利用网络自学的能力；

（2）在项目完成过程中培养学生严谨认真的态度、企业经济效率意识、创新和挑战意识；

（3）能客观、公正地进行学习自我评价及对小组成员的评价。

# 任务 7.1　变压器的分类、铭牌及基本结构

## 7.1.1　变压器的用途

变压器是借助于电磁感应，以相同的频率，在两个或更多的绕组之间，变换交流电压和电流而传输交流电能的一种静止电器。

变压器的用途很广，在国民经济的各部门，都广泛应用着各种各样的变压器。从电力系统角度而言，一个电力网将许多发电厂和用户连在一起。发电厂发出的电能往往需经远距离传输才能到达用电地区，在传输的功率恒定时，传输电压越高，则所需电流越小。因为电压降正比于电流，电能损耗正比于电流的平方，所以用较高的输电电压可以大大降低线路的电压降和电能损耗。要制造电压很高的发电机，目前技术上还很困难，所以需用升压变压器将发电机端的电压升高以后再输送出去。随着输送距离的增加，输电功率的增大，对变压器的容量和电压等级的要求也就越来越高。而电力网内部存在多种电压等级，这就需要用各种规格电压等级和容量的变压器来连接。

另外，当电能输送到受电端时，又必须用降压变压器将输电线路上的高电压降低到配电系统适合的电压，然后再经过配电变压器将电压降低到符合用户各种电气设备要求的电压。

由此可见，在电力系统中变压器的地位是十分重要的，不仅需要变压器数量多（通常变压器的安装总容量为发电机的安装总容量的 8～10 倍），而且要求其性能好，运行安全可靠。

变压器除了应用在电力系统中，还应用在需要特种电源的工矿企业中。例如，冶炼用的电炉变压器、电解或化工用的整流变压器、焊接用的电焊变压器、试验用的试验变压器、铁路用的牵引变压器。属于变压器类产品范畴的还有互感器、电抗器、消弧线圈等。它们的用途更为广泛，品种更多。由于其基本原理和结构与变压器相似，常和变压器一起统称为变压器类产品。

## 7.1.2　变压器的分类

### 1. 按用途分类

1）电力变压器

电力变压器用来传输和分配电能，是所有变压器中用途最广、生产量最大的一种变压器，输配电系统示意图如图 7-1 所示。

2）仪用变压器

仪用变压器包括电流互感器和电压互感器，在测量系统中使用。它们能够把大电流变换成小电流，或把高电压变换成低电压，从而隔离大电流或高电压以便于安全地进行测量工作。

3）自耦变压器

容量较大的异步电动机降压启动时常用自耦变压器实现降压。在实验室中，经常要使用自耦变压器，它可以很方便地调节输出电压。

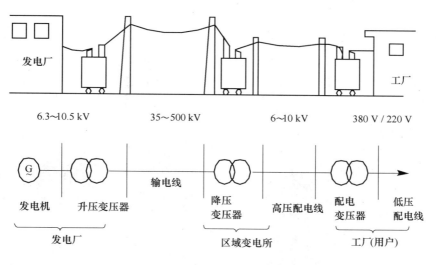

图 7 – 1 输配电系统示意图

4）专用变压器

例如，电解用的整流变压器、焊接用的电焊变压器及供无线电通信用的特殊变压器等。

**2. 按相数分类**

变压器按相数分，主要有两类：一是单相变压器，用于单相交流电系统；二是三相变压器，用于三相交流电系统。

**3. 按结构分类**

变压器按结构分，主要有心式变压器和壳式变压器。

（1）心式变压器：其结构特点是绕组包围铁芯，电力变压器都采用心式结构。

（2）壳式变压器：其结构特点是铁芯包围绕组，电子设备中的小型变压器一般均采用这种结构。该结构的变压器机械强度高，铁芯散热比较容易。

**4. 按冷却介质分类**

变压器按冷却介质分，有干式变压器、油浸式变压器和充气式变压器。

**5. 按冷却方式分类**

变压器按冷却方式分，有油浸自冷式变压器、油浸风冷式变压器、油浸强迫油循环风冷却变压器、油浸强迫油循环水冷却变压器及干式变压器。

**6. 按绕组数量分类**

变压器按绕组数量分，有双绕组变压器、三绕组变压器及自耦变压器。

**7. 按调压方式分类**

变压器按调压方式分，有无励磁调压变压器、有载调压变压器。

## 7.1.3 变压器的基本结构

变压器的基本结构部件是铁芯、绕组、油箱及附件，为了使变压器安全可靠地运行，还设有储油柜、气体继电器和安全气道等附件。电力变压器外形图如图 7 – 2 所示。

**1. 铁芯**

铁芯既作为变压器的磁路，又作为变压器的机械骨架。

为了提高导磁性能，减少交变磁通在铁芯中引起的损耗，变压器的铁芯都采用厚度为 0.35 ~ 0.5 mm 的电工钢片叠加而成。电力变压器的铁芯由铁芯柱（有绕组的部分）和铁轭（连接两个铁芯柱的部分）两部分组成。变压器分为心式和壳式两种形式，如图 7 - 3 所示。

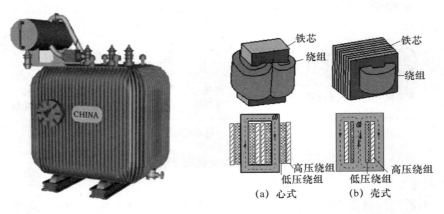

图 7 - 2 电力变压器外形图      图 7 - 3 变压器的铁芯和绕组形式

在电力变压器中，铁芯柱与铁轭组成整个铁芯时，多采用交叠式装配，使各层的接缝不在同一地点，这样能减少励磁电流，但缺点是装配复杂，费工费时。在一般变压器中，铁芯柱截面采用外接圆的阶梯形，只有当变压器容量很小时才采用方形。

交变磁通在铁芯中会引起涡流损耗和磁滞损耗，使铁芯发热。在大容量变压器的铁芯中往往设置油道。铁芯浸在变压器中，当油从油道中流过时，可将铁芯中的热量带走。

**2. 绕组**

绕组是变压器的电路部分，用来传输电能，一般分为高压绕组和低压绕组。接在较高电压上的绕组称为高压绕组；接在较低电压上的绕组称为低压绕组。从能量的变换传递来说，接在电源上，从电源吸收电能的绕组称为原边绕组（又称一次绕组或初级绕组）；与负载连接，给负载输送电能的绕组称为副边绕组（又称二次绕组或次级绕组）。

绕组一般是用绝缘的铜线绕制而成。高压绕组的匝数多、导线横截面小；低压绕组的匝数少、导线横截面大。为了保证变压器能够安全可靠的运行及有足够的使用寿命，对绕组的电气性能、耐热性能和机械强度都有一定的要求。

绕组是按照一定规律连接起来的若干个线圈的组合。根据高压绕组和低压绕组相互位置的不同，绕组的结构形式可分为同心式和交叠式两种。

同心式绕组是将高压绕组和低压绕组同心地套装在铁芯柱上，如图 7 - 3（a）所示。为了绝缘方便，低压绕组紧靠着铁芯，高压绕组则套装在低压绕组的外面，两个绕组之间留有油道。油道：一是作为绕组间的绝缘间隙；二是作为散热通道，使油从油道中流过冷却绕组。在单相变压器中，高、低压绕组均分为两部分，分别套装在两铁芯柱上，这两部分可以串联或并联；在三相变压器中属于同一相的高、低压绕组全部套装在同一铁芯柱上。同心式绕组的结构简单、制造方便，心式变压器一般都采用这种结构。

交叠式绕组是将高压绕组和低压绕组分成若干线饼，沿着铁芯柱交替排列而构成，如

图 7 - 3（b）所示。为了便于绝缘和散热，高压绕组与低压绕组之间留有油道，并且在最上层和最下层靠近铁轭处安放低压绕组。交叠式绕组的机械强度高，引线方便，壳式变压器一般采用这种结构。

**3. 油箱及附件**

油箱就是油浸式变压器的外壳。变压器在运行中绕组和铁芯会产生热量，为了迅速将热量散发到周围空气中去，可采用增加散热面积的方法。变压器油箱的结构形式主要有平板式、管式等。对容量较大的变压器，在油箱壁的外侧装有散热管的管式油箱来增加散热面积，当油受热膨胀时，箱内的热油上升到油箱的上部，经散热管冷却后的油下降到油箱的底部，形成自然循环，把热量散发到周围空气中。对大容量变压器，还可采用强迫冷却的方法，如用风扇吹冷变压器等以提高散热效果。

高、低压绕组套装在铁芯上总称为器身，器身放在油箱中，油箱中充以变压器油。充油的目的是：①提高绕组的绝缘强度。因为油的绝缘性能比空气好。②便于散热。因为通过油受热后的对流作用，可以将绕组及铁芯的热量带到油箱壁，再由油箱壁散发到空气中去。对变压器油的要求是：介质强度高；着火点高；黏度小；水分和杂质含量尽可能少。

变压器油受热后要膨胀，因此油箱不能密封。为了减小油与空气的接触面积，变压器安装有储油柜。储油柜固定在油箱顶上并用管子与油箱直接连通，储油柜的上部有加油栓，可以向变压器内补油，油箱的下部有放油活门，可以排放变压器油。储油柜使油箱内部与外界空气隔绝，减少了油氧化及吸收水分的面积。储油柜内的油面高度被控制在一定范围内，当油受热膨胀时，一部分油被挤入储油柜中使油面升高，而油遇冷收缩时，这部分油再流回油箱使油面降低。储油柜的大小应能满足变压器在各种可能的运行温度下，油面的升降总是能保持在储油柜的范围内这一要求。

储油柜的一侧有油位计，可查看油面高度的变化。另外，储油柜上还装有吸湿器，它是一种空气过滤装置，外部空气经过吸湿器干燥后才能进入储油柜，从而使油箱中的油不易变质损坏。

在油箱与储油柜之间还装有气体继电器。当变压器发生故障时，油箱内部会产生气体，气体继电器动作，发出故障信号以提示工作人员及时处理或使相应的开关自动跳闸，切除变压器的电源。

大容量变压器的油箱盖上还装有安全气道，它是一个长的钢筒，下面与油箱相通，上端装有防爆膜。当变压器内部发生严重故障产生大量气体时，油箱内部压力迅速升高，冲破安全气道上的防爆膜，喷出气体，消除压力，以免产生重大事故。

变压器绕组的接线端子由绝缘套管从油箱内引到油箱外。绝缘套管由外部的瓷套和中心的导电杆组成，它穿过变压器上部的油箱壁，其导电杆在油箱内部的一端与绕组的出线端子连接，在外部的一端与外电路连接。绝缘套管的结构因电压的高低而不同，引出的电压越高，绝缘套管的结构越复杂。当电压不高时，可采用简单的瓷制实心式套管。当电压很高时，要采用高压瓷套管，高压瓷套管在套管和导电杆之间充油，在外部做成多级伞形，电压越高，级数越多。

## 7.1.4  变压器的铭牌及额定值

每台变压器都有一块铭牌，上面标注着变压器的型号和额定值等。铭牌用不受气候影响的材料制成，并安装在变压器外壳上的明显位置。在使用变压器之前必须先查看铭牌。通过查看铭牌，对变压器的额定值等有了充分了解后，才能正确使用变压器。某变压器铭牌示意图如图 7-4 所示。

电力变压器

| 产品型号 | S7-500/10 | 标准代号 | ×××× | 额定容量 | 500 kV·A |
|---|---|---|---|---|---|
| 产品代号 | ××× | 额定电压 | 10 kV | 出厂序号 | ××× |
| 额定频率 | 50 Hz 三相 | 联接组别号 | Y，yn0 | 阻抗电压 | 4% |
| 冷却方式 | 油冷 | | | | |

| 开关位置 | 高压 | | 低压 | |
|---|---|---|---|---|
| | 电压/V | 电流/A | 电压/V | 电流/A |
| I | 10 500 | 27.5 | | |
| II | 10 000 | 28.9 | 400 | 721.7 |
| III | 9 500 | 30.4 | | |

××变压器厂      ××年××月

(a) 电力变压器铭牌

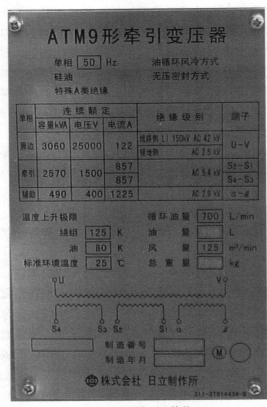

(b) 牵引变压器铭牌

图 7-4 变压器铭牌示意图

额定值是制造工厂对变压器正常工作时所作的使用规定。在设计变压器时，根据所选用的导体截面、铁芯尺寸、绝缘材料及冷却方式等条件来确定变压器正常运行时的有关数值。例如，它能流过多大电流及能承受多高的电压等。这些在正常运行时所承担的电流和电压等数值，就被规定为额定值。各个量都处在额定值时的状态被称为额定运行。额定运行可以使变压器安全、经济地工作并保证一定的使用寿命。变压器的额定值如下。

**1. 额定电压**

在额定运行时规定加在原边绕组的端电压称为原边绕组额定电压，以 $U_{1N}$ 表示；当变压器空载时，原边绕组加上额定电压后，在副边绕组上测量到的电压称为副边绕组额定电压，以 $U_{2N}$ 表示。因此副边绕组的额定电压是指它的空载电压。在三相变压器中，额定电压都是指线电压。电压的单位是 V 或 kV。

**2. 额定电流**

在额定运行时，原边绕组、副边绕组所能承担的电流，分别称为原边绕组、副边绕组的额定电流，并分别用 $I_{1N}$ 和 $I_{2N}$ 表示。在三相变压器中，额定电流都是指线电流。电流的单位是 A。

**3. 额定容量**

原边绕组或副边绕组额定电流与额定电压的乘积，称为额定容量，以 $S_N$ 表示，它是在铭牌上所标注的额定运行状态下，变压器输出的视在功率。它的单位以 kV·A 表示。对于三相变压器来说，额定容量是指三相的总容量，即

单相变压器： 
$$S_N = I_{1N}U_{1N} = I_{2N}U_{2N} \tag{7-1}$$

三相变压器： 
$$S_N = \sqrt{3}I_{1N}U_{1N} = \sqrt{3}I_{2N}U_{2N} \tag{7-2}$$

**4. 额定频率**

额定频率用 $f_N$ 表示。在我国，交流电的额定频率为 $f_N = 50$ Hz。

**5. 阻抗电压**

阻抗电压又称为短路电压。它表示在额定电流时变压器短路阻抗压降的大小。通常用它的额定电压 $U_N$ 的百分比来表示。

此外，额定值还包括额定状态下变压器的效率、温升等数据。在铭牌上除额定值外，还标注着变压器的制造厂名、出厂序号、制造年月、标准代号、相数、联接组标号、接线图、冷却方式等。为便于运输，有时还标注变压器的质量和外形尺寸等数据。

# 任务7.2 变压器的工作原理及运行分析

## 7.2.1 变压器的工作原理

变压器的工作原理示意图如图 7-5 所示。在绕组 $N_1$ 上施加交流电压 $\dot{U}_1$，便有交流电流 $\dot{I}_1$ 流入，因而在铁芯中激励出交变磁通 $\dot{\Phi}$。根据电磁感应定律可知，磁通 $\dot{\Phi}$ 中的交变会在绕组 $N_2$ 中感应出电动势 $\dot{E}_2$，此时若绕组 $N_2$ 接上负载，就会有电能输出。由于绕组的感应电动势正比于它的匝数，因此只要改变绕组 $N_2$ 的匝数，就能改变感应电动势 $\dot{E}_2$ 的大小，这就是变压器的工作原理。绕组 $N_1$ 从电源吸收电能，称为原边绕组，有关原边绕组的各量均

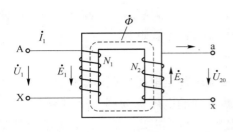

图 7 – 5　变压器的工作原理示意图

以下标"1"来表示。例如，原边绕组的功率、电流、电阻分别为 $P_1$、$I_1$、$R_1$；绕组 $N_2$ 向负载输出电能，称为副边绕组，有关副边绕组的各量均以下标"2"来表示，如副边绕组的功率、电流、电阻分别为 $P_2$、$I_2$、$R_2$。若原边绕组为高压绕组，副边绕组为低压绕组，则该变压器就是降压变压器；若原边绕组为低压绕组，副边绕组为高压绕组，则该变压器就是升压变压器。

## 7.2.2　变压器的空载运行

空载运行是指变压器的原边绕组接在电源上，副边绕组不带负载（开路，$I_2 = 0$）时的状态。为了便于理解变压器的电磁关系，以下按照由简到繁的顺序先从理想变压器的空载运行开始分析。所谓理想变压器，是指绕组没有电阻，铁芯中没有损耗，磁路不饱和且没有漏磁通的变压器。

变压器是接在交流电源上工作的，其中电压、电流、电动势及磁通的大小和方向都随时间而变化，要研究这些量之间的关系及计算它们的数值，必须首先规定出它们的正方向。正方向的规定是人为的，习惯上将变压器中各电磁量的正方向按图 7 – 5 所示做如下规定。

（1）电位降用电压 $\dot{U}$ 表示，电位升用电动势 $\dot{E}$ 表示。

（2）原边绕组电压 $\dot{U}_1$ 的正方向是从原边绕组的首端 A 指向末端 X。

（3）原边绕组电流 $\dot{I}_1$ 的正方向是从原边绕组的首端 A 指向末端 X，即原边绕组电压的正方向和电流的正方向一致。

（4）磁通 $\dot{\Phi}$ 的正方向与电流流入的正方向之间符合右手螺旋定则。

（5）原边绕组感应电动势 $\dot{E}_1$ 的正方向和副边绕组感应电动势 $\dot{E}_2$ 的正方向与产生它们的磁通中的正方向之间亦符合右手螺旋定则。

**1. 理想变压器空载时的电压方程**

如图 7 – 5 所示，空载时原边绕组上接电源电压 $\dot{U}_1$（正弦交流电），原边绕组中流过的电流 $\dot{I}_1$ 用 $\dot{I}_0$ 表示，被称为空载电流 $\dot{I}_0$。空载电流 $\dot{I}_0$ 产生空载磁势 $\dot{I}_0 N_1$ 加在变压器的铁芯磁路上。由于铁芯中的磁场就是由 $\dot{I}_0 N_1$ 建立的，所以又称空载磁势 $\dot{I}_0 N_1$ 为励磁磁势，空载电流 $\dot{I}_0$ 又被称为励磁电流。励磁磁势 $\dot{I}_0 N_1$ 在铁芯中激励起按正弦变化的磁通 $\dot{\Phi}$，该磁通同时与原边、副边绕组交链，通过铁芯回路闭合，称为主磁通，其幅值用 $\Phi_\mathrm{m}$ 表示，它在原边和副边绕组中产生感应电动势 $\dot{E}_1$ 和 $\dot{E}_2$。

根据电磁感应定律，可推导出原边、副边绕组感应电动势的有效值为：

$$E_1 = 4.44 f N_1 \Phi_\mathrm{m} \tag{7 – 3}$$

$$E_2 = 4.44 f N_2 \Phi_\mathrm{m} \tag{7 – 4}$$

式中，$E_1$、$E_2$——原边、副边绕组感应电动势的有效值，V；

$N_1$、$N_2$——原边、副边绕组的匝数；

$\Phi_{\mathrm{m}}$——主磁通的幅值，Wb；

$f$——正弦交流电的频率，Hz。

式（7-4）表明了感应电动势与主磁通的关系。而主磁通与励磁电流的关系由磁化曲线相联系。因而感应电动势与励磁电流之间必然存在着一定的关系。通过进一步的分析可知，理想变压器原边绕组感应电动势 $\dot{E}_1$ 与励磁电流 $\dot{I}_0$ 之间的关系可以用一个电抗来表达，即

$$\dot{E}_1 = -j\,\dot{I}_0 X_{\mathrm{m}} \qquad (7-5)$$

式中，$X_{\mathrm{m}}$ 称为变压器的励磁电抗，它是表示铁芯磁化性能的一个参数，$X_{\mathrm{m}}$ 与铁芯绕组的电感为 $L_{\mathrm{m}}$。相应地，它与原边绕组匝数 $N_1$ 的平方和铁芯磁路的磁导 $\Lambda_{\mathrm{m}}$ 成正比，即

$$X_{\mathrm{m}} = \omega L_{\mathrm{m}} = 2\pi f N_1^2 \Lambda_{\mathrm{m}} \qquad (7-6)$$

根据正方向的规定和基尔霍夫定律可知，电动势应与电压平衡，即理想变压器空载时原边绕组电压方程为：

$$\dot{U}_1 = -\dot{E}_1 \qquad (7-7)$$

式（7-7）表明，在理想变压器中，外加的电源电压和原边绕组中的感应电动势在数值上是相等的，而在相位上相差 180°。因此可以得到：

$$U_1 = E_1 = 4.44 f N_1 \Phi_{\mathrm{m}} \qquad (7-8)$$

式（7-8）表明，一定幅值的外加电压 $U_1$，产生一定幅值的主磁通 $\Phi_{\mathrm{m}}$，以建立与电压平衡的感应电动势。即在频率 $f$ 和匝数 $N_1$ 不变的条件下，电压 $U_1$ 正比于主磁通 $\Phi_{\mathrm{m}}$。或者说，若外加电压 $U_1$ 不变，则主磁通也不变。变压器运行时铁芯中的主磁通基本上不变，这是分析变压器运行情况的一个基本概念。

根据正方向的规定和基尔霍夫定律可知，副边绕组输出的空载电压 $U_{20}$ 就等于副边绕组感应电动势 $E_2$，即变压器空载时副边绕组电压方程为：

$$\dot{U}_{20} = \dot{E}_2 \qquad (7-9)$$

**2. 变压器的变压比**

变压器的变压比用 $K$ 表示，它定义为原边绕组电动势 $E_1$ 与副边绕组电动势 $E_2$ 之比，即

$$K = \frac{E_1}{E_2} \qquad (7-10)$$

根据 $E_1 = 4.44 f N_1 \Phi_{\mathrm{m}}$，$E_2 = 4.44 f N_2 \Phi_{\mathrm{m}}$，$\dot{U}_1 = -\dot{E}_1$，$\dot{U}_{20} = \dot{E}_2$ 及变压器额定电压的定义可得：

$$K = \frac{E_1}{E_2} = \frac{N_1}{N_2} = \frac{U_1}{U_{20}} = \frac{U_{1\mathrm{N}}}{U_{2\mathrm{N}}} \qquad (7-11)$$

式（7-11）表明，变压器的变压比等于原边、副边绕组的匝数之比，等于原边绕组电压与副边绕组空载电压之比，也等于原边绕组额定电压与副边绕组额定电压之比。在实际的变压器中，$K = \dfrac{U_{1\mathrm{N}}}{U_{2\mathrm{N}}}$ 只是近似的。变压比 $K$ 是变压器的一个重要参数。

**3. 实际变压器空载时的电压方程**

实际变压器空载运行时有铁磁损耗和磁路饱和的问题，则原边绕组感应电动势 $\dot{E}_1$ 与励

磁电流之间 $\dot{I}_0$ 的关系应该可用一个阻抗来表达，即

$$\dot{E}_1 = -\dot{I}_0 Z_m \tag{7-12}$$

式中，$Z_m$ 称为变压器的励磁阻抗，它是表示变压器铁芯磁化性能和铁磁损耗的一个综合参数，其表达式为：

$$Z_m = R_m + jX_m \tag{7-13}$$

式中，$R_m$ 称为变压器的励磁电阻，它是表示铁磁损耗的一个等值参数。由于变压器铁芯的磁化曲线是非线性的，磁导随铁芯饱和程度的提高而降低，励磁电抗 $X_m$ 将随饱和程度的提高而减小。因而，严格地讲，励磁阻抗 $Z_m$ 不是一个常值。但是，一般情况下由于变压器的电源电压变化不大，可以近似认为励磁阻抗 $Z_m$ 是一个常值。

实际上，变压器空载运行时，空载电流 $\dot{I}_0$ 激励的磁通分为两部分：一部分为主磁通，它同时与原边、副边绕组交链并产生感应电动势 $\dot{E}_1$ 和 $\dot{E}_2$；另一部分通过原边绕组周围的空间形成闭路，只与原边绕组交链而不与副边绕组交链，称为漏磁通，用 $\dot{\Phi}_{s1}$ 表示，它在原边绕组中产生的感应电动势称为漏电抗电势，用 $\dot{E}_{1\sigma}$ 表示，相应的漏电抗用 $\dot{X}_{1\sigma}$ 表示，则

$$\dot{E}_{1\sigma} = -j\dot{I}_0 X_{1\sigma} \tag{7-14}$$

由于漏磁通经过空气闭路，磁路不会饱和，使得漏磁通保持与 $\dot{I}_0$ 成正比，所以 $X_{1\sigma}$ 是一个常数。由于漏磁通经过的路径磁阻很大，因此相应的漏电抗和漏电抗电势是很小的。

理想变压器空载运行时，原边绕组对于电源来说近似于一个纯电感负载，所以它的空载电流比电压滞后 $90°$，是无功电流，用来产生主磁通。而实际变压器空载运行时，空载电流除产生主磁通和漏磁通外，还具有有功分量，以供给绕组电阻和铁芯中的损耗，这时的空载电流 $\dot{I}_0$ 比电压滞后不到 $90°$ 但接近 $90°$。在一般的电力变压器中，铁芯回路的磁阻很小，励磁阻抗很大，因而空载电流是相当小的，只有额定电流的 6% 左右。

实际变压器的原边绕组有很小的电阻尼，空载电流流过它要产生电压降 $\dot{I}_0 R_1$，它和感应电动势 $\dot{E}_1$、漏电抗电势 $\dot{E}_{1\sigma}$ 一起为电源电压所平衡，故可得实际变压器空载时原边绕组的电压方程为：

$$\begin{aligned}\dot{U}_1 &= -\dot{E}_1 - \dot{E}_{1\sigma} + \dot{I}_0 R_1 \\ &= -\dot{E}_1 + j\dot{I}_0 X_{1\sigma} + \dot{I}_0 R_1 \\ &= -\dot{E}_1 + \dot{I}_0(R_1 + jX_{1\sigma}) \\ &= -\dot{E}_1 + \dot{I}_0 Z_{1\sigma} \end{aligned} \tag{7-15}$$

式（7-15）中，$Z_{1\sigma} = R_1 + jX_{1\sigma}$，它是变压器原边绕组的漏阻抗。由于 $R_1$、$X_{1\sigma}$ 均很小，$Z_{1\sigma}$ 也是很小的，很小的空载电流在漏阻抗上产生的压降当然也是很小的。所以实际变压器空载运行时可以认为：

$$U_1 \approx E_1 = 4.44fN_1\Phi_m \tag{7-16}$$

式（7-16）表明，变压器运行时铁芯中的主磁通基本上不变。

## 7.2.3 变压器的负载运行

负载运行就是指变压器的原边绕组接在电源上，副边绕组接上负载后输出电流的状态。

**1. 原边绕组和副边绕组电流的关系**

变压器的负载运行示意图如图 7-6 所示。

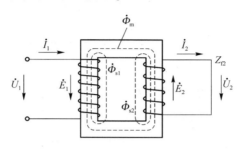

图 7-6 变压器的负载运行示意图

变压器空载运行时，原边绕组流过空载电流 $\dot{I}_0$，铁芯磁路只有励磁磁势 $\dot{I}_0 N_1$，它产生的主磁通 $\Phi_\mathrm{m}$ 分别在原边、副边绕组中感应出电动势 $\dot{E}_1$ 和 $\dot{E}_2$。当副边绕组接上负载后，在 $\dot{E}_2$ 作用下，副边绕组流过负载电流 $\dot{I}_2$，并产生相应的磁势 $\dot{I}_2 N_2$，也加在铁芯磁路上，根据楞次定律，该磁势将使铁芯中的主磁通 $\Phi_\mathrm{m}$ 趋于改变，因而 $\dot{E}_1$ 也将趋于改变，从而打破了原有的平衡，使原边绕组电流发生变化。设电流由 $\dot{I}_0$ 变为 $\dot{I}_1$，则变压器负载运行时的原边绕组电压方程为：

$$\dot{U}_1 = -\dot{E}_1 + \dot{I}_1 Z_{1\sigma} \tag{7-17}$$

由于 $\dot{I}_1 Z_{1\sigma}$ 在数值上比 $\dot{E}_1$ 小很多，将 $\dot{I}_1 Z_{1\sigma}$ 忽略不计。当 $\dot{U}_1$ 不变时，$\dot{E}_1$ 近似不变，与 $\dot{E}_1$ 对应的主磁通 $\dot{\Phi}_\mathrm{m}$ 也近似不变，因而变压器空载和负载时产生该磁通 $\dot{\Phi}_\mathrm{m}$ 的磁势也应该不变，即空载时的励磁磁势与负载时的合成磁势应该相等。由此可以得出变压器的磁势平衡方程为：

$$\dot{I}_0 N_1 = \dot{I}_1 N_1 + \dot{I}_2 N_2 \tag{7-18}$$

式（7-18）表明，变压器负载时原边绕组电流产生的磁势与副边绕组电流产生的磁势的合成值等于励磁电流产生的磁势。式（7-18）用 $N_1$ 除各项后可得：

$$\dot{I}_1 = \dot{I}_0 + \dot{I}_1' \tag{7-19}$$

式（7-19）中，$\dot{I}_1' = -\dfrac{N_2}{N_1}\dot{I}_2$，表示原边绕组电流的负载分量。

式（7-19）表明，原边绕组电流 $\dot{I}_1$ 由两部分组成。其中，$\dot{I}_0$ 用来产生主磁通 $\dot{\Phi}_\mathrm{m}$，称它为励磁分量；$\dot{I}_1'$ 用以抵消副边绕组电流 $\dot{I}_2$ 产生的去磁作用，称它为负载分量。当变压器的负载电流 $\dot{I}_2$ 变化时，原边绕组电流 $\dot{I}_1$ 会相应变化，以抵消副边绕组电流的影响，使铁芯中的磁通基本上不变。正是磁通近似不变的这种效果，使得变压器可以通过磁的联系，把输入到原边绕组的电功率传递到副边绕组电路中。从功率平衡的角度来讲，也应该是这样；副边绕组输出功率，原边绕组就应该相应地输入功率。

当变压器在额定负载下运行时，励磁电流相对于额定电流来说是很小的，故将式（7-19）中的 $\dot{I}_0$ 忽略后可得：

$$\dot{I}_1 \approx -\frac{N_2}{N_1}\dot{I}_2 = -\frac{1}{K}\dot{I}_2 \qquad (7-20)$$

式（7-20）表明，变压器的原边绕组电流 $\dot{I}_1$ 与副边绕组电流 $\dot{I}_2$ 在相位上几乎相差 $180°$，而有效值的大小是 $\dot{I}_2$ 为 $\dot{I}_1$ 的 $K$ 倍。

**2. 变压器负载运行时原边绕组的电压方程**

变压器负载运行时，除原边绕组电流与空载时的不一样外，其他电磁关系仍与空载时相同，所以原边绕组的电压方程可将空载运行时电压方程中的 $\dot{I}_0$ 改为 $\dot{I}_1$ 而得到，即

$$\begin{aligned}\dot{U}_1 &= -\dot{E}_1 - \dot{E}_{1\sigma} + \dot{I}_1 R_1 \\ &= -\dot{E}_1 + j\dot{I}_1 X_{1\sigma} + \dot{I}_1 R_1 \\ &= -\dot{E}_1 + \dot{I}_1(jX_{1\sigma} + R_1) \\ &= -\dot{E}_1 + \dot{I}_1 Z_{1\sigma}\end{aligned} \qquad (7-21)$$

**3. 变压器负载运行时副边绕组的电压方程**

原边绕组有电阻 $R_1$ 及漏磁通 $\Phi_{s1}$，同理，副边绕组也有电阻 $R_2$ 及漏磁通 $\dot{\Phi}_{s2}$，则负载电流 $\dot{I}_2$ 流过时会产生相应的电阻压降 $\dot{I}_2 R_2$ 及漏电抗电势 $\dot{E}_{2\sigma} = -j\dot{I}_2 X_{2\sigma}$。根据正方向的规定和基尔霍夫定律可知，副边绕组的电压方程为：

$$\begin{aligned}\dot{U}_2 &= \dot{E}_2 + \dot{E}_{2\sigma} - \dot{I}_2 R_2 \\ &= \dot{E}_2 - j\dot{I}_2 X_{2\sigma} - \dot{I}_2 R_2 \\ &= \dot{E}_2 - \dot{I}_2(jX_{2\sigma} + R_2) \\ &= \dot{E}_2 - \dot{I}_2 Z_{2\sigma} \\ &= \dot{I}_2 Z_{fz}\end{aligned} \qquad (7-22)$$

式（7-22）中，$Z_{fz}$——副边绕组电路的负载阻抗；

$Z_{2\sigma}$——副边绕组的漏阻抗。

**4. 变压器的基本方程**

综上分析，变压器负载运行时各量的关系可以用变压器的基本方程来表达，即

$$\dot{U}_1 = -\dot{E}_1 + \dot{I}_1 Z_{1\sigma} \qquad (7-23)$$

$$\dot{U}_2 = \dot{E}_2 - \dot{I}_2 Z_{2\sigma} \qquad (7-24)$$

$$\frac{E_1}{E_2} = K \qquad (7-25)$$

$$\dot{I}_1 + \frac{\dot{I}_2}{K} = \dot{I}_0 \qquad\qquad (7-26)$$

$$\dot{E}_1 = -\dot{I}_0 Z_m \qquad\qquad (7-27)$$

$$\dot{U}_2 = \dot{I}_2 Z_{fz} \qquad\qquad (7-28)$$

根据变压器的基本方程，当知道了电源电压 $\dot{U}_1$、变压器的变压比 $K$、漏阻抗 $Z_{1\sigma}$ 和 $Z_{2\sigma}$、励磁阻抗 $Z_m$ 及变压器所接的负载阻抗 $Z_{fz}$ 后，就可以求出电流等其他未知量。但是，用上述方程来直接求解还比较复杂。为了简化对变压器的分析，下面介绍变压器的等效电路。

## 7.2.4　变压器的等效电路

若要得到变压器的等效电路，需要先进行变压器的折算。通过折算使变压器的基本方程得到简化，便可以找到与简化后的基本方程相对应的变压器的等效电路。

### 1. 变压器的折算

变压器的原边绕组和副边绕组之间没有电的联系，只有磁的联系。从变压器的磁势平衡方程可见，副边绕组的负载电流是通过它的磁势来影响原边绕组的电流的。变压器的折算就是指假设用一个和原边绕组具有相同匝数 $N_1$ 的等效副边绕组去代替匝数 $N_2$。折算后，等效副边绕组的电流、电势、电阻、漏电抗和漏阻抗分别用 $I_2'$、$E_2'$、$R_2'$、$X_{2\sigma}'$ 和 $Z_{2\sigma}'$ 来表示，则折算前后的关系可用下列方法确定。

因折算前后副边绕组的磁势保持不变，即

$$I_2 N_2 = I_2' N_1$$

则
$$I_2' = \frac{I_2}{K} \qquad\qquad (7-29)$$

因折算前后副边绕组回路上的视在功率保持不变，即

$$I_2 E_2 = I_2' E_2'$$
$$I_2 U_2 = I_2' U_2'$$

则
$$E_2' = K E_2 \qquad\qquad (7-30)$$
$$U_2' = K U_2 \qquad\qquad (7-31)$$

因折算前后副边绕组回路上的有功功率、无功功率保持不变，即

$$I_2^2 R_2 = I_2'^2 R_2'$$
$$I_2^2 R_{fz} = I_2'^2 R_{fz}'$$
$$I_2^2 X_{2\sigma} = I_2'^2 X_{2\sigma}'$$
$$I_2^2 X_{fz} = I_2'^2 X_{fz}'$$

则
$$R_2' = K^2 R_2 \qquad\qquad (7-32)$$
$$R_{fz}' = K^2 R_{fz} \qquad\qquad (7-33)$$
$$X_{2\sigma}' = K^2 X_{2\sigma} \qquad\qquad (7-34)$$
$$X_{fz}' = K^2 X_{fz} \qquad\qquad (7-35)$$

应用式（7-29）~（7-35），可以把实际副边绕组回路上的各个量折算为等效副边绕组回路上的量，也可以反过来，把等效副边绕组回路上的量折回到实际副边绕组回路上去。

变压器的折算只是分析变压器的一种方法，通过折算可以把原边绕组和副边绕组之间复杂的电磁关系转换为等效的电的关系，从而简化变压器的基本方程。

**2. 变压器的等效电路**

经折算后，变压器的基本方程变为：

$$\dot{U}_1 = -\dot{E}_1 + \dot{I}_1 Z_{1\sigma} \tag{7-36}$$

$$\dot{U}_2' = \dot{E}_2' - \dot{I}_2' Z_{2\sigma}' \tag{7-37}$$

$$\dot{E}_1 = \dot{E}_2' \tag{7-38}$$

$$\dot{I}_1 + \dot{I}_2' = \dot{I}_0 \tag{7-39}$$

$$\dot{E}_1 = -\dot{I}_0 Z_{\mathrm{m}} \tag{7-40}$$

$$\dot{U}_2' = \dot{I}_2' Z_{\mathrm{fz}}' \tag{7-41}$$

根据以上经折算后的变压器的基本方程，可以找到与其对应的等效电路，如图7-7所示。

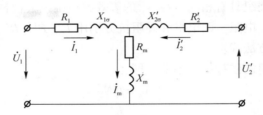

图7-7　变压器等效电路

注：$R_1$——与变压器原边绕组的铜耗相对应的电阻；

　　$X_{1\sigma}$——与变压器原边绕组的漏磁通相对应的漏电抗；

　　$R_2'$——与变压器副边绕组的铜耗相对应的经折算后的电阻；

　　$X_{2\sigma}'$——与变压器副边绕组的漏磁通相对应的经折算后的漏电抗；

　　$R_{\mathrm{m}}$——与变压器的铁磁损耗相对应的励磁电阻；

　　$X_{\mathrm{m}}$——与变压器的主磁通相对应的励磁电抗。

所谓等效电路，就是指这个电路能够等效地反映变压器的运行情况。例如，励磁支路中流过励磁电流 $\dot{I}_0$，它用来产生主磁通，以便产生感应电动势 $\dot{E}_1 = \dot{E}_2'$；$\dot{E}_2' \dot{I}_2'$表示原边绕组通过电磁感应传送给副边绕组的电磁功率，它是变压器进行能量转化的枢纽；$R_1$ 和 $R_2'$ 上消耗的功率表示原边绕组电阻和副边绕组电阻的铜损耗；$\dot{U}_1 \dot{I}_1$ 和 $\dot{U}_2' \dot{I}_2'$分别表示变压器的输入功率和输出功率。

# 任务7.3 CRH$_2$型动车组牵引
# 变压器的检查与维护

牵引变压器是动车组上的重要部件，用来把接触网上取得的25 kV高压电变换为供给牵引变流器及其他电器工作所适合的电压。

## 7.3.1 ATM9型牵引变压器的结构

CRH$_2$型动车组采用ATM9型牵引变压器。ATM9型牵引变压器采用单相壳式、无压密封方式，一个基本动力单元配置一台，全列共计两台，其实物图如图7-8所示。

图7-8 ATM9型牵引变压器实物图

1—热油出油管输入油冷却器；2—温度继电器；3—油冷却器；4—电动油泵；
5—原边线路侧套管；6—热油吸入油管；7—变压器绕组；8—接线端子；
9—冷却风入口；10—油流继电器；11—油冷却器散热片及热风出口

### 1. 铁芯

ATM9型牵引变压器采用壳式铁芯，其特点是铁轭不仅包围线圈的顶面和底面，而且包围线圈的侧面。硅钢片采用低损耗硅钢片，降低了变压器的铁损耗。

为防止产生悬浮电位造成对地放电，安装时铁芯及其他所有金属构件都必须可靠接地。整个铁芯只允许一点接地。如果有两点或两点以上接地，则接地点之间可能形成闭合回路，造成铁芯局部过热。

### 2. 绕组

绕组是牵引变压器的关键部件，为了保证变压器可靠运行，变压器绕组必须具有足够的电气强度、耐热强度、机械强度和良好的散热性能，使变压器既能在额定条件下长期使用，又能经受住过渡过程（如短路、雷击、操作等）所产生的过电压、过电流及相应的电磁力作用，不致发生绝缘击穿、过热、变形或损坏。

为满足主电路要求，牵引变压器性能要求及采取措施见表7-1，其线圈排列如图7-9所示。

表7-1　牵引变压器性能要求及采取措施

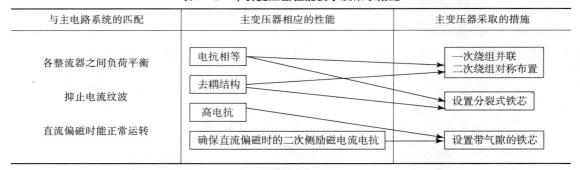

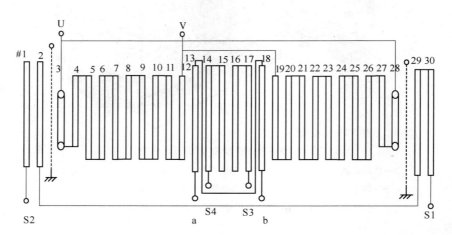

图7-9　牵引变压器线圈排列

ATM9型牵引变压器原边高压绕组、牵引绕组采用铝制线圈，辅助绕组采用铜制线圈。

### 3. 油箱

油箱是油浸式牵引变压器的外壳，变压器的器身就放在充满冷却油的油箱内，油箱必须满足以下要求：

① 在保证内部必要的绝缘距离条件下，尽可能减小体积，节约用油；

② 具有必要的真空强度，以便在检修时能利用油箱进行真空干燥；

③ 油箱外部各种附件的布置便于安装和维护。

变压器的器身放在充满冷却油的油箱中，油箱分为上油箱和下油箱。下油箱安装变压器的器身，上油箱可以安装储油柜及温度继电器。油箱上壁装有压力释放阀，以便迅速排出油箱内过高的压力。另外，在箱壁还开有冷却系统的进出口管道，油冷却器安装在箱壁上。油箱上装有油管，用于接通油路。ATM9 型牵引变压器油箱为适形结构，紧包铁芯及线圈，结构紧凑，尺寸及质量小。

油箱壁上装有绕组出线用绝缘套管，另外还设有与车体固定用安装座。具体内容如下。

1）保护装置

为了保证变压器能够正常工作，并在出现故障时防止变压器事故的扩大，ATM9 型牵引变压器设置了以下保护装置。

（1）温度继电器。

温度继电器用于监测牵引变压器的油温，在油温超过设定值时输出报警信号。

（2）油流继电器。

油流继电器用于监测牵引变压器运行中的油流量，油流量异常时，输出故障信号。

（3）金属波纹管式储油柜。

储油柜又称油枕，安装在箱盖的上方。牵引变压器储油柜的油量满足变压器在高温持续运行时，油压不超过设定值。ATM9 型牵引变压器的储油柜采用金属波纹管式储油柜，波纹管由多个（层数按规格）薄钢板冲压成形的环经内外圆周交互焊接而成，具有伸缩性的蛇腹状管结构。管的一端用钢板密封，另一端设有通气孔，并焊接到储油柜缸体的钢板上。缸体套在波纹管外周，两部件之间油密焊接。波纹管外侧和缸体内侧之间存放绝缘油，此空间与牵引变压器油箱连通。波纹管内侧通过空气配管与大气连通。

储油柜安装在牵引变压器上部，通过波纹管伸缩来适应绝缘油因温度变化引起的体积变化，使牵引变压器内部保持大气压力。

（4）自复位型压力释放阀。

变压器运行时，可能因短路而产生过高的热量使冷却油迅速气化，变压器内部压力升高。为防止变压器事故扩大，造成油箱薄弱环节破裂和变形，安装了压力释放阀。压力释放阀采用连杆和弹簧组成的自复位结构，当主机内部异常导致压力过高时，自动卸压；当压力降低到安全值时，自动关闭压力释放阀外罩，避免不必要的油损失。使用中应注意检查压力释放阀有无动作痕迹、有无漏油现象发生。

2）冷却系统

牵引变压器运行中产生的所有损耗将转变为热量，使各部件的温度升高，当牵引变压器温升超过规定的限值时，将加速绝缘老化甚至损坏，直接影响牵引变压器的使用寿命。因此，牵引变压器必须具有相应的散热能力。ATM9 型牵引变压器在保证内部散热能力良好的同时，其外部冷却采用了油循环风冷却方式。冷却系统完成变压器的散热，冷却回路图如图 7 - 10 所示。

牵引变压器冷却系统主要由油冷却器、电动油泵、电动鼓风机等部件组成。电动鼓风机从车辆侧面吸入冷却风，经柔性风道内的整风栅板送往油冷却器，热交换后的空气从进气风道对面的排气风道排出，绝缘油在油冷却器冷却后被送往变压器。绝缘油在流经绕组表面和铁芯侧面时吸收热量，吸收热量后的绝缘油经电动油泵再次送往油冷却器进行热交换。油按以上所述不停地在变压器内部循环，如循环因油泵故障等停止，则绕组将过热、甚至烧损。为此，在循环回路的某部分安装油流继电器，进行油流停止检测。使用时要注意检查金属网过滤器和整风栅板的污物附着状态，及时清扫。

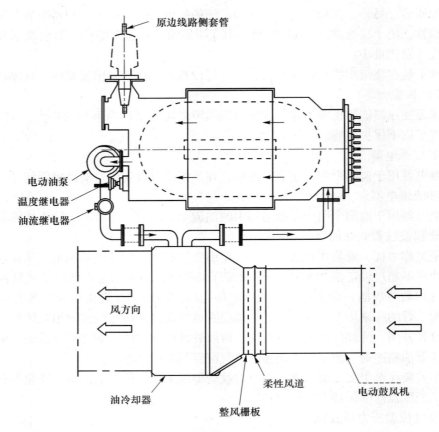

图 7 - 10　冷却回路图

（1）油冷却器。

油冷却器选用整体铝制油冷却器，采用铝制波纹翅片。虽然翅片间距和形状都采用了防堵塞处理，但堵塞不可避免，这将导致冷却性能降低。为此，油冷却器的风道部侧面开设清扫（检查）口，以便于堵塞时的检查和清扫。油冷却器的规格见表 7 - 2。

表 7 - 2　油冷却器的规格

|  | 高温侧 | 低温侧 |
|---|---|---|
| 热交换量 | 150 kW | |
| 流体 | 硅油 | 空气 |
| 流量 | 700 L/min | 125 m³/min |
| 入口温度 | 105 ℃ | 25 ℃ |
| 压力损失 | 3.0 m 油柱 | 400 Pa |

（2）电动油泵。

牵引变压器选用轴向空隙型电动油泵。油泵的泵和电动机采用一体构造，任何一侧均能浸润硅油，因此轴承可直接使用硅油润滑。电动油泵的规格见表 7 - 3。

表 7 - 3　电动油泵的规格

| 型号 | TS16 - 80 - B4 | | |
|---|---|---|---|
| 电机 | | 油泵 | |
| 类型 | 单相鼠笼式径向空隙型 | 类型 | 漩涡型 |
| 输出功率 | 1.5 kW | 排出量 | 700 L/min |
| 电压 | 400 V | 全扬程 | 7 m 油柱 |
| 电流 | 5.5 A | 使用绝缘油 | 硅油 |
| 频率 | 50 Hz | | |
| 极数 | 4 | | |

（3）电动鼓风机。

牵引变压器的电动鼓风机采用单相鼠笼型感应电动机和鼓风机直连构造，安装在牵引变压器的油冷却器的旁边，通过防振橡胶衬垫吊在车体下部。电动鼓风机为两段轴流型。使用时注意电动油泵、电动鼓风机回转时有无异常声音、异常振动。存在异常声音时，使用声波探测器等确认声源。电动鼓风机的规格见表 7 - 4。

表 7 - 4　电动鼓风机的规格

| 电机 | | 鼓风机 | |
|---|---|---|---|
| 型号 | SE - J | 型号 | FPD56 - 01 |
| 相数 | 3 相 | 风量 | 125 m³/min |
| 极数 | 4 | 静压 | 784 Pa |
| 电压 | 400 V | | |
| 输出功率 | 3.4 kW | | |
| 频率 | 50 Hz | | |

## 7.3.2　ATM9 型牵引变压器的特点

CRH$_2$ 型动车组采用 ATM9 型牵引变压器，其工作原理与普通电力变压器相同。但由于动车组变压器工作条件的特殊性，又具有如下特点。

（1）具有坚固的机械结构，耐机械振动和冲击。

（2）采用特制 30ZH105E 低损耗硅钢片，降低了变压器的铁损耗。

（3）体积小、质量轻。

① 变压器采用壳式铁芯，其油箱紧包变压器铁芯及线圈，使得变压器内部结构紧凑，减小了变压器的尺寸及质量；

② 原边、牵引线圈采用铝质线圈；

③ 电磁线电密大，用量小；

④ 取消了牵引绕组滤波电抗器。

（4）牵引绕组。

① 各牵引绕组的电抗相等，以保证牵引绕组侧并联的 PWM 整流器的负荷平衡；

② 牵引绕组侧各绕组的电抗比较高，从而达到抑制牵引绕组电流纹波、控制开关器件的关断电流及抑制网侧谐波电流的要求；

③ 牵引绕组侧励磁电抗应尽量小；

④ 牵引绕组侧各绕组之间采用去耦结构，避免当各绕组之间相互干扰很强时，牵引绕组电流波形紊乱而严重影响开关器件的关断电流及网侧谐波电流的抑制。

⑤ 牵引绕组为两个独立绕组，每个绕组与一台牵引变流器连接，确保牵引绕组的高电抗和疏耦合性，两牵引绕组与各自的高压线圈耦合，相互影响很小，牵引变换装置具有稳定运行的特性。另外，为对应于每个牵引绕组的增容，原边绕组配置了两个并联的线圈。

（5）绝缘性能。

接触网电压变动范围大，受大气过电压和操作过电压等的影响，要求其具有较大的工作范围及较好的绝缘性能。该变压器采用特 A 级绝缘，绝缘等级高。

（6）冷却。

① 冷却绝缘介质采用无色透明的合成油——硅油，它为二甲基聚硅氧烷结构，不含任何添加物、悬浮物等有害物质，具有较好的环保性能。

② 冷却介质的最高温度可达 135 ℃，大大提高了油浸式变压器的温升限值。

③ 冷却系统中油冷却器采用铝制板翅式结构，质量轻、体积小，空气阻力损耗（400 Pa）与油的阻力损耗（26 kPa）低，散热量大（150 kW）。另外，整个冷却系统中没有蝶阀，对所有外部组件的可靠性要求很高，维修率低。

### 7.3.3　ATM9 牵引变压器的检查与维护

（1）车号：2、6 号车。

（2）维修周期：3 万公里/30 天。

（3）作业时间：45 分/辆。

（4）作业人员：2 名机械师。

（5）供电条件：无电。

（6）作业工具：基本工具、棘轮扳手、扭矩扳手、毛刷、高压风管（或吸尘器、清洗装置）。

（7）注意事项：①检修线路接触器断开，挂接地杆，并进行放电；②禁止触摸发热部件。

（8）作业程序。

① 拆卸下设备对应位置处的裙板和底板，并对其进行清理，进、出口格栅无松动、变形。

② 检查牵引变压器及附属装置外观和安装状态良好，悬挂部件安装状态良好，紧固螺栓防松标记清晰、无松动。

③ 检查牵引变压器本体无漏油且出线，套管没有污损，电动油泵无漏油。

④ 接地线连接状态良好，高压电缆线无异常。

⑤ 压力释放阀的状态无异常。

⑥ 电动鼓风机外观状态良好，电源线安装牢固、无损伤。

⑦ 外接电源连接座安装状态良好，无松动、变色。

⑧ 电流互感器安装牢固、无损伤，电缆外观状态良好，无破损、变色。

⑨ 拆卸下电动鼓风机滤网、连接波纹管，清理电动鼓风机和风道灰尘；清理油冷却器，

清洗方法为拆除连接波纹管，用高压风吹净或者用中性清洗剂冲洗。

⑩ 清洗完毕后，安装连接波纹管和鼓风机滤网，固定螺栓紧固到位。

⑪ 安装相应位置的裙板和底板，确认安装状态良好。

⑫ 升弓送电后，确认变压器及其附属装置工作状态，通风机运转正常，无异音，电动油泵工作正常。

## 任务单

| 任务名称 | 动车组高低压转换电器 |
| --- | --- |
| 任务描述 | 了解变压器的基本结构；熟悉变压器的工作原理；了解动车组牵引变压器的结构及特点；能找出并处理牵引变压器出现的简单故障。 |
| 任务分析 | 动车组上的牵引变压器是用来把接触网上取得的 25 kV 高压电变换为供给牵引变流器及其他电器工作所适合电压的电器，其工作原理与普通的变压器相同，所以掌握变压器的基本结构及工作原理为识别及维修动车组牵引变压器奠定了基础 |
| 学习任务 | 【子任务1】变压器是根据什么原理制造的？变压器有哪些部件？各部件的作用是什么？<br><br>【子任务2】某变压器额定电压是 220/110 V，若将低压绕组接在 220 V 的交流电源上，会产生什么后果？为什么？<br><br>【子任务3】已知某单相变压器的额定容量 $S_N = 180$ kV·A，额定电压 $U_{1N}/U_{2N} = 6\,000/220$ V，求额定电流 $I_{1N}$ 和 $I_{2N}$ 各是多少？在该变压器的副边绕组端可否接入功率为 180 kW，功率因数为 0.8 的感性负载？<br><br>【子任务3】$CRH_2$ 型动车组牵引变压器的作用及特点。 |

续表

| 成果展示 | (1) 能熟练说出 $CRH_2$ 型动车组牵引变压器各部件的名称、位置、作用；<br>(2) 能熟练说出牵引变压器型号、技术参数、结构组成、工作原理；<br>(3) 掌握 $CRH_2$ 型动车组牵引变压器的检修方法。 | | | | | | |
|---|---|---|---|---|---|---|---|
| 学习小结 | | | | | | | |
| 自我评价 | 项目 | A—优 | B—良 | C—中 | D—及格 | E—不及格 | 综合 |
| | 安全纪律（15%） | | | | | | |
| | 学习态度（15%） | | | | | | |
| | 专业知识（30%） | | | | | | |
| | 专业技能（30%） | | | | | | |
| | 团队合作（10%） | | | | | | |
| 教师评价 | 简要评价 | | | | | | |
| | 教师签名 | | | | | | |

# 学习引导文

**1. 单相变压器的联接组别**

1）变压器绕组的同名端

在任何瞬间，变压器的原边、副边绕组电势极性相同的两个对应的端点，称为同名端或同极性端，通常用标记"·"或"＊"表示。

在使用变压器或其他磁耦合线圈时，经常会遇到两个绕组或线圈同名端的正确连接问题。

例如，假设某变压器的原边、副边绕组由两个匝数相等、绕向一致的绕组组成，如图 7－11（a）所示绕组 1－2 和 3－4。如每个绕组额定电压为 110 V，则当电源电压为 220 V 时，应把两个绕组串联起来使用，如图 7－11（b）所示；当电源电压为 110 V 时，则应将它们并联起来使用，如图 7－11（c）所示。

当接法正确时，两个绕组所产生的磁通方向相同，磁通在铁芯中互相叠加。如接法错误，则两个绕组所产生的磁通方向相反，它们在铁芯中互相抵消，使铁芯中的合成磁通为零，每个绕组中也就没有感应电动势产生，相当于短路状态，会把变压器烧毁。因此，同名端的判定是相当重要的，其判定方法如下。

（1）对两个绕向已知的绕组，当电流从两个同名端流入（或流出）时，铁芯中所产生的磁通方向是一致的，如图 7 - 12（a）所示，1 和 3 为同名端，电流从这两个端点流入时，它们在铁芯中产生的磁通方向相同。同理可判断图 7 - 12（b）中的两个绕组，1 和 4 为同名端。

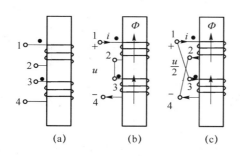

图 7 - 11　变压器的正确连接

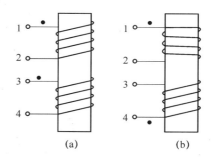

图 7 - 12　同名端的判定

（2）对于一台已经制成的变压器，无法从外部观察其绕组的绕向，因此无法辨认其同名端，此时可用实验的方法进行测定。测定的方法有交流法和直流法两种，以下介绍用交流法来测定变压器绕组的同名端。如图 7 - 13 所示，将原边、副边绕组各取一个接线端连接在一起，如图 7 - 13 中的 2 和 4，并在一个绕组上（图 7 - 13 中为 $N_1$ 绕组）加一个较低的交流电压 $U_{12}$，再用交流电压表分别测量 $U_{12}$、$U_{13}$、$U_{34}$ 的值，如果测量结果为：$U_{13} = U_{12} - U_{34}$，则说明 $N_1$、$N_2$ 绕组为反极性串联，故 1 和 3 为同名端；如果测量结果为：$U_{13} = U_{12} + U_{34}$，则说明 $N_1$、$N_2$ 绕组为同极性串联，故 1 和 4 为同名端。

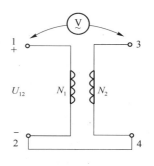

图 7 - 13　同名端的测定

2）单相变压器的联接组别

国家标准规定：单相变压器的高压绕组出线端，以大写字母 A、X 为标志，而低压绕组的出线端则以小写字母 a、x 为标志，其中 A、a 表示绕组的首端，X、x 表示绕组的末端。

把绕组的出线端分为首端和末端并标上字母的这种标志方法，有两种标法：一是把变压器高、低压绕组的同名端标为首端，如图 7 - 14（a）、（d）所示；二是把变压器高、低压绕组的非同名端标为首端，如图 7 - 14（b）、（c）所示。

规定用首端指向末端的电动势 $\dot{E}_{AX}$ 和 $\dot{E}_{ax}$ 来比较两个绕组感应电动势的相位关系，为方便起见，用 $\dot{E}_A$ 表示 $\dot{E}_{AX}$，用 $\dot{E}_a$ 表示 $\dot{E}_{ax}$。从图 7 - 14 中 4 种情况可见，原边绕组和副边绕组的感应电动势 $\dot{E}_A$ 和 $\dot{E}_a$ 可以同相也可以反相，这取决于它们的绕向及如何标志首末端。如果把原边绕组和副边绕组的同名端标为首端，则 $\dot{E}_A$ 和 $\dot{E}_a$ 同相；如果把原边绕组和副边绕组的非同名端标为首端，则 $\dot{E}_A$ 和 $\dot{E}_a$ 反相。

变压器的联接组别用时钟表示法来确定。即把高压绕组电势 $\dot{E}_A$ 当作时钟面上的长针并指向 12 点，把低压绕组电势 $\dot{E}_a$ 当作时钟面上的短针，短针指向钟面上的哪个数字，该数字

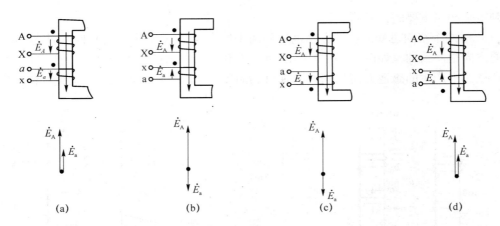

图 7 – 14　高、低压绕组电势相位关系的标志方法

就为变压器联接组别的标号。例如，图 7 – 14（a）和（d）所示的单相变压器联结组别的标号是 "0"（$\dot{E}_A$ 和 $\dot{E}_a$ 都指向 12 点，其相位差为零），用 $I$，$I_0$ 表示；图 7 – 14（b）和（c）所示的单相变压器联结组别的标号是 "6"（$\dot{E}_A$ 指向 12 点，$\dot{E}_a$ 指向 6 点，其相位差为：$6 \times 30°$ $= 180°$），用 $I$，$I_6$ 表示。它们表示高、低压绕组都是单相，下角标的数字表示高、低压绕组电势的相位关系。

对单相变压器而言只有电动势的相位关系，所以单相变压器的联接组别只有 $I$，$I_0$ 和 $I$，$I_6$ 两种。

3）变压器的投运及维护

（1）变压器投运前的检查。

① 变压器本体、冷却装置及所有附件均完整无缺陷、不渗漏、油漆完整。

② 接地可靠（变压器油箱、铁芯和夹件外引接地线）。

③ 变压器顶盖上无遗留杂物。

④ 储油柜、冷却装置、净油器等油系统上的阀门均在 "开" 的位置，储油柜油温标示线清晰可见。

⑤ 高压套管的接地小套管应接地，套管顶部将军帽应密封良好，与外部引线的连接接触良好并涂有电力脂。

⑥ 变压器的储油柜和电容式套管的油位正常，隔膜式储油柜的接气盒应无气体。

⑦ 有载分接开关的油位略低于变压器储油柜的油位。

⑧ 进行各升高座的放气，使其完全充满变压器油，气体继电器内应无残余气。

⑨ 吸湿器内的吸附剂数量充足，无变色受潮现象，油封良好，能起到正常呼吸作用。

⑩ 无励磁分接开关的位置应符合运行要求，有载分接开关动作灵活、正确，闭锁装置动作正确，远方指示、操作机构箱和分接开关顶盖上三者分接位置的指示要一致。

⑪ 温度计指示正确，整定值符合要求。

⑫ 冷却装置试运行正常，水冷却装置的油压应大于水压，强油冷却的变压器应启动全部油泵（并测量油泵的负载电流），进行较长时间的循环后，多次排除残余气体。

⑬ 进行冷却装置电源的自动投切和冷却装置的故障停运试验。

⑭ 继电保护装置应经调试整定，动作正确。

（2）变压器的投运。

① 变压器投运前主变保护装置（如轻重瓦斯、差动、过流等保护装置）模拟试验动作正确。

② 强油循环的变压器在投运前应先启用其冷却装置，对水冷却器应先启动油泵，再开启水系统。

③ 110 kV 及以上中性点直接接地系统中，投运变压器前变压器中性点必须先接地。投运后可按系统需要决定中性点是否断开。

④ 气体继电器的重瓦斯必须设跳闸位置。

⑤ 额定电压下的冲击合闸应无异常，励磁涌流不致引起保护的误动作。

⑥ 受电后变压器应无异常情况。

⑦ 变压器并列前，应核对相位，要求相位一致。

⑧ 检查变压器及冷却装置所有焊缝和结合面，不应有渗油现象，变压器无异常振动或放电声。

⑨ 变压器试运行满 24 h 后进行一次油色谱分析，其数据与恢复运行前的数据应无明显变化。

⑩ 变压器试运行无异常后，逐步增加负载，开始带负载运行，随着变压器温度升高，陆续启动一定数量的冷却装置。在带负载运行 24 h 后，变压器的主体及附件均属正常，则试运行工作结束。

（3）变压器的运行维护。

① 安装在发电厂和变电站内的变压器，以及无人值班变电站内有远方监测装置的变压器，应经常监视仪表的指示，及时掌握变压器运行情况。监视仪表的抄表次数由现场规程规定。当变压器超过额定电流运行时，应做好记录。

无人值班变电站的变压器应在每次定期检查时记录其电压、电流和顶层油温，以及曾达到的最高顶层油温等，对配电变压器应在最大负载期间测量三相电流，并设法保持基本平衡。

② 变压器的日常巡视检查，可参考下列规定。

● 发电厂和变电站内的变压器，每天至少一次，每周至少进行一次夜间巡视。

● 无人值班变电站内容量为 3 150 kV·A 及以上的变压器每 10 天至少一次，3 150 kV·A 以下的变压器每月至少一次。

● 2 500 kV·A 及以下的配电变压器，装于室内的每月至少一次。

③ 在下列情况下应对变压器进行特殊巡视检查，增加巡视检查次数。

● 新设备或经过检修、改造的变压器在投运 72 h 内。

● 有严重缺陷时。

● 气象突变（如大风、大雾、大雪、冰雹、寒潮等）时。

● 雷雨季节特别是雷雨后。

● 高温季节、高峰负载期间。

● 变压器急救负载运行时。

④ 变压器日常巡视检查内容如下。

- 变压器的油温和温度计应正常，储油柜的油位应与温度相对应，各部位无渗漏油。
- 套管油位应正常，套管外部无破坏裂纹、无严重油污、无放电痕迹及其他异常现象。
- 变压器音响正常。
- 各冷却器手感温度应相近，风扇、油泵、水泵运转正常，油流继电器工作正常。
- 水冷装置的油压应大于水压（制造厂另有规定者除外）。
- 吸湿器完好，吸附剂干燥。
- 引线接头、电缆、母线应无发热迹象。
- 压力释放阀应完好无损。
- 有载分接开关的分接位置及电源指示应正常。
- 气体继电器内应无气体。
- 各控制箱和二次端子箱应严封，无受潮。

⑤ 应对变压器做定期检查，并增加以下检查内容。

- 外壳及箱沿应无异常发热。
- 各部位的接地应完好，必要时应测量铁芯和夹件的接地电流。
- 强迫循环冷却的变压器应做冷却装置的自动切换试验。
- 水冷却器从旋塞放水检查应无油迹。
- 有载调压装置的动作情况应正常。
- 各种标志应齐全明显。
- 各种保护装置应齐全、良好。
- 各种温度计应在检定周期内，超温信号应正确可靠。

⑥ 瓦斯保护装置的运行规定如下。

- 变压器运行时瓦斯保护装置应接信号和跳闸，有载分接开关的瓦斯保护应接跳闸。
- 变压器有运行中滤油、补油、换潜油或更换净油器的吸附剂时，应将其重瓦斯改接信号，此时其他保护装置仍应接跳闸。
- 当油位计的油面异常升高或呼吸系统有异常现象，需要打开放气或放油阀门时，应先将重瓦斯改接信号。

### 2. 变压器的异常运行及处理

1）变压器的异常运行及处理

（1）变压器声音不正常。

正常运行的变压器，由于硅钢片磁滞伸缩，会发出均匀的"嗡嗡"声，当有其他异常声响时，应根据声响查找故障的原因。下面分析几种异常声响及产生的原因。

① 当变压器内部有很重而且特别沉闷的"嗡嗡"声时，可能是变压器负荷较大或满载、过载运行，铁芯硅钢片振动增加，发出比正常时较高、较粗的声响。

② 当变压器内部有尖细的"哼哼"声或尖细的"嗡嗡"声时，可能是系统中发生铁磁谐振，也可能是系统中或变压器内部发生了一相断线或单相接地故障。

③ 当变压器内、外部同时发出特别大的"嗡嗡"和特别大的其他振动杂音时，可能是系统发生了短路故障，变压器通过大量的非周期性电流，铁芯饱和，磁通畸变为非正弦波，从而使变压器整个箱体受强大的电动力影响而振动。

④ 当变压器内部有"吱吱"或"噼啪"声时，可能是内部有放电故障，如铁芯接地不良、分接开关接触不良、引线对油箱壳放电等。当"吱吱"或"噼啪"声发生在变压器外部时，可能是瓷套管表面污秽比较严重或大雾、下雨等天气情况下，瓷质电晕放电发出的声响（夜间可能是蓝色小火花）。当变压器空载合闸时，有"啪"的一声声响，若响声发生在变压器外部，可能是变压器外壳接地螺栓接触不良，或上下节油箱连接处连接不良，也可能是引线对外壳放电，或瓷套管打火引起。

⑤ 当变压器内部有"哇哇"声时，可能是电弧炉等整流设备负荷投入，因高次谐波作用，使变压器瞬间发生"哇哇"声。

⑥ 当变压器内部有"叮叮当当"声时，可能是由于铁芯的夹紧螺栓松动或内部有些零部件松动引起的。

⑦ 当变压器内部有"咕噜咕噜"像水开了似的声响时，可能有匝间短路故障存在。

（2）变压器油温异常升高。

当变压器油温异常升高时，应作以下的检查及处理。

① 检查变压器的负载和冷却介质的温度，并与以往同样负载和冷却条件相比较，若高出 10 ℃ 而冷却装置及温度计等无异常，则可判断为变压器内部的故障，若油温不断上升，则应立即停运。

② 检查温度计本身是否失灵。比较变压器左右侧的压力温度计、远方监视的电阻温度计是否指示一样。

③ 检查冷却装置是否正常。冷却装置表面有无积灰堵塞，阀门是否打开，管道有无堵塞；风扇、水泵、油泵运转是否正常，数量是否合适，分布是否合理；油、水等冷却介质温度是否正常，流量是否足够。若是部分冷却装置故障（如部分风扇、油泵故障等）应尽量排除故障，如不能排除，变压器可继续运行，但应立即汇报调度员，要求调减负荷；若冷却系统全部中断，且运行人员无法恢复时，应汇报调度员，要求倒出负荷立即停运。

液浸式变压器顶层油温一般规定值见表 7 - 5。

表 7 - 5　液浸式变压器顶层油温一般规定值

| 冷却方式 | 冷却介质最高油温/℃ | 最顶层油温/℃ |
| --- | --- | --- |
| 自冷、风冷 | 50 | 105 |
| 强迫风冷 | 50 | 95 |
| 强迫水冷 | 40 | 80 |

（3）油位异常。

① 油位过低。若变压器无渗漏油现象，油位明显低于当时油温下应有的油位，应尽快补油，但不能从变压器下部阀门补油，防止底部沉淀物冲入绕组内，并将重瓦斯改接信号。补油后，要及时检查气体继电器的气体。若是大量漏油造成油位迅速下降时，应立即采取措施制止漏油。若不能制止漏油，且低于油位计指示限度时，应立即停运变压器。

② 油位过高。如果变压器油位高出油位计的最高指示，且无其他异常时，为了防止变压器油溢出，则应放油进行适当调试，同时应注意油位计、吸湿器和防爆管是否堵塞，避免因假油位造成误判断。

（4）冷却装置异常。

在实际运行过程中，冷却装置会出现电气和机械故障，如风扇、油泵烧毁、轴承磨损、冷却器负压进气等。

① 如冷却器风扇和油泵的电动机定子、转子短路，或导线绝缘损坏，缺相等，均会引起风扇和油泵运行异常或损坏。发现这类故障时，应退出故障冷却器，对风扇、油泵进行检修或更换。

② 油泵轴承因制造、安装质量问题或转速过快，在运行中会出现磨损，其金属沫会顺油流进变压器本体，可能引起铁芯多点接地等故障。因此注意油泵运行状态，将高速油泵改换成低速油泵。

③ 冷却器负压进气。若冷却器密封不良，油泵工作时冷却器由于负压而进气，导致轻瓦斯保护频繁动作，严重时可能会造成重瓦斯误动作。另外进气的同时水分进入变压器内部，造成变压器绝缘受潮并引起绝缘击穿故障。

2）变压器保护动作的处理

为了保证变压器的安全运行及操作方便，变压器各侧都装有断路器及必要的继电保护装置，当变压器的断路器自动跳闸后，应采取下列措施。

① 若有备用变压器，应立即将其投入，以恢复用户供电，然后再查明故障变压器跳闸原因。

② 若无备用变压器，则一方面尽快转换负荷，改变运行方式，同时，查明何种保护动作。在查明变压器跳闸原因时，应检查变压器有无明显的异常现象，有无外部短路，线路故障，过负荷，明显的火光、怪声、喷油等。若确实证明变压器断路器跳闸不是内部故障引起，而是由于过负荷、外部短路或保护装置二次回路误动造成的，则变压器可不经内部检查重新投入运行。

如果不能确定变压器跳闸是由上述外部原因造成的，则应进一步对变压器进行事故分析，如通过电气试验、油色谱分析等，与以往数据比较分析。如果经检查证明为变压器内部故障，则需要对变压器进行内部检查直到查出故障原因为止。

（1）轻瓦斯保护动作的处理。

轻瓦斯保护动作跳闸后，应立即对变压器进行检查，查明动作的原因，是否因积聚空气、油位过低、外部穿越性故障、二次回路故障或是变压器内部故障造成。如气体继电器内有气体，则应记录气量，观察气体的颜色及试验是否可燃，并取气样及油样做色谱分析，判断变压器的故障性质。

① 无色、无味、不可燃的气体是空气。

② 黄色、不可燃的气体是木质故障。

③ 灰白色、有强烈臭味、可燃的气体是纸质故障。

④ 灰黑色、可燃的气体是油质故障。

若气体继电器内的气体为无色、无味且不可燃，判断为空气，则变压器可继续运行，并及时消除进气缺陷。

若气体是可燃的或油中溶解气体分析结果异常，应综合判断确定变压器是否停运。

（2）重瓦斯保护动作的处理。

重瓦斯保护动作跳闸时，在查明原因消除故障前不得将变压器投入运行。为查明原因应重点考虑以下因素，做出综合判断。

① 是否呼吸不畅或排气未尽。

② 保护及直流等二次回路是否正常。

③ 变压器外观有无明显反映故障性质的异常现象。

④ 气体继电器中积聚气体是否可燃。

⑤ 气体继电器中的气体和油中溶解气体的色谱分析结果。

⑥ 必要的电气试验结果。

⑦ 变压器其他继电保护装置动作情况。

（3）差动保护动作的处理。

变压器差动保护动作跳闸时，则应立即将备用变压器投入，然后对差动保护范围内的以下各部分进行检查。

① 检查变压器差动保护范围内所有设备（如套管、导线、接头）有无放电和烧伤痕迹。

② 检查二次差动回路有无异常，差动保护装置是否误动作。

③ 对变压器进行必要的电气试验，并对变压器油进行色谱分析。

若判断确认差动保护是由于外部原因，如保护误动作、保护范围内的其他设备故障等引起（瓦斯保护未动作）的，则变压器可不经内部检查而重新投入运行。如不能判断为外部原因，则应对变压器进一步试验、检查分析，以确定故障性质及差动保护动作原因，必要时进行吊心检查。

（4）重瓦斯与差动保护同时动作的处理。

重瓦斯与差动保护同时动作跳闸，则可认为是变压器内部电路发生故障，故障未消除前不得送电。

（5）变压器不正常运行及处理。

① 变压器有下列情况之一者应立即停运。若有运用中的备用变压器，应尽可能先将其投入运行。

● 变压器声响明显增大，很不正常，内部有爆裂声。

● 严重漏油或喷油，使油面下降到低于油位计的指示限度。

● 套管有严重的破损和放电现象。

● 变压器冒烟着火。

② 当发生危及变压器安全的故障，而变压器的有关保护装置拒动，应立即将变压器停运。

③ 当变压器附近的设备着火、爆炸或发生其他情况，对变压器构成严重威胁时，应立即将变压器停运。

④ 油温异常升高。

⑤ 当发现变压器的油面较当时油温所应有的油位显著降低时，应查明原因。在变压器运行中补油时，应将重瓦斯改接信号，禁止从变压器下部补油。

⑥ 变压器油位因温度上升有可能高出油位指示极限，经查明不是假油位所致时，则应放油，使油位降至与当时油温相对应的高度，以免溢油。

⑦ 铁芯多点接地而接地电流较大时，应安排检修处理。在缺陷消除前，可采用措施将环流限制在 0.1 A 左右，并加强监视。

**3. 动车组牵引变压器故障案例**

1）CRH₂116B—211610 故障

故障概况：2009 年 4 月 16 日，上海局担当的 D××××次（上海—汉口）CRH₂116B 动车组，运行至合肥—六安区间，211610 车报主变压器一次侧过电流故障，故障代码 162，复位无效。远程切除 3 单元动车及 VCB，ACK2 扩展供电维持运行。

原因分析：CRH₂116B 动车组采用双弓受流，高压系统是两个独立的单元。动车组运行到某个区间，在特殊的条件下和此区间的供电系统之间形成耦合，导致牵引网高次谐波，造成母线中谐波电压分量急剧增高，与基波电压合成产生特高压，避雷器在瞬间特高压的冲击下损坏击穿，导致一次侧短路过流。

途中应急处理：切除相应动力单元动车及 VCB，ACK2 扩展供电维持运行。

注意事项：

（1）MON 报此故障时，动车组保护回路自动切断故障单元 VCB，操作人员没有进行库内检查时，不允许复位后再次闭合 VCB，以免扩大故障或造成其他安全隐患。

（2）检查车顶特高设备或车底高压设备箱前，按规定进行 EGS 放电操作。

库内处理：更换 211610 车避雷器。

2）CRH₂136E—213614 故障

故障概况：2009 年 8 月 29 日，上海局担当的 D××××次（北京—上海）CRH₂136E 动车组，运行至京沪线南京—栖霞山区间，213614 车报牵引变压器一次侧过电流，故障代码 162，远程切除 4 单元动车及 VCB，ACK2 扩展供电维持运行。

原因分析：高压设备箱过滤网有较大损坏（损坏处可容下一插口扳手），导致大量灰尘进入。主变压器绝缘瓷瓶附着大量灰尘，绝缘性能下降，主变压器进线端对高压设备箱局部（金属防护筒）放电，导致一次侧电路接地过电流。

途中应急处理：切除相应动力单元动车及 VCB，ACK2 扩展供电维持运行。

注意事项：

（1）MON 报此故障时，动车组保护回路自动切断故障单元 VCB，操作人员没有进行库内检查时，不允许复位后再次闭合 VCB，以免扩大故障或造成其他安全隐患。

（2）检查车顶特高设备或车底高压设备箱前，按规定进行 EGS 放电操作。

库内处理：更换主变压器，高压设备箱清灰。

3）CRH₂093C—209302 故障

故障概况：2010 年 5 月 7 日，西安局担当的 G××××次（郑州—西安）CRH₂093C 动车组，运行至郑西高铁巩义南—洛阳龙门区间，209302 车报主变压器三次侧接地故障，故障代码 164。1 单元 VCB 跳闸，随车机械师断开 1 单元所有空调及换气装置断路器，司机进行复位操作，再次闭合 VCB，VCB 闭合，然后随车机械师按照要求依次闭合各负载断路器，确认 209302 车空调 2 断路器故障，断开该断路器，排除故障。

原因分析：空调压缩机烧损接地，导致主变压器三次侧接地，VCB 断开故障。

途中应急处理：

（1）立即到 1 单元运行配电盘、服务配电盘，断开辅助电源装置控制、司机室制冷、各车的空调电源 1、2 及供排气装置断路器。

（2）故障复位，重新投入 VCB，依次闭合之前断开的断路器，闭合 209302 车空调 2 断路器时，再次出现三次接地故障，断开 209302 车空调 2 断路器，复位后再次投入 VCB，闭合其他断路器。

库内处理：经对 209302 车 2 位空调 2 号压缩机做绝缘测试发现，2 号压缩机三相对地绝缘阻值为 0，更换 2 号压缩机。

## 任务实施与评价

（1）下发任务单，明确学习任务、主要内容、知识目标、能力目标、素质目标要求；

（2）学生按任务单要求制订学习计划，完成预习任务及相关知识准备；

（3）$CRH_2$ 牵引变压器引入；

（4）学生查阅国标说明动车组各型牵引变压器的特点及区别；

（5）学生查阅资料，说明动车组牵引变压器在主电路中的作用；

（6）教师组织抢答识别牵引变压器的各部件名称；

（7）学生进行学习自我评价及学习小组成员互评，教师及小组长（副组长）进行学习他人评价，检查任务完成情况。

# 参 考 文 献

[1] 张龙. 动车组电机与电器. 成都：西南交通大学出版社，2009.

[2] 张曙光. $CRH_2$ 型动车组. 北京：中国铁道出版社，2008.

[3] 乔宝莲. 电力机车电器. 北京：中国铁道出版社，2008.

[4] 祁冠峰. 电力机车电器. 北京：中国铁道出版社，2008.

[5] 刘志明，史红梅. 动车组装备. 北京：中国铁道出版社，2007.

[6] 胡汉春. 机车电传动与控制. 北京：中国铁道出版社，2012.

[7] 张欣欣. 动车组运行控制系统. 北京：北京交通出版社，2012.

[8] 宋雷鸣. 动车组传动与控制. 北京：中国铁道出版社，2007.

[9] 孔凡才. 自动控制原理与系统. 北京：机械工业出版社，2007.

[10] 杜德昌. 电动机结构与维修. 北京：电子工业出版社，2007.

[11] 路小娟. 动车组控制技术. 成都：西南交通大学出版社，2011.

[12] 董锡明. 高速动车组工作原理与结构特点. 北京：中国铁道出版社，2007.

[13] 胡崇岳. 现代交流调速技术. 北京：机械工业出版社，2005.

[14] 徐安. 城市轨道交通电力牵引. 北京：中国铁道出版社，2002.

[15] 张龙. 电力机车电机. 北京：中国铁道出版社，2007.